En toen viel ik van het podium

En toen viel ik van het podium

Schrijvers in verlegenheid

Samengesteld en ingeleid
door Lidewijde Paris

2007 Prometheus Amsterdam

Het copyright op de afzonderlijke bijdragen berust bij de desbetreffende auteurs en/of hun rechtsopvolgers.

© 2007 Samenstelling en inleiding Lidewijde Paris
© 2007 Illustraties Stefan Verwey
Omslagontwerp Roald Triebels
Omslagillustratie Stefan Verwey
www.uitgeverijprometheus.nl
ISBN 978 90 446 0924 0

Inhoud

Lidewijde Paris – Plaatsvervangende verlegenheid	7
Thomas Rosenboom – Signeren	16
Nicolien Mizee – Een hogere orde	20
Dirk van Weelden – Ribkarbonades! Gratis! Twee kilo!	31
Marga Minco – De trein stopte in Ede	35
Thomas Verbogt – Hier gebeurt nooit wat	41
Rascha Peper – Herr Mispelbaum	48
Tsead Bruinja – We could be heroes	51
Michael Frijda – Meneer Libris	67
Mensje van Keulen – Haagse dames	73
Moses Isegawa – Geld voor niets	76
Frans Pointl – Ongeluk is ook een soort geluk	79
Arnon Grunberg – Ik hield mijn boek voor de zekerheid voor mijn kruis	95
Anneloes Timmerije – Why?	100
A.F.Th. van der Heijden – Schwerpunkt	105
Nilgün Yerli – Mijn klomp brak	115
Bart Chabot – Beste Fons	120
Gerbrand Bakker – De hoeder van de gedaanteveranderingen	135
Rascha Peper – Een lezing op het land	144
Christiaan Weijts – 'Zet hem op, hè?' De schrijver op televisie	148
Karin Amatmoekrim – De spokende stad	160

Mensje van Keulen – Spooknaam 165
Geerten Meijsing – Vallen en opstaan 168
Tijs Goldschmidt – De bijenchoreograaf 188
Annejet van der Zijl – Circus Jetje 192
Jan van Mersbergen – Twee koppen boven een
   coniferenhaag in Bergen 199
Joost Zwagerman – Showing, not telling 205
Maarten 't Hart – Een vogelspin 222
Nelleke Noordervliet – Op weg naar het einde 229
Ronald Giphart – Een raar mens 236
Renate Dorrestein – Een steekje los 240
Arnon Grunberg – Negen conformisten 248
Gerrit Krol – Wat ik nooit hoop te beleven 253

Verantwoording 255

Lidewijde Paris

Plaatsvervangende verlegenheid

Van de gewone beledigingen als 'Vorige week hadden we een volle zaal, want toen was Kees van Kooten hier' trekt Vonne van der Meer zich inmiddels niets meer aan. Ze krijgt nu zelf volle zalen, dus die ontactische opmerkingen blijven haar bespaard. Toch is een dergelijke opmerking – vaak met dezelfde schrijversnaam (Van Kooten reist wat af) – een van de meest gehoorde klachten als je schrijvers vraagt naar hun ervaringen in het land. In veel gevallen zijn het de organisatoren en interviewers die zich, mogelijk door zenuwen, onhandig of onbeleefd gedragen. Gelukkig staat deze bundel niet vol met variaties op ditzelfde thema. Want lachen is leuk, maar lachen om steeds hetzelfde gaat vervelen. Sommige schrijvers steken grootmoedig de hand in eigen boezem of vertellen over andere schrijvers of bijzondere ervaringen op universiteiten, bij prijsuitreikingen en televisieprogramma's. Elke schrijver zijn eigen leed.

En toen viel ik van het podium. Schrijvers in verlegenheid wil een blik achter de schermen werpen: hoe ervaart een schrijver een interview, een eerste prijs, een verkeerde locatie, een lastige student, een iets te amechtige fan? Het idee van het boek is gebaseerd op *Mortification. Writers' Stories of Their Public Shame*, dat Fourth Estate in 2003 uitgaf. Voor die Engelse bundel stonden de schrijvers in de rij. Ze waren zelfs boos als ze niet waren benaderd. Nederlandse schrijvers zitten zo niet in elkaar. We zijn niet echt een land van tabloids, *dirty* biografieën en vuile was buiten hangen. Schrijvers behoren over het algemeen tot het nette slag. Meestal zijn zij, behalve onder elkaar aan de borreltafel, zeer discreet over hun wedervaren. Ze weten dat hun fans belangrijk zijn en de meeste belevenissen gaan dan ook over welwillende meisjes bij de televisie, boekhandelaren, gastvrouwen en bibliothecarissen. De meeste lezers zijn te bescheiden om lastig te zijn en het enthousiasme dat ze op regenachtige avonden naar kleine zalen en bibliotheken laat komen, ontroert en maakt veel goed. De verhalen daarover zijn dus in de minderheid. De Nederlandse titel baseerde ik op een anekdote van Thomas Rosenboom, die in de zenuwen na zijn eerste optreden daadwerkelijk van een verhoging op het podium struikelde. Hij besloot echter een veel geestiger en origineler verhaal in te sturen en dus komt geen enkele schrijver in deze bundel meer letterlijk ten val. Geloof mij: er werd en wordt wel degelijk gestruikeld en gevallen in de werkelijkheid. De titel is dus gebleven.

Hoe stel je nu zo'n boek samen? Om te voorkomen dat er veel dezelfde soort geschiedenissen in zouden komen heb ik zo veel mogelijk schrijvers met een concreet idee benaderd of van tevoren met ze over het voorval overlegd. Uitgevers en redacteuren reikten ideeën aan wie met welk verzoek te benaderen. Ik heb gepoogd jong en oud, beroemd en onbekend, man en vrouw, over bin-nen- en buitenland bij elkaar te krijgen. Helaas zijn door drukte van de schrijvers enkele mooie verhalen niet opgeschreven. Oek de Jong zou vertellen hoe het was om zo lang geen nieuw boek te hebben dat mensen zich gingen afvragen of hij nog wel schrijver was; Jan Siebelink zou schrijven over hoe gelukkig zijn jeugd was, omdat men op grond van zijn bestseller *Knielen op een bed violen* toch heel anders zou kunnen vermoeden; Anna Enquist zou beschrijven hoe ze in Duitsland voor een lege zaal optrad omdat ze er twee kaartjes voor het WK mee kon verdienen. Maar uiteindelijk hadden ze geen tijd.

Even heb ik overwogen een mix te maken en uitgevers, programmamakers, interviewers en boekhandelaren eveneens aan het woord te laten. Alleen al uit mijn eigen ervaring als redacteur en uitgever zou ik rijkelijk kunnen putten. Toch zou het dan niet zozeer om verlegenheid gaan, als wel om plaatsvervangende verlegenheid. In het kielzog van een schrijver, als chaperonne dan wel als baanbreker, maak je veel mee, maar je eigen avontuur wordt het nooit. Interviewers en boekhandelaren kunnen eenvoudigweg niet vertellen welke schrijvers zich vreemd of onhandelbaar gedroegen tegenover hen: er zou nóóit meer een schrijver bij hen op bezoek komen. Het zouden zielige verhalen zijn geworden over hun eigen tekortkomingen.

Wel heb ik een paar groten van de televisie aangeschreven omdat zij hun ongemakkelijke momenten niet alleen beleefden voor een livepubliek bij de opname maar ook nog voor een onzichtbaar publiek op de bank thuis. Bijna iedereen herinnert zich wel een gedenkwaardig tv-interview. Dus vroeg ik Hanneke Groenteman hoe zij die ijzingwekkende minuten stilte heeft ervaren toen Gerrit Krol, primetime, live in haar programma *De Plantage* zweeg. De vraag die hem stillegde kan ze zich niet meer herinneren maar ze antwoordt:

> Ik herinner me wel dat die lange stilte het gevolg was van een zich ongemakkelijk voelen sowieso in die uitzending, die setting, met dat publiek, dat 'showy' gedoe dat je natuurlijk altijd hebt bij een live-uitzending. En ik denk eigenlijk dat hij en ik niet klikten, onuitgesproken, nauwelijks de vinger op te leggen […]. Ik vond zijn boek toen erg mooi […] maar be-

reikte hem niet in zijn ziel, zal ik maar zeggen. En die lange stilte was waarschijnlijk niet zozeer het gevolg van één vraag, maar van een spanning die zich bij hem had opgehoopt en die in een black-out resulteerde. Ik doe dan liefst niks, als iemand zo in zichzelf raakt, want dat is toch spannende televisie (beroepsgedeformeerd als je bent als presentator) en bovendien: ik was inmiddels ook met hem op een koord beland waar we met z'n tweeën op aan het dansen waren. Elke verkeerde beweging zou fataal kunnen zijn, in welke zin weet ik niet, maar toch. Na afloop was hij erg ongelukkig. Zijn vrouw […] zei dat ze het een mooi gesprek vond en verdedigde mij nog wel, maar hij had duidelijk de pest in. En dat heb ik altijd naar gevonden, want dat was nooit mijn bedoeling.

Krol gaf zijn column over deze middag de veelbetekenende titel 'Wat ik nooit hoop te beleven'. Hij is in deze bundel opgenomen.

Adriaan van Dis – *Hier is... Adriaan van Dis* – vertelt hoe hij op cruciale momenten tijdens een interview eveneens eenvoudigweg maar zijn mond hield. Bij zijn geruchtmakende interview met Andreas Sinakowski had dat een onvermoede reden. De voormalig Oost-Duitse Sinakowski had in zijn boek *Das Verhör* (*Na een lang rokend zwijgen*) beschreven hoe hij door de Stasi van slachtoffer tot deelnemer, spion was gemaakt. 'Het gesprek was in het Duits en ik stelde hem toen de vraag "Hoe lang blijft een verrader een verrader?"' herinnert Van Dis zich. Daarop reageerde Sinakowski tamelijk geïrriteerd met: 'Warum diese dämliche Frage?' ['Vanwaar deze domme vraag?' LP] 'Ik had geen idee wat *dämlich* betekende,' bekent Van Dis zo veel jaren later. 'Ik kende dat woord niet en bleef hem dus maar interessant aankijken in de hoop dat hij door zou praten.' Zwijgen leek eveneens de beste oplossing tijdens zijn gesprek met Willem Frederik Hermans. Van Dis had graag een brug willen slaan tussen Nederland en Zuid-Afrika door met Hermans over zijn omstreden reis naar Zuid-Afrika ten tijde van de apartheid te praten maar Hermans werd woedend. 'Het werd dus meer een vertelgesprek dan een vraaggesprek. Ook toen hield ik maar mijn mond en dat ging goed,' zegt hij alsof de angst voor de inmiddels lang overleden Hermans er nog in zit. 'Kijk,' zegt hij, 'op televisie valt de nuance weg. Je moet nooit op je hurken gaan zitten, maar het is wel goed om in een bijzin toch even uit te leggen dat Proust een Franse schrijver is, dat mag je best doen voor die kijkers die misschien voor het eerst van hem horen, maar tv blijft ingewikkeld.'

Michaël Zeeman had ook te maken met een 'zwijgende schrijver':

> Het merkwaardigste televisie-interview dat ik mij herinner, was dat met Peter Høeg. Dat moet in het najaar van 1994 zijn geweest, mijn programma heette toen nog *Nachtsalon*. Høeg had een succesvol boek geschreven [*Smilla's gevoel voor sneeuw*, LP], had een aantrekkelijke blonde kuif, helblauwe ogen en een innemend jongensgezicht. Wij hebben nooit veel aan die interviews gedaan, in de zin van 'editen', en streefden ernaar zoveel mogelijk uit te zenden wat wij hadden opgenomen. 'Real time' heet dat in jargon.
> Høeg wachtte niet bij één vraag met antwoorden, maar bij iedere vraag die ik hem stelde. Natuurlijk dacht ik aanvankelijk dat dat aan mijn manier van vragen stellen lag, want ik was nog maar net begonnen en van het medium televisie moest ik nog van alles opsteken. Dus ik vroeg hem iets, hij keek mij lang en nadenkend aan, leek weg te dromen naar verre sneeuwvlakten en na een seconde of vijf, zes, soms

wel twaalf, dertien, begon hij aan een antwoord. Dat was huiveringwekkend, want reken maar dat tien seconden stilte op televisie niet alleen hoogst ongebruikelijk, maar ook zo indringend stil zijn dat ze onrustbarend worden. En hij deed het steeds, bij iedere vraag! Ik raakte erdoor geïntrigeerd, maar de beeldregie kennelijk ook, want toen wij de volgende avond uitzending hadden zag ik dat vanaf mijn tweede, derde vraag de gastencamera alvast inzoomde op dat jongensgezicht. Je zag hem denken, je keek haast in zijn denkorgaan.

Niet iedereen vond het leuk. Maar Jan Wolkers belde mij 's anderendaags op – 'Met Jan Wolkers, van Texel!' – om mij te zeggen dat hij het geweldig had gevonden: 'Wanneer zie je op de televisie nu iemand nadenken?'

Erger heb ik het nooit meer meegemaakt. Wel heb ik nog eens iemand ondervraagd die stokdoof was maar daar niet van wou weten. Dat was ook vrij absurd.

Misschien is het niet zo verwonderlijk dat juist het zwijgen zo'n sterk thema is voor tv-interviewers. Die willen een gesprek of in ieder geval een antwoord en geen stilte. Het is dan ook jammer dat Sonja Barend niet in de gelegenheid was te antwoorden op de vraag hoe zij zich die beruchte uitzending van de bekendmaking van de AKO-prijs-met-bommelding herinnerde. Daar was de stilte juist geheel afwezig. Frits van Oostrom, destijds winnaar met zijn boek *Maerlants wereld*, kan het zich nog goed heugen:

> Die AKO-avond is *my claim to fame*, hoewel ik goede hoop heb dat op termijn een andere canon sterker zal blijken. Geregeld spreek ik mensen die niet meer weten dat ik ooit de winnaar was – maar de bom-

melding als zodanig weten ze nog wel. Zelf had ik tijdens noch achteraf bijzondere problemen gehad met deze ongezochte heisa, ware het niet dat mijn vrouw en ik in het tumult gescheiden raakten, zij niemand had om op te leunen en oprecht was aangedaan, ook toen alles was afgelopen en ik de winnaar bleek te zijn. Tussen ons beiden is die avond nog altijd een heel teer punt; voer voor therapeuten. Of voor een roman, die ik niet in mij heb.

Gelukkig spreken de verhalen van de schrijvers alleen al boekdelen. En in deze bundel staan ze dan tenslotte, want als nooit iemand wat vertelt, verandert er nooit wat. Kunnen schrijvers nog steeds niet eerst even naar de wc als ze na drie uur reizen eindelijk op de plek van bestemming zijn aangekomen en mogen ze nog steeds niet even roken voor ze na een avond gaan signeren. Dit boek is dus enerzijds een dankwoord van al die schrijvers aan al die enthousiaste organisatoren en vooral aan hun lezers, maar tegelijk een spiegel die hun welwillend wordt voorgehouden.

Daarom kan ik niet beter afsluiten dan met een paar tips aan allen die ooit nog een schrijver over de vloer durven te halen:

1 Bedenk wat jij fijn zou vinden om te horen of even te doen als je voor iemand komt optreden en behandel aldus de aangekomen schrijver. Indien er begeleiding is, behandel die dan net zo. Dus niet partners of begeleiders van de uitgeverij zelf drankjes laten betalen. Als je bang bent dat ze zich klem drinken: maak bonnen.
2 Laat bij aankomst weten dat je blij bent dat hij of zij er is. Indien er weinig publiek is zeg je: 'Maar ze zijn wel heel enthousiast, dat maakt veel goed.' Net zoals je in

een nieuwe baan wordt geacht niet tien keer op een dag te zeggen dat je oude baan beter was, zo praat je hier jezelf niet goed door te zeggen dat er bij andere schrijvers meer publiek was, want dan ligt het dus aan de schrijver en niet aan jouw slechte loktechnieken.

3 Bied de schrijver iets te eten en te drinken aan. Soms komt hij van ver, of had hij gewoon geen kans om te eten. Laat hem even plassen en roken, al naar behoefte. Indien hij met het openbaar vervoer komt: heb uitgezocht wanneer de laatste trein terug gaat en overleg met hem wanneer hij wil vertrekken. Zorg dat er een taxi klaarstaat zodat hij die trein ook werkelijk haalt.

4 Leg de opzet/bedoeling van de avond nog een keer uit. Soms hebben ze daar geen oog of tijd voor gehad. Vertel hoe lang het duurt en als er de mogelijkheid is van een pauze, vraag of hij dat wil of dat hij liever doorgaat. Overleg of er vragen uit de zaal na afloop gesteld kunnen worden of dat dat tijdens het gesprek al mag. Deel dit ook het publiek mede.

5 Instrueer de interviewer goed: laat hem vragen hoeveel mensen het boek [ingeval het over een nieuw boek gaat] al hebben gelezen en laat hem daar met zijn inleiding en vragen rekening mee houden. Een interviewer is dienstbaar aan de schrijver en vervolgens aan het publiek. Hij moet niet proberen de gast onderuit te halen, of ze moeten elkaar goed kennen, zodat het een spelletje wordt. Als er in de pauze vragen zijn ingeleverd op papier, laat de interviewer die dan goed bekijken en zo veel mogelijk vragen ervan behandelen – desnoods verwerkt in eigen vragen of samengevat –, anders heeft het publiek voor niets zijn best gedaan.

6 Bedank de schrijver na afloop hartelijk. Laat negatieve zaken als 'Het kwam moeizaam op gang' weg als

je die niet met iets opbeurends kunt compenseren! Indien de schrijver aansluitend nog signeert, laat hem dan eerst weer even roken of plassen – al naar behoefte – en zorg dat hij vervolgens weer te drinken/eten krijgt en laat hem weten hoe laat de taxi er staat voor vertrek. Trek je terug indien publiek met hem wil praten. Indien hij geen honorarium krijgt, geef hem dan toch iets concreets mee dat hij makkelijk mee naar huis kan nemen. Indien hij een boek mag uitkiezen, laat hem dat dan meteen doen, of geef een tegoedbon, die hij kan inwisselen of een boekenbon, maar niet iets waarvoor hij nog handelingen moet verrichten.

7 Houd hem in de gaten en verzorg hem tot hij klaar is voor vertrek. Bedank hem dan nogmaals en zijn begeleiders ook.

Aandacht en waardering, daar gaat het om, net als bij de literatuur die ze schrijven. Dit boek is hun kleine, beminnelijke revanche.

Thomas Rosenboom

Signeren

Soms, meestal als er net een nieuw boek van hem verschenen is, wordt een schrijver uitgenodigd om te komen signeren. Terwijl de complimenten van de uitgever en redacteur nog in hem natintelen, lichthoofdig ook van die toch wel mooie bespreking in de krant van eergisteren, kijkt hij aarzelend naar de uitnodiging. Maar die aarzeling duurt niet lang. Natuurlijk, wie is hij helemaal dat zijn loutere handtekening de beoogde signeersessie zou rechtvaardigen? Zuchtend van zalige bescheidenheid schudt hij even het hoofd, tot de andere kant van de zaak hem tot beter begrip brengt: zo vreemd is het toch niet dat de boekhandelaar uitgerekend hem wil hebben, na zo'n recensie? Het zou pas raar zijn als alleen zijn uitgever en redacteur enthousiast over zijn boek waren. Hoe dan ook, lang niet elke schrijver zal voor zoiets gevraagd worden. En wie is hij dan helemaal om zo'n eervolle uitnodiging af te slaan? Na nog een laatste zucht van bescheidenheid, dieper nog dan daarnet, recht hij het hoofd: ja, nu weet hij het zeker, hij zal gaan. En bij voldoende toeloop in de winkel zal het zeker ook goed gaan, want moeilijk is het niet. Maar als het stil blijft aan de signeertafel slaat alle roes radicaal om in het tegendeel, voor beide partijen: de schrijver schaamt zich, omdat hij kennelijk niet beroemd genoeg is om mensen aan te trekken, en de boekhandelaar schaamt zich, omdat zijn zaak voor zoiets kennelijk toch niet geschikt is. Na anderhalf uur wederzijdse opgelatenheid en manmoedige conversatie zijn ze allebei kapot, en hebben ze nog maar net genoeg kracht om afscheid te nemen, in de bittere hoop dat ze elkaar nooit meer tegenkomen.

Maar het kan nog erger, zelfs in een drukke winkel.

Het zal zo'n tien, twaalf jaar geleden zijn dat ik een uitnodiging ontving om te komen signeren in de Bijenkorf. Overeenkomstig de oude traditie, die nieuw leven werd ingeblazen, en blijkens de uitnodigingsbrief, zouden er tientallen schrijvers worden uitgenodigd, onder wie de complete elite van het vak alsook een aantal jonge, nieuwe, beginnende auteurs, zoals Ronald Giphart.

Ach, wat leuk voor hem dat hij ook is uitgenodigd, dacht ik vanuit mijn betrekkelijke bekendheid toen ik zijn naam op de lijst zag staan.

Ik had Ronald Giphart een jaar eerder leren kennen, tijdens een schrijversreis naar de Frankfurter Buchmesse; we zaten naast elkaar in de bus. Hij was verreweg de jongste van het gezelschap, net gedebuteerd, terwijl ik, zeker tien jaar ouder, de een na jongste moet zijn geweest. We hadden veel plezier onderweg, en zaten ook tijdens het pleisteren bij elkaar aan tafel. Ronald rookte niet, dronk ook niet – ik vond dat heel modern. Op de terugweg heb ik hem niet meer gezien, daarna ook niet, tot aan de dag van het signeren.

Stipt op tijd nam ik plaats achter mijn naambordje aan het uiteinde van de lange tafel. Het was al druk, sommige schrijvers troffen complete rijen aan, en ook tegenover mij, op een paar meter aan de andere kant van de boekenstapels, stond al een grote groep te wachten. Ik haalde mijn pen tevoorschijn, gaf met een vriendelijke glimlach aan dat het kon beginnen, maar niemand kwam naar voren, verlegen bleef men op afstand. Om iets te doen draaide ik me naar de nog lege plaats naast me, keek op het naambordje van wie mijn buurman zou worden: Ronald Giphart. Ik kon me zijn gezicht niet meer goed herinneren, maar nog wel de plezierige reis – wat aardig dat we toevalligerwijs weer naast elkaar kwamen te zitten, ik hoopte maar dat zijn debuut nog wat gedaan had, en nam me voor om daar straks beslist naar te informeren: als debutant tussen de bekendheden kun je je op zo'n boekenmarkt heel verloren voelen, ik had dat vroeger ook zelf wel eens ervaren, en zo druk zou ik het toch niet krijgen dat ik niet eens meer met de jonge collega kon praten?

Nog eens keek ik over de borstwering van boeken naar de mensen tegenover mij. Pas nu viel me op hoe jong ze waren, knappe meisjes vooral en ook wat leuke jongens. Opnieuw glimlachte ik ze toe, nog uitnodigender dan daarnet, maar niemand reageerde, tot ze opeens, allemaal tegelijk, naar voren kwamen. Op datzelfde moment bewoog er iets in mijn ooghoek, ik keek opzij en zag hoe Ronald Giphart naast mij plaatsnam, zijn pen uit zijn borstzak haalde en aan het voorste meisje vroeg hoe ze heette. Terwijl hij haar naam op de titelpagina schreef begroette hij me; bij de zesde of zevende haalde hij de herinnering aan Frankfurt op.

Zo ging het die middag verder: Ronald signeerde ononderbroken voort, terwijl zijn boek voortdurend moest worden aangevuld en door iedereen in de rij van voren en van achteren bekeken werd. Soms pakte een meisje ook een boek van mij, maar als ze dan aan de beurt kwam verwisselde ze het snel voor het boek van Giphart. Ik had geen idee wat er het afgelopen jaar met hem gebeurd was, maar begreep wel dat hij niet alleen veel geliefder, maar ook veel ervarener in signeren geworden was dan ik. Terwijl ik steeds dieper wegzonk in een op het laatst aan duizeligheid grenzende schaamte, wisselde hij met iedereen een paar woorden en wist hij zelfs, even virtuoos als fijngevoelig, tussen alles door ook nog een beetje met mij te praten.

Nicolien Mizee

Een hogere orde

Terugkijkend vraag ik me af wat me bezield heeft om ja te zeggen toen een prestigieus literair blad – laten we het *Het Kompas* noemen – me vroeg toe te treden tot de redactie. Tot dan toe was elke vorm van samenwerking me slecht bekomen.

Nu was het zo dat er in die tijd ingrijpende veranderingen in mijn leven hadden plaatsgevonden. Ik had na een langdurige relatie met een seksegenote en een nog langere periode van alleen zijn, mijn hart verloren aan een keurige, oudere heer die woorden gebruikte als 'lariekoek' en 'wafeldoekjes'.

Diezelfde tijd weigerde de apotheek me nog langer slaappillen te verstrekken en op zoek naar de slaap, maakte ik lange fietstochten door bos en beemd en verving de wijn 's avonds door hopthee.

In deze nieuwe wereld van wafeldoekjes en hopthee kon een nette betrekking er ook nog wel bij. Ja, ik zou toetreden tot de redactie van *Het Kompas*.

Mijn vriend zette zijn bril op, zocht uit wie er in de redactie zaten en vertelde me dat ik in het gezelschap zou komen van twee hoogleraren, een computergeleerde, een directeur, een jurist en één gewone schrijver.

'Maar ik heb nooit gestudeerd,' zei ik bedrukt.

'Je bent intelligent, belezen en welbespraakt. Je zult het voortreffelijk doen. Ze vragen je toch niet voor niets?'

Dat was waar en ik stuurde *Het Kompas* mijn bevestigend antwoord. Tot mijn verbazing kreeg ik een bericht terug waarin de hele zaak op losse schroeven werd gezet. Wist ik het wel zeker? Had ik wel een netwerk? En toen volgden er enige voorbeelden van redactieleden die jammerlijk gefaald hadden en maar met grote moeite uit de redactie verdreven waren.

Op mijn vraag of ze me nu wel of niet wilden, kreeg ik excuses, een uitnodiging voor de komende vergadering, notulen en de laatste twee nummers van het blad toegestuurd.

Op het omslag van het eerste exemplaar stond met koeienletters: SEKS. Het openingsverhaal sloeg ik over, want dat had ik zelf geschreven. Nog altijd beschouwde ik het publiceren van verzinsels als iets onbetamelijks. Ook verhalen van andere schrijvers kan ik daardoor maar met grote moeite lezen. Dit probleem lost zich overigens op als de schrijvers dood zijn. Hoe langer ze in het graf liggen, des te geruster ik hun boeken opensla.

In het Seksnummer onderscheidde ik drie soorten verhalen: verhalen die ik tot het einde toe las, verhalen die ik diagonaalsgewijze doorblikte en verhalen die ik direct oversloeg. Waarom ik zo veel tekst oversloeg, wist ik niet, want ik werd overvallen door een allesoverheersende verlegenheid als ik erover na probeerde te denken.

Ik sloeg het tweede nummer open.

Dat had als thema 'Nationale Trots' en bleek gevuld met artikelen van politici en wetenschappers. Nu bleef de begangenheid uit en kon ik de graad van leesbaarheid moeiteloos vaststellen en analyseren. Ik had *Het Kompas* al direct laten weten dat ik, als geïnteresseerde leek, waarschijnlijk geschikter was voor het beoordelen van non-fictie dan voor fictie.

Naarmate de dag van de eerste redactievergadering dichterbij kwam, begon ik meer en meer tegen mijn nieuwe taak op te zien.

'Het wordt vast enig!' zei mijn vriend. 'Het is alles wat je interesseert: kunst, wetenschap, schrijven!'

Dat was zo, en toch had ik een gevoel van groot onheil

toen ik op een dinsdagavond langs een Amsterdamse gracht liep naar het pand waar *Het Kompas* gehuisvest was. Maar had ik dat gevoel niet vaker gehad? Bij de sportschool bijvoorbeeld! Sidderend was ik de eerste keer de drempel overgestapt en nu ging ik er bijna elke ochtend met plezier naartoe! Nou dan! Wat had ik opgezien tegen de publicatie van mijn boeken! En waren dat geen mooie boeken geworden, die met enthousiasme ontvangen waren? Maar ja, dacht ik, die vergelijking ging niet op, want de presentatie ervan was ik altijd een gruwel blijven vinden.

Boven aan de stenen trap stond een jonge man.
 'Ben je ook nieuw?' vroeg ik.
 Hij schudde zijn hoofd en gaf me een hand. 'Welkom,' zei hij.
 Ik vond hem direct aardig en was blij achter iemand aan te kunnen lopen die de weg kende.
 In een zaaltje met groen behang stonden vijf heren in een kring bijeen. Er was er één bij met lang, slordig haar en een gelooid gezicht. Dat moest de schrijver zijn. De anderen waren glad, slank en beschaafd.
 De mannen weken wat onwillig uiteen toen ik hun de hand kwam drukken, waarna hun kring zich weer sloot als een bloem bij nacht, de aardige jongeman in zich opnemend. Ik ging aan de grote, ovale tafel zitten en legde de blocnote, pen en de twee gelezen nummers voor me neer. Nog altijd stonden de mannen zachtjes te praten, als artsen rond een sterfbed. Ik pakte een fles Spa, draaide de dop een slag en kreeg de inhoud als een fontein in mijn gezicht.
 De kring week uiteen tot een rij en het werd stil. Verblind tastte ik naar een stapel servetjes en veegde het borrelende water uit mijn ogen, waarna ik de paperassen op tafel begon af te deppen. Aan de overkant van de gang was een keukentje. Ik was al half overeind gekomen om een

doekje te gaan halen, maar nu de mannen zo roerloos bleven staan, vroeg ik me af of het misschien ongepast was om keukens binnen te lopen en ik bleef heftig door deppen.

'Het is maar water,' zei iemand ten slotte.

Toen gingen ze zitten.

Punt één van de agenda was 'het nieuwe redactielid welkom heten'.

Ik ging afwachtend rechtop zitten en zag mezelf in de spiegel, smaakvol gekleed in een opengewerkt wit bloesje, met een ketting van rozenkwarts en paarlen oorbellen.

'Het omslag was weer niet best,' zei de computergeleerde. 'Het logo stond links in plaats van rechts.'

De anderen knikten instemmend.

'De lettergrootte beviel me ook niet,' zei de vriendelijke jongen, die de jurist van het gezelschap bleek te zijn.

Nee, inderdaad, de lettergrootte deugde niet.

Ik vroeg me af wanneer ik nu voorgesteld zou worden, maar toen de heren het na drie kwartier nog steeds roerend eens zaten te wezen over de mankementen van het omslag zonder ook maar één keer in mijn richting te kijken, vroeg ik me af of ze misschien verwachtten dat ik me zou voorstellen door me verbaal in te voegen. Omdat ik bijna een uur mijn mond gehouden had, klonk mijn stem een beetje vreemd toen ik zei: 'Ik let nooit zo op het omslag.'

Er viel een zwijgen alsof ik een vogel doodsloeg op de tafelrand.

De vriendelijke jongen wierp me een voorzichtig glimlachje toe. De gezichten van de anderen verloren alle uitdrukking. Toen praatten ze door alsof er niets gebeurd was.

Ik boog mijn hoofd. En net toen ik dacht dat dit het blijkbaar was, dat het nog twee uur zo door zou gaan, bleek het onderwerp afgerond. Bij mijn weten was er geen enkele beslissing gevallen, maar dat blad kwam wel degelijk elke maand uit, mét omslag, dus waarschijnlijk was er van alles gebeurd op een niveau dat voor mij nog niet waarneembaar was.

'Punt één van de agenda,' zei de computergeleerde. 'Het voorstellen van het nieuwe redactielid. Nicolien, wil je iets zeggen?'

'Ik heb de laatste twee nummers gelezen,' zei ik. 'En het viel me op dat in het ene nummer alleen fictie stond, en in het tweede alleen wetenschappelijke artikelen. Kort gezegd: één blad met verzinsels en één blad met geleerdheid. Is dat opzet?'

Nu glimlachte zelfs de vriendelijke jurist niet meer.

'In het themanummer over seks hadden wij graag een artikel van een seksuoloog opgenomen,' zei de geschiedkundige ten slotte.

'En waarom is dat dan niet gebeurd?' vroeg ik.

Stilte.

De natuurkundige wendde zich tot de geschiedkundige: 'Er was weinig variëteit in de thematiek. We misten masturbatie.'

Ik was een beetje in mijn wiek geschoten. Ook mijn verhaal had heteroseks als onderwerp, wat voor mij overigens nieuw geweest was. Als ze zo nodig andere vormen hadden willen zien, hadden ze daarom moeten vragen. Trouwens, wat maakte het uit? Al ging het over schoenen poetsen of eendjes voeren. Als het maar een goed verhaal was.

'Ik heb dat hele seksnummer niet gelezen,' zei de schrijver.

'Ik ook niet,' zei een ander.

De natuurkundige wendde zich tot mij. 'En wat doe jij zoal?'

Die las het blad blijkbaar helemaal nooit. En de notulen waarin mijn komst werd aangekondigd evenmin.

'Ik ben schrijfster,' zei ik verbaasd.

'Is dat een broodwinning?'
'Ja,' zei ik.
'Derde punt,' zei de man links van mij. 'Het novembernummer over "De bezwaren tegen de democratie". Vragen we Hirsi Ali weer eens?'
'Nee, die zit nu in Amerika.'
'Grunberg?' opperde de geschiedkundige.
'Mensen willen wel eens een blad kopen waar Grunberg níet in staat.'
'Jan Terlouw?'
'En zetten jullie dan "Democratie" of "Bezwaren tegen de democratie" op het omslag?' vroeg ik. 'Want dat laatste lijkt me prikkelender voor de verkoop.'

Nu namen ze niet eens meer de moeite om stil te vallen; ze spraken door of ik niets gezegd had.

De ene bekende naam na de andere kaatste voorbij en werd gepareerd met een nóg weer bekendere naam. Ook de andere drie mannen deden nu flink mee en de stemming was nog geanimeerder dan bij het gepraat over het omslag. Ik had het gevoel dat ze nu aan het hoofdgerecht bezig waren. Misschien dat er zo veel slechte stukken in het blad stonden omdat je tegen die beroemde mensen niet kan zeggen dat het korter en beter moet. Het redigeren werd wel eenvoudig op die manier. Ontvangen en afdrukken.

Misschien was ook mijn naam zo over tafel gegaan en had niemand werkelijk verwacht dat ik in den vleze zou verschijnen met mijn bloesje en mijn blocnote.

Met welke beroemdheden zou ik nu eens voor den dag kunnen komen? Paul Witteman en Louis Andriessen waren familie van me. Maar die schreven over muziek en dat had niets te maken met democratie en hun mogelijke bezwaren daartegen.

'En Micha Hamel heeft voorgesteld een stuk te schrijven over Elmer Schönberger,' zei de schrijver.

Dat waren componisten! Dat wist ik toevallig! Nu zou

ik met neef Paul en oom Louis kunnen komen aanzetten! Maar als die jongens nou eens helemaal geen zin hadden om een stuk voor *Het Kompas* te schrijven? Zou ik ze dan voorstellen zélf maar iets in elkaar te zetten en hun naam eronder te schrijven? Of zouden ze dat gek vinden? Ik twijfelde te lang en het moment was voorbij. Een nieuw onderwerp kwam op. Geld.

Het bleek dat *Het Kompas* al jaren met verlies draaide, zodat het tekort op de begroting gaapte als een walvismuil.

'We hoeven toch geen winst te maken,' zei de geschiedkundige geamuseerd.

'Winst maken is natuurlijk onmogelijk,' zei een ander. 'Dat wist de uitgeverij toen ze ons overnamen. Dat is nooit ons streven geweest.'

'Winst maken,' glimlachte een ander vermaakt.

'We kunnen misschien proberen om quitte te spelen,' opperde iemand. 'Door sponsors te zoeken bijvoorbeeld.'

'Of een héél ander voorstel... Jullie zullen het misschien gek vinden, maar... Meer abonnees krijgen.'

Het gezelschap bewolkte. Nu de stemming toch al bedorven leek, durfde ik weer iets te zeggen. 'We hebben nu zes wetenschappelijke artikelen voor het democratienummer. Wordt dat niet wat erg taai? Van die ene man staat in het vorige nummer ook al een onleesbaar artikel.'

Nu keek iedereen ineens opzij naar de geschiedkundige. Een stijf grijnsje trok zijn mondhoeken naar beneden. 'Dat stuk is door een vriend van mij geschreven. En er zijn meer mensen die moeite hebben zijn teksten te begrijpen, hoor.' Bij dat 'hoor' kneep hij even geruststellend de ogen toe.

Ik begreep het. Ik was niet geleerd genoeg. Ik behoorde tot een geestelijk lompenproletariaat. Deze mannen hadden het allemaal achter zich gelaten: lezers, verkoopcijfers, winst. Wat aardig van ze om mij al die uren te dulden en tactvol te zwijgen op alle domme, platvloerse dingen die ik gezegd had. Nóg begreep ik niet waar ze zich mee bezighielden, maar dat zou vanzelf komen als ik, na jaren van studie en ernstig trachten, geleerd had om verder te kijken en hoger te reiken.

'We zien elkaar donderdag,' zei een van de hoogleraren.

Donderdag? Ik had gedacht dat de volgende vergadering pas over drie weken was. Zelfs zoiets eenvoudigs kon ik blijkbaar al niet begrijpen.

'Wij geven donderdag een feestje omdat mijn vrouw een boek heeft gepubliceerd,' zei de hoogleraar tegen mij.

'O, leuk. Waarover?' vroeg ik.

Weer fout. Ik voelde het.

'Bootjes vouwen,' zei hij koel.

Bootjes vouwen? Een heel boek over bootjes vouwen? Nee wacht, hij had natuurlijk 'Schopenhauer' gezegd. Of misschien 'Blote Vrouwen'. Blote vrouwen in de renaissancekunst.

Zelfs groeten durfde ik niet meer en onhoorbaar stapte ik de gang in. Daar werd ik echter ingehaald door de langharige schrijver en de aardige jurist, die me meevroegen naar een café. Ik knikte.

'Ik denk niet dat ik aan jullie verwachtingen voldoe,' zei ik, nog voor mijn glas voor me werd neergezet. 'Ik ken ook helemaal niet zo veel beroemde mensen.'

'O, als je weer eens op een literair festival bent en je zegt dat je van *Het Kompas* bent, zul je merken dat iedereen álles voor je wil doen. Iedereen wil voor *Het Kompas* schrijven.'

Nu moest ik ook nog naar literaire festivals. Wat verschrikkelijk. Wat had ik vroeger een heerlijk leven gehad. En ik had het niet beseft.

De schrijver, die ook tijdens de vergadering zeer luid gesproken had, alsof hij een rokerig zaaltje moest beschreeuwen, begon over een zekere Matthijs, die hij hoopte te strikken voor het volgende nummer. Matthijs' genialiteit, begreep ik, sprak uit het feit dat hij zijn hele leven aan dezelfde theorie werkte en heel het kosmisch bestel daarin wist te persen.

'Misschien is hij autistisch,' zei ik. 'Heeft hij een vrouw?'

'Bijvoorbeeld als hij over Kenno schrijft, dan weet hij Kenno te vergelijken met Chateaubriand... Ken je die?'

'Een kaas,' zei ik.

De jurist proestte onderdrukt in zijn glas.

'Een manier om biefstuk klaar te maken,' zei de schrijver koel. 'Maar Chateaubriand was vooral een staatsman en schrijver die...'

Hij had wel lang haar en een schreeuwerige spreekwijze, maar intussen was hij al net zo geleerd als al die andere kerels. Wat had ik toch in hemelsnaam gedáán mijn hele leven? Wie zou die Kenno nou weer kunnen zijn? Het klonk als een Japanse schrijver, maar blijkbaar werd hij bekender verondersteld dan Chateaubriand. Ik vroeg me af of we het opnieuw in Frankrijk moesten zoeken en ineens wist ik het: Queneau!

Ik dronk mijn glas leeg en nam afscheid. Buiten zette ik er flink de pas in en wist nog net in de trein van tien voor tien te springen, waar ik het beste gesprek van de avond voerde met een kalende Marokkaanse meneer.

'Dat was rennen,' zei hij.

'Zeg dat wel,' zei ik.

Ik ging zitten, haalde mijn mobiel uit mijn handtas en belde mijn vriend.

'Ben jij het, lieverd? Hoe is het gegaan? Wat is er, huil je?'

'Ik kreeg allemaal Spa in mijn gezicht! En ze kennen allemaal beroemde mensen en ik begreep niets van wat ze zeiden!'

'De eerste keer is altijd moeilijk. Je zult zien dat het de volgende keer een stuk beter gaat.'

Hij vond ook dat ik terug moest.

De volgende dag ging ik bij mijn zuster en zwager eten. Ook de buurman zat aan.

'Hoe is het gegaan gisteren?' vroeg mijn zuster.

'Ja, dat ging wel,' zei ik.

'Wat voor soort blad is het eigenlijk?'

'Van alles,' zei ik. 'Wetenschap, literatuur.'

'Wat is de oplage?' vroeg mijn zwager.

'Ze maken verlies. Maar dat vinden ze niet erg.'

'Als je een blad maakt, wil je winst maken,' zei de buurman.

Mijn zwager knorde instemmend.

Ik vroeg me af hoe ik aan deze twee mannen uit moest leggen in welke ijle regionen de redactieleden van *Het Kompas* zich bevonden, terwijl ik daar zelf nog zo weinig zicht op had. Gelukkig ben ik gezegend met een fonografisch geheugen en ik kan zonder enige moeite hele gesprekken woordelijk herhalen. Om het mechanisme in gang te zetten, is het echter nodig om bij het begin te beginnen.

'Ik droeg mijn ajourbloesje…'

'In godsnaam!' onderbrak mijn zwager me. 'Vertel nou gewoon over die oplagecijfers. Ze kunnen toch niet met verlies draaien?'

'Láát haar nou!'

'Toen kreeg ik de inhoud van een fles Spa in mijn gezicht. En niemand ging een doekje halen.'

'Geen doekje halen?' zei de buurman. 'Wat deden ze dan?'

'Ze bleven gewoon staan. Zwijgend.'

'Wat idioot!'

Kijk, nu begrepen we elkaar dan toch. Ik vertelde over de bezwaren tegen het omslag.

'Maar de verhalen dan?' vroeg mijn zuster. 'Er stond toch ook een stuk van jou in dat laatste nummer?'

'Dat hadden ze niet gelezen. Ze wisten ook niet wie ik was.'

'Ha ha, kostelijk!' riep de buurman met een rood hoofd.

Ik was nu goed op dreef en kwam via het namen noemen op de ongunstige financiële situatie van *Het Kompas*. Toen ik de dialoog over de afkeer van abonnees navertelde, barstten de beide mannen in smalend gelach uit. Dat bracht me van mijn stuk. Net had ik besloten dat ik, nietswaardige, een radicale ommezwaai moest maken om op te stoten tot 's lands culturele elite, en nu werd de ijle wereld waar ik naar reikte om boekhoudkundige redenen weggehoond. Van de buurman wist ik het niet, maar mijn zwager las nooit iets anders dan Bob Evers. Maar ik dan? Ik was schrijfster, ik moest vóórt in leven en schrijven!

'Het klinkt net of je in het Vaticaan bent geweest,' zei mijn zuster.

Dat was het! Ik was getuige geweest van een bijeenkomst waarin een groep kardinalen een reeks rituelen uitvoerde om de muren van de tempel hoog te houden. Maar ik, simpele chroniqueur van het dagelijks leven, stond daarbuiten en wilde daar ook buiten blijven.

Ik kuste mijn zuster, holde naar huis en schreef *Het Kompas* dat ik bedankte voor de eer.

En ook op dat bericht volgde een lange, gezegende stilte.

Dirk van Weelden

Ribkarbonades! Gratis! Twee kilo!

De Kleine Komedie was uitverkocht, er hing een knusse theaterschemer in de zaal. Het toneellicht was mild zoals het past bij literair vermaak, om contact met de zaal te vergemakkelijken. Op de bühne stonden Ronald Giphart, Bart Chabot en Martin Bril. Het was een avond vol aandoenlijke anekdotes, komische intermezzo's, parlando-gedichten, jolige columns en vreemde voorvallen. Ze werden opgedist door jongensachtige mannen, die elkaar naar toon en stijl moeiteloos aanvulden. De rolverdeling was als volgt. De een sprak als het ondeugende, maar door en door gezonde verstand, gebrand op de pakkende en zo plastisch mogelijke formulering.

Een tweede trad op als de tegen sentiment en fatalisme vechtende beschouwer. En de derde was de dolende figuur, de eenzame gelovige, die maniakaal op zoek bleef naar zaken en mensen om te bewonderen en te bezingen.

Er waren ook verhaaltjes over de dienstplicht, alledaagse vervreemding, zieke ouders, satires over trends, kinderanekdotes en treffende observaties van stad en landleven. Maar wat opviel was het hoge gehalte aan erotisch of seksueel getinte teksten die het trio ten beste gaf. Was er een verband met het feit dat de zaal voor driekwart gevuld was met vrouwen tussen de dertig en veertig, vaak verschenen in groepjes van drie? Het ging over rokjesdag, over plotseling krap zittende boorden bij het verschijnen van dames met een groot gemoed, overbuurvrouwen net onder de douche vandaan, de ontregeling die gevaarlijk mooie scholieres teweegbrengen, wilde vriendinnen van vroeger, bustehouders en damesslipjes en het wantrouwen van de echtgenotes. Alles uiteraard in een vermakelijke, soms zelfs moppige toonzetting. De zaal gniffelde, lachte en gierde een enkele keer. Hoeveel andere onderwerpen ook de revue passeerden, de avond werd gedragen door de gulle lach om de pikanterieën.

Het mooiste verhaal van de avond ging over een ongelukkig verlangen dat leidt tot mislukte seks. Het was van Bril, die een laconiek verteld, maar van wanhoop doortrokken relaas deed van een bezoek aan een Chinese prostituee in een piepklein plattelandsbordeel. Het oog voor de schamele omgeving, voor het kwetsbare meisje, voor de onmogelijkheid tot communicatie en de triestheid en verlatenheid van de locatie tilden het verhaal boven de andere uit. Het was om te lachen, maar alsmaar minder, omdat het schrijnde. Het verklaarde niets, maar toonde. Wat het meest banale en alledaagse leek, verscheen hier als een pijnlijk absurde scène waarin de verteller zijn verdwaald verlangen deelde met de zaal. Bril voerde zichzelf op als een wat sullige clichéman en het verhaal paste daardoor goed in de sfeer van de avond. Maar Bril sleepte de toehoorders weg uit de wereld van de pikanterieën, met de koele, doortastende hand van de echte verteller. Een sleepbeweging die eindigde op een plaats waar het niet moppig, gezellig en oh-la-la was. Verre van, om met Bril te spreken.

Duidelijk niet behorend tot de ideale doelgroep waren er momenten waarop ik last had van mijn aanwezigheid bij de voorstelling. Een vorm van schaamte, die hoort bij de gewaarwording te worden opgenomen in een samenzijn waar je je volstrekt niet thuis voelt. Opgelatenheid is denk ik de vorm van schaamte die ik bedoel. Een jonge banketbakker op een uitbundige party van net afgestudeerde tandartsen. Of Jannes van der Wal bij Mies Bouwman.

Het hevigst was mijn opgelatenheid tijdens een verhaal van Ronald Giphart, die in geuren en kleuren uit de doeken deed hoe hij als student met zijn beste vriend een triootje beleefde met een wilde meid. Hij beschreef het geleidelijk totstandkomen van de situatie, het behoedzame benutten van de gelegenheid, het stoere aan het meisje en de vlagen onzekerheid bij de jongens; allemaal licht, ironisch en correct.

De zaal leek van dit verhaal nog meer te genieten dan van alle andere.

Proestende, dubbelklappende dames, ho-ho lachende mannen. Vooral de onhandigheid van de mannen die voor het eerst elkaars erectie aanschouwden deed de temperatuur in de Kleine Komedie stijgen.

Uiteindelijk kwam Giphart toe aan de scène met de daad. En terwijl ik al behoorlijk vervreemd en ongemakkelijk in mijn stoel zat deed zijn schildering daarvan er nog een schepje bovenop. Het was niet het beeld dat hij opriep: de vriend met zijn geslacht in de mond van de dame, Giphart achter en in haar. Het was de manier waarop de schrijver de clou van het verhaal er bij ons in hamerde die mijn opgelatenheid tot ondraaglijke hoogte deed stijgen. Want waar draaide het verhaal op uit?

Ja, de vrienden keken elkaar aan en zoals ze elkaar toen in de ogen zagen, de vrouw tussen hen in, ja, dat was toch een onbeschrijfelijke band, een soort van ultieme vorm van vriendschap, een soort bloedbroederschap.

Het weeë goedmakertje voor de ondeugende lol die hij bij het beschrijven van het seksuele avontuurtje had gehad was al pijnlijk, maar veel erger was de aanblik die hij bood. Hij droeg de tekst voor met opgetrokken wenkbrauwen, zwaaiende arm, bezwerende toon en uitpuilende ogen. Ik moest onweerstaanbaar denken aan een verre kennis uit Brabant, die een keer binnenstormde en op dezelfde manier vertelde dat hij ergens twee kilo ribkarbonade had gekregen bij de aankoop van een schroefboormachine. Gratis! Twee kilo! Ribkarbonade! Ja, hij! Zo!

Die Brabander wilde graag dat we hem een geweldige,

bijzondere kerel vonden omdat hij iemand was die gratis karbonades kreeg. Giphart toeterde over vriendschap, maar leek bewondering af te willen dwingen voor zijn trioavontuur en vooral voor het zo openhartig opdissen ervan in het openbaar. Nu is een triootje niet iets wat de gemiddelde Nederlander erg vaak meemaakt, zeker niet met een goede vriend, maar dat is het cadeau krijgen van twee kilo ribkarbonade ook niet. Op zichzelf is het iets waar je wel een sneu wereldbeeld voor moet hebben om er iets bewonderenswaardigs en opzienbarends in te zien. Laat staan dat je daar publiekelijk voor om bewondering bedelt.

De zaal waarin ik zat dacht daar massaal anders over. Heerlijk vonden ze het verhaal en ze schikten zich ook eerbiedig en bijna vroom in de vriendschapsclausule waarmee Giphart zijn avontuur afsloot. Tijdens het open doekje piekte mijn opgelatenheid. De schijnwerpers versprongen en daar struikelde Bart Chabot naar voren. Met horten en stoten vertelde hij van een komisch voorval met Herman Brood of ging voordragen uit zijn brieven aan de minister van Oorlog, omdat hij het niet pikte dat hij was afgeschreven als reservist. Opgelucht haalde ik adem. Het mocht er verward en mal uitzien, Chabots act getuigde tenminste van een solide zelfkennis. Weldadig, vrij, speels, waardig zag het er daardoor uit, na het beklemmende verhaal van Giphart.

Marga Minco

De trein stopte in Ede

In de trein tegenover mij zat een man die, nadat hij zijn avondkrant had dichtgevouwen, een mobieltje uit zijn aktetas pakte en op duidelijke toon een gesprek begon dat door iedereen in de coupé gevolgd kon worden. Terwijl hij met zijn ene hand het apparaat tegen zijn oor gedrukt hield, keerde hij zich al pratend naar het raam, onderwijl met zijn andere hand korte bewegingen makend, zoals men wel doet wanneer men met iemand een discussie is aangegaan en op bepaalde woorden of beweringen de nadruk wil leggen, waarna hij, uitgesproken, zich van het raam afwendde om naar de stem aan de andere kant van de lijn te luisteren.

Intussen waren de andere reizigers, wellicht uit een zeker gevoel van gêne, opgehouden met de kleine nutteloze handelingen die men gewoonlijk verricht wanneer men in vreemd gezelschap voor een bepaalde tijd in de trein zit en men zich nog geen houding heeft weten te geven, temeer in het bijzijn van een medereiziger met een mobiele telefoon die en plein public een gesprek voert, wat in die tijd nog een zeldzaamheid was.

Het boek dat ik uit mijn tas had gepakt zodra ik een plaats bij het raam tegenover de bellende reiziger had gevonden, lag nog dichtgeslagen op mijn knieën. Die morgen had ik *Christ Stopped at Eboli*, een Penguin uit 1948, die ik weer eens wilde herlezen, bij de papieren voor mijn lezing klaargelegd. Het verhaal van Carlo Levi over zijn verbanning naar de onherbergzame, verlaten streek van Calabrië, in de tijd van het fascistische regime in Italië, had indertijd een diepe indruk op me gemaakt.

We waren al voorbij Utrecht, buiten begon het te schemeren, boven de weilanden hing een lichte nevel, bijeenscholende koeien stonden onder een boom in samenspraak over plannen voor de nacht, in de verte kringelde een dunne rookpluim uit de schoorsteen van een boerderij en loste op in het duister. Op de achtergrond een schimmige rij populieren als door Monet aangeduid. Een zwerm spreeuwen vloog hoog boven het weiland ijlings naar een ander doel. Mijn overbuurman had zijn gesprek beëindigd en zat weer verborgen achter zijn krant. De andere reizigers hadden eveneens hun houding gevonden, sommigen leunden achterover en sloten overmoedig hun ogen, een jongeman in een blauwe trui at een broodje, een oudere vrouw met een gebloemde sjaal om haar hals rommelde in haar tas en diepte er een rol pepermunt uit, het meisje met de blonde paardenstaart dat op het allerlaatste moment was ingestapt en een plaats in de andere hoek had gevonden, begon in haar agenda te schrijven. Ik sloeg mijn boek open: 'Many years have gone, years of war and of what men call History...' Toen stond de trein stil.

Niet met een schok, ook niet met knarsende wielen. Zomaar. Onderweg. Alsof de machinist er ineens genoeg van had steeds maar voor zich uit naar de rails te staren, hetzelfde traject af te leggen, alsof hij nu ook wel eens rustig uit het raam wilde hangen om naar de krimpende avondlucht boven het weiland te kijken.

'Is hier een station?' vroeg de vrouw met de gebloemde sjaal. Ze deed de rol pepermunt terug in haar tas, alsof ze het ongepast vond een pepermuntje te nemen nu de trein gestopt was. De man met de mobiele telefoon liet zijn krant zakken en keek naar buiten. 'Nee, we staan stil, midden in het land.'

Ik volgde zijn blik, net als de anderen. Sommigen gingen erbij staan en snel weer zitten voor het geval de trein ineens zou optrekken.

Na een minuut of zes klonk er onverwachts door de intercom een stem die ons meldde dat er een kleine storing was. Het euvel zou spoedig verholpen zijn. Nadat er nog tien minuten verstreken waren volgde er opnieuw een mededeling. Er werd nog even geduld van ons gevraagd. We namen een pepermuntje van de vrouw, die de rol weer uit haar tas had genomen en die ze nu royaal liet rondgaan. Daarna werd het onrustig in de coupé, bagage werd uit het rek getild en weer teruggelegd, er werd op en neer gelopen en opnieuw uit het raam gekeken. Het had geen zin. Het landschap veranderde niet, de boerderij met de hoge schuur waar bossen hooi uitstaken, bleef op zijn plaats.

'Dat wordt een latertje.' De man tegenover mij knikte vriendelijk naar me, alsof we naar dezelfde afspraak gingen.

'Ik kom veel te laat,' riep ik geschrokken uit.

Niemand keek daarvan op. 'Wij allemaal,' zei het meisje met de paardenstaart.

'Te laat voor de lezing,' liet ik erop volgen.

'Die zijn al begonnen als u daar aankomt,' merkte mijn overbuurman op.

'Nee, dat kan niet. Ik moet de lezing geven.'

'Dat is wat anders. Zal ik bellen dat u wat later komt?' bood hij aan. Ik pakte de brief die ik voor het gemak in de zak van mijn jas had gestoken om na aankomst, wanneer ik in een taxi ben gestapt, het adres bij de hand te hebben – en gaf hem het nummer van de bibliotheek.

Opgelucht leunde ik achterover. Ze zouden op mij wachten. Het kwam goed uit dat ik 's morgens een wat vroegere trein had genomen. Nu kon ik mezelf geruststellen dat ik toch nog redelijk op tijd voor de lezing zou arriveren, zodat ze zelfs de gelegenheid zullen krijgen de spreker van de avond even apart in het kantoortje, of andere kleine ruimte, met koffie te ontvangen en aan eventuele wensen – zegt u gerust wat u nodig heeft – te voldoen.

Na ongeveer een halfuur reed de trein weer door. De stem door de intercom hadden we niet meer gehoord.

Mijn overbuurman vouwde opnieuw zijn krant open en ik boog me over Carlo Levi: 'Christ did stop at Eboli, where the road and the railway leave the coast of Salerno and turn into the desolate reaches of...' Het licht in de coupé begon te flikkeren, ik kon er niet meer bij lezen. Maar de trein bleef rijden.

Mijn medepassagiers wensten me het allerbeste, zij gingen verder.

De jongeman in de blauwe trui reikte me behulpzaam mijn tas aan, ik kreeg nog een pepermuntje en op het perron zwaaide ik naar ze, waarna ik me naar de uitgang spoedde. De chauffeur van de taxi hield het achterportier voor me open toen hij me hollend uit het station op zich af zag komen. Nadat ik hem had gevraagd of hij me vlug naar de bibliotheek kon brengen, verzekerde hij me dat hij die snel wist te vinden, hij reed geregeld die kant op en ik liet de brief in mijn zak. Gedurende de rit bleef ik gespannen zijn rug in de gaten houden, alsof ik hem met mijn blik tot meer spoed kon dwingen. Hij had net zo goed over een verlaten landweg als door riante woonwijken kunnen rijden, ik liet het me ontgaan.

Op een schaars verlicht pleintje stopte hij voor een rond gebouw. Een rustige buurt, waar het niet onaangenaam moet zijn er met een aantal geleende en met zorg uitgekozen boeken vandaan te komen. De ingang aan de voorkant was gesloten en op mijn gebel werd niet gereageerd. Glurend door het glazen ruitje van de deur zag ik een lange, donkere gang en ik vermoedde dat ik voor de verkeerde ingang moest staan. Haastig liep ik om het gebouw heen en ontdekte aan de achterkant inderdaad nog een deur, maar ook hier bleek alles op slot. Resoluut zette ik nu mijn tas op de grond en begon met beide vuisten driftig op de deur te bonzen. Er moest zich toch nog ergens in de bibliotheek iemand ophouden. Zo laat was het nu ook weer niet. Nogmaals maakte ik een rondje om het gebouw, speurend naar een streepje licht, al kwam het maar uit een van de ramen op de bovenverdieping, waar ze zolang op me zaten te wachten, elkaar alvast zaten voor te lezen uit een van de boeken die ze voor de lezing hadden klaargelegd, waardoor ze de bel niet hoorden. Maar het enige licht dat ik zag kwam van de Cafétaria op de hoek en ik stak over.

Het meisje achter de toonbank was bezig met opruimen, ze zei dat ze eigenlijk al gesloten was. Ik legde haar uit dat ik om acht uur aan de overkant had moeten zijn, maar door de vertraging van de trein veel te laat was aangekomen. Zou ze misschien even voor me willen bellen? Ik pakte de brief uit de zak van mijn jas, vouwde hem open en wees naar het nummer van de bibliotheek. Ze nam de brief van me aan, keek er even op. 'Dat is in Wageningen,' zei ze verbaasd.

'Ja, dat klopt, daar moet ik vanavond zijn. In de bibliotheek van Wageningen.' Ik draaide me om en wees naar buiten, naar het donkere pand aan de overkant.

'Maar u bent hier in Ede.' Ze gaf me de brief terug, keek me nu triomfantelijk aan, alsof ze vond dat het veel beter toeven is in Ede dan in dat treurige Wageningen.

Ruim een uur later dan de afgesproken tijd zette de taxi, die het meisje van de Cafétaria zo bereidwillig voor me gebeld had, me voor de bibliotheek van Wageningen af.

Ik was alvast naar buiten gegaan om op de taxi te wachten en meteen in te kunnen stappen. De aanblik van broodjes en slaatjes op de toonbank had me een weeïg gevoel in de maag bezorgd en dat was het laatste wat ik, vlak voor een lezing, kon gebruiken.

Het was killer geworden, het leek of de paar lantaarns langs de stoeprand niet meer tegen de duisternis waren opgewassen en hun bleke lampen nog meer gedempt hadden. De taxi liet lang op zich wachten.

Ik ben nog een keer teruggegaan naar de Cafétaria,

waar het meisje me verzekerde dat de taxi er beslist gauw zou aankomen, en na een tijdje ben ik nog een keer overgestoken, maar toen was alles al donker. Misschien zou ik deze avond niet verder komen dan dit verlaten plein, waar alleen nog een paar honden snuffelend achter elkaar aan kwamen lopen, magere honden, leken het, die hier verdwaald waren en die even plotseling als ze waren verschenen om een hoek verdwenen op zoek naar een deur die ergens moest openstaan.

Er brandde nog volop licht. Enkele mensen van de bibliotheek waren nog gebleven, maar het publiek had het geduld niet meer opgebracht op me te wachten. Het stapeltje boeken heb ik graag voor ze gesigneerd, ook de koffie, waarvoor ik niet naar het aparte kantoortje hoefde, heb ik rustig op kunnen drinken, waarna er iemand van de bibliotheek zo vriendelijk was me met zijn auto naar het station te brengen.

Daar aangekomen legde hij me uit dat ik de verkeerde uitgang moet hebben genomen.

Maar dat had ik intussen wel begrepen.

Thomas Verbogt

Hier gebeurt nooit wat

Muziek en literatuur, het thema van de Boekenweek van 2006. Op mijn lijf geschreven. Dat zou ik niet spontaan over mezelf opmerken, maar een vrouwenstem zegt dit op mijn antwoordbandje. De stem hoort bij een radioprogramma dat een uitzending maakt over muziek en literatuur, 'een onderwerp dat op uw lijf is geschreven'. Of ik even terug wil bellen. Dat doe ik, ik hoor een andere vrouwenstem dan die op mijn antwoordbandje, ik noem mijn naam en het blijft stil aan de andere kant. Beetje nukkige stilte, die je ook kan overdonderen als je ergens onverwacht binnenkomt en zeer ongewenst blijkt.

Ik verman mij en zeg: 'Ja, een collega van u belde me en vroeg of terug wilde bellen.'

Sommige zinnen vind ik vervelend om uit te spreken, zo'n zin bijvoorbeeld: een collega van u belde me en vroeg of ik terug wilde bellen. Ik denk dan aan het woord bezig, vooral bezig in de vraag 'En? Ben je goed bezig?'

De vrouw vraagt: 'Waar bent u van?'

'Wat zegt u?'

De vrouw herhaalt de vraag, een beetje vinnig nu: 'Waar bent u van?'

Ik denk na over die vraag: waar ben ik van? Het ís ook een vraag om over na te denken.

Als ik eerlijk ben, moet ik zeggen: ik ben van niemand. En hierbij vraag ik me meteen af of het erg of tragisch is, van niemand zijn. Kom je op een gegeven moment niet op een punt in je leven waarop je onderhand echt eens van iemand moet zijn?

Ik kies voor een laf antwoord, want ik hoor heus wel dat

de vrouw aan de andere kant van de lijn ongeduldig zit te wachten.

'Ik weet niet van wie ik ben.'

Uiteraard zíe ik de vrouw aan de andere kant van de lijn niet, maar tóch zie ik wel degelijk dat ze moeite heeft met mijn woorden 'Ik weet niet van wie ik ben'.

'Een momentje,' zegt ze. 'Ik verbind u door.'

Dat momentje duurt heel lang. Blijkbaar moest ze iemand zoeken die uitstekend om kan gaan met mensen die niet weten van wie ze zijn. Die zit vast in de kantine bier of jenever te drinken, anders houd je het niet vol.

Even later spreek ik met een man die gelukkig niet vraagt van wie ik ben, zelfs ook wéét wie ik ben. Hij vraagt of ik die avond in zijn programma wil komen om te praten over muziek een literatuur, 'een onderwerp dat u op het lijf is geschreven'.

Ik zeg dat ik niet kan, omdat ik in een bibliotheek moet voorlezen. En ik zeg erbij: over hetzelfde onderwerp.

Een kille maartse maandag in de Boekenweek. Ik moet een aantal buurtbibliotheken bezoeken. Gelukkig hoef ik dat niet alleen te doen. De zanger/gitarist van een Nederlandse popgroep vergezelt me. Onze rolverdeling ligt voor de hand: hij zingt liedjes, ik lees verhalen voor.

Onlangs maakte hij met zijn band een succesvolle tournee door Zuid-Amerika. Volle zalen in Mexico City. En nu gaat hij met mij langs buurtbibliotheken die zich allemaal in nieuwbouwwijken bevinden waar het harder waait dan elders en waar ook iets aan de hand is met het zonlicht, het lijkt scherper, onbarmhartiger.

Mijn gelegenheidscollega zegt dat dit toch wel leuk is, want het is zoiets anders.

Even denk ik aan volle zalen in Mexico City, maar tegelijkertijd denk ik ook: je hebt gelijk, het is ook wat anders, niet zeuren, laten we ons niet wentelen in luxeproblemen. Wel signaleren we in de buitenwijken de afwezigheid van cafés. Dat vinden we jammer en ook een beetje hinderlijk. We vragen ons af hoe de mensen zijn die hier wonen. Misschien wil je hier alleen maar thuis zijn en ga je alleen maar de straat op als het per se moet. Misschien is dit wel benijdenswaardig.

Ons laatste optreden vindt plaats in een bibliotheek aan de rand van nergens.

De bibliothecaresse is aardig, ze heeft een hartelijke uitstraling en wekt de indruk langdurig voor ons te willen zorgen.

Ze zegt: 'Hier gebeurt nooit wat.'

Ze zegt dit niet moedeloos, maar met een vreemde, berustende ernst. Alsof het een conclusie is van heel veel: 'Hier gebeurt nooit wat.' En ik weet zeker: ik ben ergens waar nooit wat gebeurt, dat is niet voor niets, dat moet ergens mee samenvallen. Ja, iemand die van niemand is, bevindt zich ergens waar nooit wat gebeurt. Een gedachte om koortsachtig van te worden.

Rond de kleine buurtbibliotheek huilt de avondwind. Het is inmiddels donker geworden, maar het lijken wel flarden duisternis die rusteloos over en door elkaar heen tuimelen. Ik kijk op mijn horloge. Het is tien over half-zeven. Het is nog wintertijd. Ik heb ineens schreeuwende honger.

De bibliotheek waar nooit wat gebeurt, aan de rand van nergens, heeft ook een directeur. Hij zit achter een groot bureau en eet een krentenbol. Ik eet nooit krentenbollen, maar nu zou ik er een moord voor doen. De wijze waarop de directeur de krentenbol eet, accentueert mijn schreeuwende honger alleen maar. Hij eet gulzig en met ongekende hartstocht. Met volle mond voorspelt hij dat er vanavond tien, hooguit vijftien belangstellenden komen. En dan, zo voegt hij eraan toe, dan hebben we nog mazzel. Het woord mazzel hoort hier bij de huilende avondwind, bij de rusteloze duisternis.

De directeur pakt nog een krentenbol. Nu zie ik een

plastic zak achter hem waarin zeker nog een stuk of zes krentenbollen zitten, allemaal kranig belegd met roomboter. Hij zegt dat we vast zin hebben in koffie. Ik zie dat zich in zijn mondhoeken roomboter samenvoegt.

Ik denk aan de koffie waarin ik vast zin heb, ik stel me eigenlijk vooral een groot glas fonkelende cognac voor, want behalve honger voel ik kou die plotseling schurend door mijn lichaam trekt. De koorts was er al.

Op dat moment besef ik dat ik ziek ben geworden. Alsof alles op is wanneer je ergens bent waar niets gebeurt.

Ik fluister dit tegen de zanger.

Die fluistert terug: 'Nog even.' En hij wijst op de tien belangstellenden die langzaam de bibliotheek binnen komen schuifelen, een beetje op hun hoede lijkt het wel, alsof je het nooit kunt weten in gebouwen waar nooit iets gebeurt, want ja, als er per ongeluk tóch iets gebeurt, zijn de rapen natuurlijk hartstikke gaar.

Weliswaar lees ik verhalen voor en zingt de zanger, maar het is alsof ik er niet meer ben, alsof ik ineens verdwenen ben en ik mezelf later, véél later aantref in bed, onder heel veel dekbedden, met koorts die mij door ijldromen en van de wereld jaagt, aanvankelijk nergens heen, maar dan nog verder, naar een lege bibliotheek in een lege wereld. Er is iets op mijn lijf geschreven, maar ik kan het niet lezen.

Een beetje wereld is er nog wel, want de televisie staat aan, ergens ver weg in een hoek van de kamer. Daar kijk ik niet naar, want dat kan ik niet. Ik kan immers maar op één zij liggen – anders raak ik te benauwd – en de televisie is alleen vanaf de andere zijde te zien, maar ik hóór wel alles, terwijl dagen veranderen in nachten en andersom, terwijl er tijd verstrijkt en ik niet meer in tijd denk.

'U heeft longontsteking,' hoor ik de huisarts zeggen, ik weet niet meer wanneer. O ja, muziek en literatuur, dát was op mijn lijf geschreven.

Op de achtergrond de televisie, die ik steeds geruststellender vind. Nooit maak ik overdag televisie mee. Nu hóór ik wat er zich afspeelt, en ik hoor geluiden uit een wereld die kleiner is dan de wereld die ik ken, een wereld bovendien waarin alles er veel langzamer aan toegaat. Veel hobbyachtige kwesties, veel dieren, meer huishoudelijke probleempjes dan ik voor mogelijk had gehouden. Het zijn flarden, want ik slaap veel, bijvoorbeeld zinnetjes als: 'Als u problemen heeft met hondenkoekjes, pak de telefoon!' Met zo'n mededeling houd ik me dan even bezig en ik vraag me af wat voor problemen een mens met hondenkoekjes zou kunnen hebben. En hoezo: pak de telefoon? Geef je die dan aan de hond?

Het fascinerende van koorts is dat zo'n probleem urenlang met je op de loop kan gaan. Soms houd ik een beetje van koorts. Misschien is dat ook wel het beste. Iedere keer word ik zwetend wakker, terwijl ik me, inderdáád koortsachtig, afvraag wat ik toch moet met de hondenkoekjes en de telefoon. En ondertussen heb ik met bijna alle honden die ik in mijn leven van nabij heb meegemaakt, door eindeloze, donkere wouden gewandeld, over een brandende heide, ergens in de kosmos te midden van sterren, cirkels, bellen. Er is ook een probleem dat bij koorts hoort, een probleem dat geen begin heeft en geen einde, het is uit de wereld van Escher geplukt, ik tol erin rond, aanknopingspunten genoeg maar ze leiden tot niets. Wat is het probleem precies? Na een halve dag besef je dat het probleem, wat het ook behelst, niet voor jou bestemd is, want je hebt geen hond.

Door dat vast te stellen ben je ineens weer een stuk verder in je moeizame leven, maar misschien is een hond geen slecht idee. Er moet meer natuur in je leven. A. Een hond is natuur, en B. Met een hond ben je ook veel in de natuur, als het goed is.

Over de natuur hoor ik trouwens ook veel. Daar is de dagtelevisie gúl mee.

Ik merk algauw dat wanneer het over de natuur gaat, ik

het aangenaam vind me voor te stellen wat ik zie, terwijl ik niets zie, want ik kán nergens naar kijken.

Dit is niet altijd zo moeilijk, want vaak werden natuurfilms begeleid door dialogen die aan duidelijk niets te wensen overlieten. Er is bijvoorbeeld een deskundige aan het woord en iemand die graag geïnformeerd wil worden:

'Ja, daar is een kanaal gelegd.'
'Een kanaal?'
'Ja, een kanaal. Een klein kanaal, een kanaaltje dus.'
'O ja, ik zie het, een klein kanaal. Meer een soort sloot, dat kanaal.'
'Een sloot? Ja nee, maar toch noemen we het een kanaal, want we hebben het gegraven, dat kanaal dus.'

Vervolgens verdwaal ik weer in een koortsdroom. Mijn vader en ik ergens in Brabant. Een landschap van goud, onder een trillende hemel. We lopen langzaam in de namiddag, langs een kanaal. Het is warm. Ik heb de smaak van Coca-Cola bij me. Mijn vader wil me iets duidelijk maken, maar ik begrijp het niet. Ik probeer me te gedragen als een kind die dat soort dingen (wat voor dingen?) nu eenmaal nog niet kán begrijpen. Ik moet me ontzettend inspannen zo'n kind te zijn, maar ik wil mijn vader ook niet teleurstellen.

Als ik even wakker ben verlang ik intenser dan ooit naar de zomer, een eindeloze, volle zomer waarin alles traag gaat. Wanneer begon het, van niemand zijn? Met die vraag begint een roman.

Zo gaat dit dagen achter elkaar. Tot het ineens ophoudt. Op een ochtend kom ik voor het eerst sinds drie weken weer buiten, voorzichtig, met kleine stappen, alsof ik binnen korte tijd veel ouder ben geworden, maar dat kan niet, geloof ik. Toen ik aan mijn ziekbed begon was het wintertijd. Dat is in ieder geval veranderd, want ja, dat dénk je als je de huisdeur achter je hebt dichtgedaan: er zal vast van alles veranderd zijn. Dit valt enorm mee. Of tegen. Het ligt er maar aan hoe je het bekijkt en beleeft. Van de zomertijd is weinig te merken. Ik had zo gehoopt op guller licht.

Buren die mij haast nooit iets vragen – waarom zouden ze ook? – informeren nu waar ik ál die tijd gezeten heb. Blijkbaar word ik toch in de gaten gehouden. En blijkbaar is drie weken al heel veel tijd. Ik antwoord dat ik longontsteking had.

Het komt me niet slecht uit een duidelijke kwaal te noemen. Ook een kwaal die niet niks is, zeg maar, een kwaal waarmee je voor den dag kunt komen. Het punt is alleen: ik merk er niet zoveel meer van. En dat kán niet volgens de mensen die ik spreek. Ik moet ontzettend moe zijn en voortdurend de behoefte hebben overal maar te gaan liggen. Daarom gedraag ik me nu maar iets gekwelder en laat af en toe een flauw, naar hoestje horen. Dit helpt.

De vrouw van de bakker bij mij om de hoek heet Tante Nel.

Ze praat altijd ontiegelijk hard en schel.

Tante Nel roept: 'Schat, wat zie je eruit!'

Als Tante Nel dit vindt, is het ook zo.

Ze roept – harder dan ooit, lijkt het: 'Eet je wel véél kippensoep?'

Geen seconde aan gedacht.

Ik beloof haar véél kippensoep te eten. Even breng ik het gevaar van vogelgriep ter sprake. Die griep woedt dit voorjaar. Je weet maar nooit met kippensoep, véél kippensoep nog wel.

Tante Nel zegt belerend: 'Je bént geen vogel, schat!'

Heldere taal.

Daar heb je wel behoefte aan, na een tijdje bedompt geleefd te hebben, aan heldere taal.

Ik ben geen vogel. Dat is tenminste iets. Je moet weer ergens mee beginnen. Geen vogel lijkt me een werkbaar uitgangspunt. Nu nog van iemand zijn.

Rascha Peper

Herr Mispelbaum

Op uitnodiging van het Literaturhaus Schleswig-Holstein mag ik in een paar Noord-Duitse steden uit eigen werk voorlezen. Mijn man en ik zijn ingekwartierd in Kiel, maar vandaag moeten we in het stadje Plön zijn. Plön is een beeldschoon schiereilandje te midden van vijf of zes ineenlopende meren, is ons verteld, maar bij aankomst klettert de regen zo hard neer dat je geen hand voor ogen ziet en nauwelijks weet of je met je voeten op de middeleeuwse keien staat of in een van die meren. Zo zien we weinig méér van het stadje dan het slot waarin de lezing plaatsvindt. In het prachtig gerestaureerde Prinzenhaus lees ik, op doorweekte suède laarzen, in een verfijnd geelwit gedecoreerd, geheel rond zaaltje voor aán de moedigen die hiernaartoe hebben durven komen. Het is of we met z'n allen in een vorstelijke koektrommel gestopt zijn. Buiten woedt de wolkbreuk onverminderd verder.

's Avonds, terug in Kiel, trekken we droge schoenen aan en besluiten in het hotel nog een hapje te eten. De eetzaal hier ziet uit op Kiels grootste attractie: de fjord waaraan de stad ligt, de Förde. We eten *Krabbensuppe* en *frischen, gebackenen Ziegenkäse* en kijken naar de leigrijze marineschepen in de fjord. Er valt nog slechts wat motregen, waar de lichten van de schepen en de vuurtorens aan de Kielerbocht, in de verte, moeiteloos doorheen pinkelen.

Ik zit met mijn rug naar een wandje dat blijkbaar nogal dun is, want achter me klinkt voortdurend een mannen- of vrouwenstem door een microfoon, afgewisseld door applaus van twintig of dertig toehoorders en eenmaal het ijle geluid van een dwarsfluit. Wat er gezegd wordt is niet te verstaan, maar soms herken je de cadans van een gedicht. Gelachen wordt er niet. Mijn man herinnert zich nu dat hij in de hotelfoyer een aankondiging heeft zien hangen van een literaire avond met Schleswiger en Holsteiner schrijvers en dichters. Men draagt de letteren een warm hart toe in deze contreien.

Plotseling vliegt er achter mij een deur open, die gelijk weer dichtgesmeten wordt, en een kleine, magere man in lichtgrijs zomerpak haast zich met verbeten kaken langs ons tafeltje heen de eetzaal door, een dun aktetasje onder de arm geklemd. Zijn haar staat zonder gel recht overeind, alsof hij aan iets afgrijselijks is ontsnapt. Iedereen kijkt op. Een paar seconden later gaat de deur opnieuw open en nu komt er een zwaarlijvige man in hemdsmouwen uit tevoorschijn die roept: 'Herr Mispelbaum!'

Herr Mispelbaum is echter al bij de trap naar boven, springt deze kwiek en zonder enige reactie op en verdwijnt uit zicht. De man in hemdsmouwen ploegt de eetzaal door alsof het een aardappelveld is en beklimt eveneens de trap. Maar hij heeft de deur achter zich laten openstaan en de hele eetzaal kijkt nu achterom of er soms nog iemand achteraan komt. Uit het zaaltje waar je nu binnen kunt kijken, klinkt geroezemoes. Ook daar zitten ze achterom te kijken, naar ons. Vrijwel gelijktijdig grijpen een ober aan onze kant en een functionaris aan de andere kant in en sluiten de deur. De ober blijft nog een minuutje voor de deur staan als een politieagent die het gerechtshof tegen de opdringende maten van een gedaagde moet bewaken.

'Ze snappen zijn werk niet,' zeg ik tegen mijn man. 'Hij houdt het niet meer uit bij die onbenullen.'
'Misschien is hij van plagiaat beschuldigd.'
'Of zijn ex-geliefde bleek in het publiek te zitten.'
'En die stond op om te zeggen dat zíj het allemaal geschreven had.'

We overwegen nog een paar mogelijkheden, maar na

een minuut of tien zie ik de zware man in hemdsmouwen de trap weer afdalen met Herr Mispelbaum in zijn kielzog. Diens haar staat nog steeds overeind en hij drukt het aktetasje tegen de borst, maar buigt onder aan de trap gewillig mee rechts af, een zijvleugeltje van het restaurant in, waar ik hem niet meer kan zien.

Na een poosje horen we declamatie noch applaus meer en ook het afsluitende dwarsfluitnummer heeft al geklonken. Net als we willen vertrekken, gaat de tussendeur van het zaaltje weer open en neemt een aantal dames en heren met mapjes vol papieren in de hand afscheid van elkaar. Eén vrouw draagt een fluitetui. Het publiek is kennelijk door een andere uitgang gegaan. Het groepje loopt door de eetzaal en aarzelt even onder aan de trap, tot de man in hemdsmouwen op hen toesnelt. Ook met hem worden handen geschud en men bedankt elkaar wederzijds 'recht herzlich'. Langs hem heen kijkt het groepje terloops de zijvleugel in.

Wij zijn nu eveneens bij de trap gekomen en horen de oudste schrijver van de groep, een man in een corduroybroek met het kruis op de knieën, brommerig zeggen: 'Der... der kann nicht ohne Theater.'

Met zijn rug naar iedereen toe zit Herr Mispelbaum in de zijvleugel. Hij is het best gekleed van allen, heeft net een kelkje naar zijn lippen gebracht en er staat ook bier voor hem. Hij staart onaangedaan over de nevelige Förde. Ik houd het toch op onbegrip voor zijn werk.

Tsead Bruinja

We could be heroes

tijdens het voorlezen in de duinen wordt elly de waard
na afloop van haar voordracht door een opdringerige grijsaard
met een oranje rugzak waarop ravetechno gedrukt staat gevraagd
of zij elly de waard ook kent en of er ooit nog een jaarbrief
van het chr. j. van geel genootschap zal verschijnen

dat hij zo graag het huis eens zou willen zien

Dit fragment uit mijn laatste bundel *Bang voor de bal* illustreert wellicht het beste de wereld van roem en faam die de meeste dichters ten deel valt, zeker als ze niet in staat blijken om nieuws te maken en wekelijks aan te schuiven bij praatprogramma's en actualiteitenrubrieken, of mogen komen opdraven om een gelegenheidswerkje voor te dragen.

Omdat ik me niet al mijn optredens en de bijbehorende beschamende details kan herinneren – met name de meest gênante zal ik hebben weggedrukt – zoek ik hulp bij mijn website waarop ik gedurende de jaren een lijst met optredens heb bijgehouden. Het is bovendien een geluk voor u en voor mij dat ik hier niet al mijn onhandigheden in het intermenselijk verkeer hoef te vermelden, zoals die nacht na een optreden in een café in Groningen waarop ik me iets te gewillig liet meeslepen door een vrouw van zesenvijftig die op dat moment te dronken was om iets met me aan te vangen, maar me in de ochtend tantrische seks beloofde. Ik hoef er hier niet over te vertellen, ook niet over hoe ik weg probeerde te glippen en was vergeten dat ze op een hofje woonde dat 's nachts werd afgesloten.

Ondanks het feit dat het voorval in het hofje niet al te literair van karakter was, zult u zien dat in de volgende verzameling blunders van mijn kant en van de kant van literaire organisaties de liefde en de lust een grote rol spelen. Men zou bijna denken dat dichters en schrijvers niet op pad gaan om hun boeken aan de man te brengen en met het publiek hun meest intieme zielenroerselen te delen. Niets is echter minder waar. Ik had ook een lijstje kunnen maken van geslaagde optredens, waarbij niet alleen het diner, het ontvangstcomité en het hotel voortreffelijk waren, maar ook mijn voordracht op de juiste aandacht, lach of traan kon rekenen. Zo'n succes-top tien is echter een stuk minder spannend. De dichter is een sjamaan en een clown ineen. Hij moet lijden en zo nu en dan een beetje op zijn bek durven gaan.

Het begin

Mijn bescheiden carrière als optredend dichter begon tien jaar geleden, op zeventien april van het jaar 1994. Ik had me als eerstejaarsstudent met mijn Engelstalige gedichten en songteksten gemeld bij mijn leraar literatuur, die niet op mijn gedichten maar op mij verliefd werd. Na een wat moeilijk verlopen vriendschap (ik was niet van de herenliefde, en hij had bovendien een uit Indonesië geïmporteerde vriend), waarin het ook wel eens over onze schrijfsels ging (hij was in de vijftig en schreef aardige sonnetten die hij in eigen beheer uitgaf), werd het einde van deze stormachtige vriendschap bezegeld met de volgende reactie op mijn vraag of hij verdrietig was: 'Nee, ik krijg altijd waterige ogen als ik geil ben.' Toen ik aan deze alinea begon, dacht ik nog dat de liefde en de lust bijzaken van het optreden waren. Daar zat ik naast. Die geilheid werd namelijk veroorzaakt door het feit dat we na het voorleggen van mijn gedichten samen met andere dichters van de studie Engelse taal- en letterkunde een Poetry

Night organiseerden. Weinig geils aan een avondje poezie, zult u denken. Dat is deels waar, hoewel ik u het clichébeeld van getrouwde dichters die er na een geslaagde voordracht met een ander vandoor gaan niet graag ontneem.

Zwaar beïnvloed door de rockzanger Jim Morrison van The Doors wilde ik op negentienjarige leeftijd – geen scheermesje werd bot van mijn gladde kaken en mijn spieren lagen nog verstopt onder een dun laagje babyvet – optreden met ontbloot bovenlijf. Ik had alleen geen geschikte broek voor onder mijn, yep, ook geen borsthaar, immense torso. Vandaar dat ik een pyjamabroek leende van een meisje waar ik ontzettend verkikkerd op was en die als vorm van hulpverlening of als machtsspel met mij naar bed ging, maar dat is weer een heel ander verhaal. Hoewel dat misschien nog gênanter was, want ik presteerde het om in dat eerste jaar van mijn studie met mijn dichterlijke ziel twee onbereikbare vrouwen tegelijk als muze te kiezen, wat ik in al mijn onschuld ook nog aan beiden opbiechtte, waarna ze op een dronken avond me samen besprongen, helaas volledig gekleed, midden op straat, tussen het politiebureau en het café de Lazy Frog te Groningen, waarna ik me binnen, met kapot horloge, vuile lange wollen zwarte dichtersjas en pijnlijke glimlach, aan de volgende pul bier zette.

Ik dwaal weer af! Wellicht zouden gênante voorvallen een geweldige vorm van therapie zijn voor demente patiënten. De ene ellende roept de andere met gemak op, merk ik nu al en ik ben nog maar bij het begin. Waar had ik het over? O ja, die geile leraar en mijn eerste optreden als dichter. Ik moest de door mij veroorzaakte geilheid nog toelichten, de waterige ogen van de literatuurdocent. Wel, die werden veroorzaakt door iets waar hij me later nog eens uitvoerig mee complimenteerde, namelijk niet door mijn gladde kippenborst, maar door mijn heerlijke grote ronde bruine tepels!

(Eigenlijk speel ik vals met dat mooie ronde getal van tien jaar sinds mijn debuut. Mijn eigenlijke doop op het podium maakte ik als bassist van een schoolbandje tijdens het examenfeest. We traden op met een verschrikkelijk lelijke zangeres die met schelle stem 'I'm your Venus, I'm your fire, I'm your desire' zong en behaalden ons grootste succes met het Meneer Kaktus-lied, dat terstond een polonaise van een paar honderd uitzinnige leerlingen opleverde. Het was een leerzame en vermakelijke eerste kennismaking met het fenomeen publiek. Was je handen, was je kladden!)

Als organisator

Helaas, of hier eigenlijk gelukkig, kan ik behalve uit een verleden als aanstormend en onbehaard dichttalent en gefrustreerde muzikant, ook nog putten uit mijn ervaringen als organisator van literaire festivals.

Nadat ik het licht had gezien in Londen wat betreft mijn kwaliteiten op het gebied van de Engelse taal, besloot ik in het Nederlands te gaan schrijven. Binnen een jaar had ik een aardig bundeltje af met veel wereldleed, suïcidale neigingen en mijmeringen over de liefde. Ik woonde met zes katten, tien kattenbakken en een oudere studente die me bij een vergadering van een literair tijdschrift had geschaakt en die het tijdens onze *dating days* niet kon laten om me in geuren en kleuren te vertellen dat ze er spijt van had dat ze met die ene ex toch nog een keer had gezoend en dat ze die andere ex terwijl we in het café zaten op de wc toch nog even had gepijpt. U begrijpt dat mijn bundel, na een paar jaar relatie, die overigens verder van beide kanten geheel monogaam verliep, de passende titel *Vreemdgaan* droeg, wat ik haar altijd uitlegde met het verhaal dat het ging over vreemdgaan in de taal, dat wil zeggen dat de bundel niet in de eerste taal waarin ik was opgevoed, namelijk het Fries, was geschreven, noch in de taal waarin ik mijn eerste gedichten en songteksten schreef, het Engels van de tv en van de popmuziek.

Enfin, met dat bundeltje liep ik vers van de copyshop naar mijn stagebegeleider Frans bij het Universiteitstheater, alwaar ik inmiddels zelf een Poetry Night had georganiseerd die ik presenteerde als een kruising tussen de ruige schrijver Charles Bukowski en de film noir-detective Philip Marlowe. De hele avond bevond ik me als duistere verteller achter een typemachine, met een pakje sigaretten en een whiskyglas vol appelsap. Ik had iets meer aan dan een pyjamabroek, waarschijnlijk mijn toenmalige favoriete oranje spijkerbroek en een trui.

Bij die stagebegeleider, volgt u me nog, klopte ik aan met mijn bundeltje en het idee van een presentatie. Frans herinnerde zich een festival in de jaren zeventig in de ommuurde stadstuin de Prinsenhof. Hij stelde voor om een week lang in de zomer elke avond onder de vruchtenbomen en bij het ondergaan van de zon samen met een bevriende dichter voor te lezen. Nadat ik verschillende Groningse dichters bereid had gevonden om deel te nemen aan de avonden, kwam ik op het idee om de bundelpresentatie in een festival om te dopen. Vandaar dat presentaties van mijn bundels nog altijd ontaarden in volgeprogrammeerde literaire avonden, maar over die presentaties later meer.

Een van de meest bekende dichters op dat moment in Groningen was waarschijnlijk Maria van Daalen en omdat ik het had gepresteerd om haar optreden – ze kwam voor niks, wat erg aardig was – niet te bevestigen, moest ik me vlak voor het begin van het festival van de draaischijftelefoon in het theehuisje bedienen om te smeken of ze toch alsjeblieft wilde komen. Maria en ik raakten later goed bevriend en organiseerden samen de laatste editie van het festival Winterschrift, dat door onmacht van onze kant en onwil van de kant van een interim-schouwburg-directeur volledig op de klippen liep. In verband met Winterschrift had ik een tekst over een tirade rondom de literatuurkritiek wat dik aangezet, waardoor ik erin slaagde om de schrijver van die tirade zodanig in de problemen te brengen bij de pers dat hij zijn optreden moest afzeggen. Verder lukte het me in mijn nieuwe pak een optreden aan te kondigen van Jules Deelder, met mijn rits geheel open. Ik heb een kleine blaas en was van de zenuwen tig keer naar het toilet geweest. Op organisatorisch vlak zouden vele blunders volgen. Dit was alvast een goed begin!

Boekpresentaties en de liefde

Mijn eerste boekpresentatie was veranderd in een festival en ook de feestelijke avonden sinds mijn officiële Friestalige debuut waren verworden tot literaire showcases. Tijdens de presentatie van mijn derde bundel maakte ik het misschien het bontst. U heeft al iets mogen lezen over mijn hopeloze liefdesleven rond die tijd. Dat liefdesleven was rond 2002-2003 een nog even grote ramp. Ik was over mijn oren verliefd op een jaargenote van mijn zes jaar jongere zusje, met wie ik na lang aandringen met rozen, wijn, bloemen en talloze gedichten eindelijk verkering kreeg. Zij zou echter na drie maanden voor een jaar vertrekken naar Barcelona en meldde me dat ze vond dat ze met andere mannen moest kunnen zoenen, verder niks, waarop ik haar – en daar ben ik niet trots op – bedroog met twee vrouwen. Op een van die vrouwen was ik al langer verkikkerd en de activiteiten met de andere, die bij de plaatselijke wekelijkse literaire avonden achter de bar stond, werden veroorzaakt door wederzijdse lust.

In december, een week voordat easyJet ons weer bij elkaar zou brengen, belde ik naar Barcelona dat ik niet zou komen omdat ik de liefde van mijn leven in iemand anders dacht te hebben gevonden. De dag erna kreeg ik zo veel spijt dat ik totaal gebroken weer belde en haar vroeg me mijn zonden, waarvan ik maar de helft durfde op te biechten, te vergeven, wat uiteindelijk leidde tot niets dan met alle drie de vrouwen nog een of twee leuke nachten en jaren spijt.

Wilde ik het daarover hebben? Nee, ik wilde het hebben over de geliefde daarna, laten we haar B noemen, en de in destijds in Barcelona vertoevende ex A. Ik had het verbreken van de relatie met A nog niet verwerkt, maar besloot me desondanks in een relatie te storten met B, terwijl ik vrolijk verder msn'de met A. Mijn onverwerkte liefdesverdriet over A resulteerde in een bundel die ik ook aan haar opdroeg, maar ik vroeg B, die haar relatie met mij een aantal maanden daarvoor had verbroken, om er toch nog even naar te kijken en ook om voor te komen lezen tijdens de presentatie. Alle zeventig man in de kleine theaterzaal wisten hoe de vork in de steel zat. B las wonder boven wonder en zonder mij te vermoorden, waar ze volledig het recht toe had, prachtig voor en nam de eerstvolgende trein terug naar Amsterdam. Ik had het goed verprutst en zou dat later nog eens doen, toen we een poging ondernamen om onze liefde opnieuw leven in te blazen.

De boekpresentatie was een van de zeldzame avonden dat mijn ouders aanwezig waren. Zij moeten, met de verhalen die ze van mijn oudere zus hadden gehoord over mijn liefdesleven, vreemd hebben opgekeken van de vrouwen die ze de hand moesten schudden, waaronder A en B. Ik geloof dat ik toen zelfs alweer een nieuwe vrouw had, met wie het ook niet lang heeft geduurd vanwege het feit dat ik nog steeds met muze A in mijn hoofd rondliep. Het spijt me allemaal vreselijk. Ik heb het ze allemaal duizendmaal gezegd. Jan Veldman zingt het het mooist in het Gronings: 'Wat ben ik toch een bokkenlul, wat ben ik toch een zak.' U begrijpt het, ik moest weg uit Groningen!

Bedbanken en Turkse worst

Samen met de dichter Bart FM Droog las ik op een avond in Den Haag werk van enkele van onze favoriete dode dichters. Om kosten te sparen zouden Droog en ik bij de organisator logeren. Eenmaal aangekomen op ons slaapadres wilde zijn ex, die de avond mee had gepresenteerd, naar bed en ging pardoes halfdronken in het bed van haar voormalige partner liggen, waarop Droog in iets verder gevorderde staat van dronkenschap besloot zich bij haar te voegen.

Wanneer de organisator zwaar pissig de deur van zijn eigen huis dichttrok, na- of voordat ik me bij het dronken liefdespaar voegde, weet ik niet meer. Waar hij die nacht geweest is, heb ik ook geen enkel idee van. Wel herinner ik me de groene legeronderbroek van Droog, wat onschuldig gestoei en Droogs trotse mededeling dat hij kleine stukjes braaksel aan het doorslikken was, door een overdadige combinatie van wijn, Turkse worst en brood met feta uit blik. Droog ging vervolgens op in een zodanig gesnurk dat ik de vrij ongemakkelijke bedbank verkoos boven het zachtere en overvolle bed.

Na geklaag van mevrouw uit de andere kamer nodigde ik haar uit om naast mij te komen liggen. Ik was inmiddels wat ontnuchterd en mocht na een fiks aantal uren aaien en een stevige massage, geleerd uit een boek van de ECI, met haar zoenen. Helaas was mijn mond door het drinken en blowen totaal uitgedroogd, waardoor de feestvreugde van korte duur was. Dat de organisator ons 's ochtends vroeg samen op zijn bedbank aantrof, zal ook niet hebben bijgedragen aan het prille liefdesgeluk.

Terwijl ik dit schrijf zingt David Bowie door de speakers van mijn laptop: 'We could be heroes'. Inderdaad, denk ik, we could have been heroes.

Onderstroom

Ik ben geen tegenstander van optreden onder invloed. Een beetje wiet of wijn kan de remmingen weghalen, van een beetje lurken aan mijn pijpje wordt mijn stem bovendien op een prettige manier wat lager. Eenmaal heb ik met de groep Gewassen onder invloed van cocaïne opgetreden. Gewassen bestond uit een toetsenist, een vj, een *human beatboxer*, twee dichters en een hele hoop ruzie. De groep trad voor het eerst op als gelegenheidsformatie, minus de toetsenist, op het theaterfestival Noorderzon in Groningen. Aangezien Sieger M. Geertsma, de andere dichter, een rap- en graffitiachtergrond had, waren we geboekt in een tent voor jongeren. Die hadden natuurlijk weinig trek in een optreden van saaie dichters, ook al waren we nog zo hip. Vandaar dat zij halverwege het optreden uit jolicheid de stekker eruit trokken, waarop publiek en Gewassen zich in een donkere tent bevonden. In die duisternis pakte ik snel mijn gitaar en zette samen met de human beatboxer een jam in, waarover Geertsma half rappend probeerde de aandacht van het publiek terug te winnen.

De vloek van de elektriciteit bleef op de groep rusten. Tijdens het tweede optreden wilden we beelden van het publiek mengen met onze eigen filmpjes. We hadden daarvoor een klein bewakingscameraatje van de Praxis op mijn microfoonstandaard gemonteerd. Het werkte perfect, maar door een open draadje kreeg ik een halfuur lang om de milliseconde een klein schokje. *Electrifying!*

We schopten het zo ver dat we op het popfestival Lowlands op mochten treden, voor een kleine gage, wat vrijkaarten en een plek op de camping tussen de festivalgangers. Nu ben ik totaal geen kampeerder, ik heb vroeger iets te veel met de vouwcaravan en de rest van het gezin op verregende dagen binnen moeten zitten, maar toch kocht ik een volledige uitrusting bij Bever Sport te Groningen, inclusief maaltijdrepen, een veel te duur zakmes en een tweepersoons luchtbed.

Weer presteerde ik het om rondom een optreden een relatie te torpederen en dan doel ik niet op de ruzietjes tussen Geertsma en zijn vriendin, die volgens mij meestal over eten gingen. Mijn toenmalige vriendinnetje zag zich geconfronteerd met een snipverkouden doodzenuwachtig vriendje, lees *control freak*, die bij elke beweging die zij 's nachts maakte bang was dat ze met haar grote haardos het tentzeil zou raken, dat daarop volgens de medewerkers van de kampeerwinkel niet langer waterdicht zou zijn. U begrijpt dat de sfeer er de volgende dag lekker in zat!

Het optreden verliep ondanks het slaapgebrek en het geknakte humeur goed, zelfs nadat de human beatboxer bij het opkomen naar het publiek wilde zwaaien en vergeten was dat hij het dopje niet terug op zijn spaflesje had gedraaid. Die euforie was echter van korte duur. Onze aanhang had namelijk geen backstagepasjes gekregen. Terwijl wij na een nacht van weinig slaap, regen en harde housedreunen onze overwinning wilden vieren met gratis warm eten, drank en wat gluren naar bekende popartiesten, liep de aanhang net wat minder vrolijk met droge broodjes hamburger over het modderige festivalterrein.

Gewassen hield niet lang stand. Na mijn verhuizing richting Amsterdam ontstond er onenigheid over de noodzakelijkheid van het oefenen, geld en meer. Er waren echter nog enkele verplichtingen die we na moesten komen, waaronder een optreden in Nijmegen bij het festival de Wintertuin. Het publiek had meer dan verveeld op het eerste deel van onze show gereageerd, lees gapend, en toen de toetsenist en ik voor het tweede blok met een oude bekende aan de praat raakten, bleek die oude bekende nog een envelopje met cocaïne in haar zak te hebben. De hoeveelheid mocht geen naam hebben, maar het was genoeg om de verbaasde blikken van de rest van Gewassen op te wekken toen de toetsenist en ik met een iets grotere geestdrift dan gewoonlijk van leer trokken tegen het publiek, dat, of ik moet me vergist hebben, opeens veel minder tam was.

We traden daarna nog eens op in Ruigoord, waar het geluid door een hippietravestiet die de techniek deed volledig werd verknald en er 's nachts muizen over mijn hoofdkussen liepen. Er was ook nog een optreden bij het Arbeidsbureau onder het motto 'Kennis staat nooit stil', waar Geertsma en ik het met een cd en een gettoblaster moesten doen. Een van de laatste optredens op het festival Noorderzon ging vergezeld van zo veel drank en wiet dat ik, nog altijd geïnspireerd door Jim Morrison, door de groep werd teruggefloten van mijn laatste amateuristische poging om massahysterie te veroorzaken. Jongens, het wordt tijd voor een reünie!

Tankstations en witte fietsen

Samen met de dichters Bart FM Droog en Sieger M. Geertsma zou ik eind december 2000 naar Rotterdam afreizen om daar in een eetcafé op te treden. Er lag een dik pak sneeuw en er werd nog meer voorspeld, waardoor Geertsma afzegde en Droog en ik een auto huurden. Het was overal spekglad en de weinige auto's die zich op de weg waagden moesten als een treintje een strooiwagen volgen. Het optreden, als ik het goed heb was het onbetaald op een paar consumptiebonnen en de huur van de auto na, verliep redelijk slecht. Ik had het plan opgevat om Droog te begeleiden met een verzameling effectpedalen en een gitaar, maar de inspiratie en het talent hadden me verlaten. Op de terugweg was er gelukkig troost in de vorm van EO-praatradio en magnetronfriet bij een tankstation.

Een betrouwbare auto en een nuchtere chauffeur zijn heel wat waard. Ik herinner me een tocht met een aantal Friese dichters vanuit Middelburg naar Amsterdam in een oude Volvo-stationwagon die al jaren niet meer gekeurd was en waarvan de schokbrekers totaal versleten waren, waardoor we regelmatig met de kont van de wagen over het asfalt schraapten, terwijl daarnaast luid geslurp aan blikjes bier en de harde muziek van Rammstein en relirockers Sixteen Horsepower te horen waren. De Heer moet gunstig gestemd zijn geweest, want we haalden wederom ongedeerd de eindstreep, onderweg nog genietend van het uitzicht op de sterk verlichte en walmende petrochemische industrie van Rotterdam.

Die eindstreep heeft wel eens verder weg geleken. Na afloop van een optreden van een minuut of twee in het Kröller-Müller Museum reed ik op een gratis witte fiets, zonder licht, richting een bushalte. Daarvoor moest ik echter nog wel door een pikdonker bos heen, waarin ik af en toe voor mijn ijver werd beloond door luid claxonnerende automobilisten die me bijna van de weg reden. Niettemin stond ik drie uur daarna bezweet en al op een podium te Leeuwarden voor een handjevol kinderen, hun ouders en de burgemeester op te treden. Ik kon niet wachten tot de bar openging.

Microfoons en zitvlees

Klassiek tijdens optredens zijn auteurs die denken het wel zonder microfoon te kunnen doen. Uniek op dit vlak was een schrijfster die samen met haar collega tijdens het Rotterdamse festival Geen Daden Maar Woorden niet alleen had besloten dat ze geen versterking nodig hadden, maar dat het voor het optreden, een langdradige dialoog met een aantal personages die op een filmdoek werden geprojecteerd, beter was om zo'n halfuur lang met de rug naar het publiek te gaan zitten. Nu mag het publiek net als de auteur wel een beetje lijden, maar meestal hebben ze eerder de bar gevonden dan dat ze blaren op de billen van het zitten krijgen. Mijn uitentreuren geoefende optreden met vj viel door het spetterende optreden van de twee dames dus louter in goede aarde bij twee meegekomen vrienden en vier geheelonthouders.

Sommige mensen zouden gedwongen een microfoon moeten krijgen en misschien ook nog een lesje techniek, maar anderen moet de microfoon afgenomen worden. Dan heb ik het met name over onbenullige presentatoren en dronken overmoedige dichters. Wat men aan aankondigingen en imbeciele vragen moet verduren is soms onverdraaglijk. Zo heb ik geleerd geen slok water te nemen op het moment dat ik word aangekondigd, omdat ik anders het risico loop me van verdriet of vrolijkheid te verslikken. En dan nu: 'Tsjaad, Tsjeeeeeeerrrrd, Tséaaat!' Tel bij die ergernis een paar glazen wijn, een te lichte maaltijd en de adrenaline van voor een optreden en het kan gebeuren dat deze dichter tijdens een vriendelijk studentenavondje, na het aanhoren en ondergaan van een aantal onbehoorlijke interviews en het zien van een slap experimenteel filmpje waarin het ineenzakken van de Twin Towers werd versneden met harde porno, de microfoon van de presentator afpakt om de rest van de avond niet meer van het podium te verdwijnen. Vrienden sneakten weg, maar de organisator bleef ook na afloop zich vriendelijk verontschuldigen. Hij heeft me inmiddels, en daar ben ik hem zeer dankbaar voor, zelfs verscheidene malen uitgenodigd om te komen optreden op een beter podium, waarbij de presentatoren altijd uitermate bekwaam zijn, oftewel alle door mij gepubliceerde titels kunnen opnoemen. Dat klinkt als scherts en dat is het ook.

Bring in the clowns

Ik bewaar goede herinneringen aan optredens in een clubhuis tijdens de Anarchistische Pinksterlanddagen in Appelscha, een bejaardenhuis in Amsterdam en een herensociëteit in Utrecht, maar van optredens in het buitenland blijft me nog meer bij.

Samen met het kunstenaarscollectief De Zoete Haenen en drie Friese dichters toog ik naar Toulouse om daar op te treden tijdens een minderheidstalenfestival. Het zou om een vooruitstrevend kunstevenement gaan, maar het bleek eigenlijk een kunstnijverheidsfestival te zijn, waar te genieten viel van dansvoorstellingen in klederdracht en huisgebakken taartjes. De Zoete Haenen lieten zich niet uit het veld slaan en begonnen als halve wilden in te hakken op een pop gevuld met zakjes nepbloed. De volwassen inwoners van Toulouse keken verbaasd toe, terwijl hun kinderen graag een handje meehielpen bij deze rituele slachting.

Mijn laatste reis naar het buitenland voerde me naar Indonesië. Ondanks mijn zenuwen voor diarree, voedselvergiftiging en smerige hotels, verliep zowel optredens als verblijf vlekkeloos. Daar waren echter nog wel enkele ingrepen voor nodig. Zo werden de vertalingen van onze gedichten niet direct via een laptop geprojecteerd, maar door middel van een camera die op een boek werd gericht. Met dat boek werd van alles uitgehaald. Zo werd er heel romantisch een kaars naast gehouden of liet men het wild heen en weer bewegen. Het was allemaal goed bedoeld, maar de tekst werd er niet leesbaarder van.

Ik vroeg me af of we nog iets over ons beruchte koloniale verleden zouden horen en hoefde daar niet lang op te wachten. Op een bootreis over de Mussirivier in Palembang werd ons herhaaldelijk te kennen gegeven dat de Nederlanders er vroeger een flink zootje van hadden gemaakt. Ze hadden gelijk. Ik kon het ze niet kwalijk nemen.

Wat ik ze wel kwalijk kon nemen was dat ze tegen ons bijzonder vriendelijk, maar in hun eigen taal over een gehandicapte medepassagier voortdurend spraken op een toon van 'Hé, red jij je even met die lamme.' Tijdens de reis kregen we verder een speech te horen over het prachtige vliegveld van Palembang, waarvoor iedereen luid applaudisseerde, werden we getrakteerd op Indonesische dichters die tijdens hun voordracht in minutenlang Arabisch gebed uitbarstten en zagen we de contouren van de schitterende oevers van de Mussirivier, omdat men zo wijs was geweest om de tocht 's avonds, als heel Indonesië in volkomen duisternis gehuld is, plaats te laten vinden.

Maakt u zich geen zorgen! Inmiddels verloopt bijna elk optreden zonder ongemakken, slaap ik op betere bedden en geef ik na afloop geen reden tot liefdesverdriet. Ik ben hopelijk wat minder egoïstisch geworden, gelukkig getrouwd en keer na afloop van een voordracht met plezier terug naar huis. Er wordt nog wel eens een glas te veel gedronken, iemand lief aangekeken of genoten van een te dun hotelwandje, waardoorheen gebonk of gesnurk te horen is. Soms biedt een festivalorganisator zelfs aan om een verhaaltje voor te lezen voor het slapengaan als ik dan in ieder geval maar stop met drinken en naar bed ga, maar verder 'loopt de zaak als een dolle', om Youp van 't Hek aan te halen. Wie weet zullen de bovenstaande ontboezemingen daar een verandering in aanbrengen. Soit!

Een optreden kan alleen nog maar gênant worden als ik me begin af te vragen wat ik achter een of ander wankel spreekgestoelte sta te doen. Ik kan me nergens naakter voelen dan achter een microfoon met een paar gedichten in mijn hand of in mijn hoofd. Ik hoef dan alleen maar te denken aan hoe ik als jongen in het openluchtzwembad niet doorhad dat de pijpen van mijn kleine zwembroek net iets ruimer waren dan ik had ingeschat, waarop een knap meisje uit mijn klas in lachen uitbarstte en snel de rest van het zwembad van het kleine euvel verwittigde dat in gekrompen toestand langs mijn bovenbeen bengelde. Op zulke momenten wilde en wil ik alleen nog maar naar huis, naar mijn trouwe schrijfbureau en mijn lieve vrouw.

Michael Frijda

Meneer Libris

Ik was inmiddels aan mijn derde uitgever toe, en klaar met mijn vierde boek. Misschien zou het dit keer wat worden. Daar leek het ook werkelijk op; het boek werd besproken, en dat niet helemaal onwelwillend. Er was zelfs belangstelling voor mij, als auteur. *De Gelderlander* en de *Daklozenkrant* verzochten om een interview. Die werden beide weliswaar weer afgezegd maar al met al had ik zo al meer aandacht gehad dan ooit, en wist dus dat ik op de goede weg was. Mijn boek zou een bestseller worden en ik beroemd. Als we de zaken maar goed aanpakten. Een goede pr is alles tegenwoordig, dus ik ging naar de kapper, kocht een pak en wachtte af. Dat deed ik goed, terwijl ik wachtte gebeurde er van alles. Uiteindelijk werd ik zelfs uitgenodigd om ergens een 'praatje' te houden. Taxi's zijn erg kostbaar en door al dat schrijven had ik nooit tijd gehad om een rijbewijs te halen en zo belandde ik in de auto bij mijn uitgever. Het was voor het eerst in mijn leven dat ik in een Bentley zat. Wij waren op weg naar Hoevelaken en doodmoe van het lobbyen.

Vier weken eerder had Joop, mijn uitgever, verteld dat mijn boek geen schijn van kans maakte als het niet ten minste op een shortlist kwam, bij voorkeur die van meneer Libris. 'Maar dan,' zijn ogen waren gaan glimmen en een druppeltje speeksel droop over zijn onderlip, 'dan gaat de kassa ook rinkelen.'

Wij hadden besloten tot een overtuigingsoffensief. Het was relatief eenvoudig om de vrouwelijke juryleden te behagen. Een krat Zwitserse chocolade, een envelop met waardebon van een schoenenzaak en een foto met handtekening van ondergetekende gingen per post naar de burgemeester van Nijmegen. Bij Daniëlle Serdijn leverde ik het pakket persoonlijk af. 'Miauw!' reageerde mejuffrouw Serdijn. Kat in 't bakkie, dacht ik.

Het mannelijk deel van de jury pakten wij anders aan. Twee etmalen onderhielden wij Hans Maarten van den Brink, Wim Vogel en Bart Keunen in een sfeervol hoofdstedelijk bordeel, waar de prijs van de champagne eigenlijk nog wel meeviel. Een en ander leidde tot een verschrikkelijke kater die meerdere dagen duurde, en niet alleen lichamelijk was, want onze opzet was mislukt. Mijn boek, mijn vierde roman, kwam tóch niet op de shortlist van de Librisprijs.

'Misschien,' zei Joop, 'had je meneer Van den Brink niet op zijn muil moeten timmeren.'

Langzaam kropen enkele verontrustende beelden door het comfortabele gordijn van mijn black-out. Die Van den Brink had 'kleintje' gezegd tegen mijn uitgever, en zulke dingen zeg je niet tegen mijn uitgever, níet in een bordeel. Dus ik had een ferme rechtse geplaatst.

Ik vond dat zoiets er wel een beetje bij hoorde, wij waren immers jongens onder elkaar. Joop bromde iets over verkeken kansen.

'Maar Joop,' zei ik, 'meneer Van den Brink is een integer man, die dergelijke futiliteiten heus niet laat meetellen in zijn oordeel.'

'Klopt,' zei Joop, 'maar je had kunnen weten dat hij zou terugslaan.'

Inderdaad, de oude roeier had teruggemept, en hard ook. Ik was omgevallen en was een tijdje blijven liggen. Dat was allemaal niet erg geweest, ware het niet dat ergens in de krochten van de Libris-reglementen, in venijnig kleine lettertjes, nu eenmaal geschreven stond dat bewusteloze auteurs van mededinging zijn uitgesloten. Dat was jammer, en ik had nog steeds pijn in mijn kaak maar ook een hemelse grijns op mijn gezicht bij het opdoemen van een van de vele, kleurrijke en schandalige herinneringen aan die nacht.

'Nou,' zei ik, 'ik vond het toch leuk om mee te doen.'

'Rampzalig,' kreunde de uitgever, driftig kauwend op het laatste stukje van zijn creditcard. 'Dit jaar geen wintersport. Zal je Rietje horen.'

Joop is een ware *family man* en bovendien zakenman en een gevoelig mens. Hij hecht dus zeer aan waardering en materiële beloning.

'Wat ga je eigenlijk zeggen?' vroeg Joop. We waren nog steeds op weg naar Hoevelaken. Dat is altijd verder dan je denkt. Joop hoopte dat ik iets wervends zou vertellen. 'We moeten redden wat er te redden valt.' De schat wil zó graag verkopen.

Ik niet, natuurlijk. Ik ben schrijver, kunstenaar, artiest! Mijn belangen zijn gediend als ik de mensheid mag behagen, informeren en verheffen, en ben wars van alle hebzucht en ijdelheid. We passeerden de gemeentegrenzen van Hoevelaken. Het zou geen gewone lezing zijn. Het publiek bestond namelijk niet uit lezers. Wij waren onderweg naar een 'inspiratiedag' voor alle Libris-boekhandelaren. Dat organiseert het concern zelf, om de verkopers tot verkopen aan te zetten. Daar optreden leek mij een slimme zet; als je één lezer om je vinger windt, verkoop je één boek. Versier je een handelaar, dan ben je meteen een hele stapel kwijt.

Ik vertelde Joop dat ik daartoe een prachtig verhaal in gedachten had, dat zowel de verkoop zou stimuleren als het boekhandelvolk verheffen.

'O?' zei Joop.

Ja, ik had een verhandeling voorbereid die bol stond van ouderwetse ideologie én een doortimmerd rekenmodel bevatte. Met dat model kon iedere handelaar zelf uitrekenen hoeveel exemplaren van mijn boek hij of zij moest in- en verkopen om zich te ontrukken aan het vernederende lidmaatschap van het Libris-concern. Als zij precies zouden doen wat ik zei, hoefden zij nooit meer hun zuurverdiende centjes af te dragen aan meneer Libris, die ik mij voorstelde als een dikke, sigarenrokende patser met een hoed op.

Met dat vermoeide geduld van mensen met opkomende hoofdpijn legde Joop uit dat meneer Libris helemaal niet bestaat. Dat de boekhandelaren zélf het Librisconcern hadden bedacht, en er dus geen sprake was van uitbuiting.

Nou, daarmee sloeg hij mooi de bodem uit mijn grondig voorbereide en strategisch zo uitgekookte betoog. Ik moest snel iets anders verzinnen. Ik kon natuurlijk gewoon een stukje voorlezen, maar, de inhoud van mijn boek vrij goed kennende, dacht ik niet dat dat handelaren tot grote hoogten zou brengen.

Inmiddels bereikten wij het parkeerterrein van zo'n crematoriumachtig gebouw waar dit soort bijeenkomsten meestal gehouden worden. Joop zette de wagen stil en liet zijn hoofd op het stuur zakken. 'Enfin,' mompelde hij. 'Enfin.'

Bij binnenkomst meldden wij ons bij een man die erg leek op hoe ik mij meneer Libris had voorgesteld maar die anders heette. Joop schudde zijn hand en noemde hem bij zijn voornaam.

'En wie is dit?' vroeg de man, wijzend op mij.

Joop vertelde zo'n beetje wie ik was.

'Maar je zou Kluun toch meenemen?' De man keek ontzet.

Kluun, zo legde uitgever uit, lag in het hospitaal wegens een aambeienoperatie.

'Nou, vooruit dan maar,' zei de man. 'Ga maar in de zaal zitten, je hoort wel wanneer je aan de beurt bent.'

Tot mijn verbazing was de zaal afgeladen vol. Sterker nog, zo ontdekte ik toen mijn ogen een beetje aan de schemer gewend waren, het overgrote deel van het publiek bestond uit frisse jonge vrouwen in aandacht trekkende kleding. Allemaal leken ze te luisteren naar de onverstaanbaar brabbelende Belg op het podium. Die was na een halfuur klaar, ontving een soort applaus en maakte plaats voor de meneer die op meneer Libris leek.

'Lieve dames en heren,' zei hij. 'Na de pauze gaan we verder. Nog een mededeling van huishoudelijke aard: in het programmaboekje staat dat Kluun zou komen optreden. Helaas had zijn vliegtuig uit Rio de Janeiro vertraging en kan hij niet komen. In plaats daarvan zal…'

Hij noemde mijn naam maar die was onhoorbaar door de collectieve kreet van teleurstelling die door de zaal galmde. Het licht werd iets hoger gedraaid en iedereen stond op. Ik rende naar de bar om niet in de rij te hoeven staan, maar dat bleek overbodig.

De meeste aanwezigen liepen direct door naar de uitgang. En allen die de tent verlieten waren vrouwen tussen de vijfentwintig en de tweeëndertig en allemaal droegen ze kanten topjes, naveltruitjes en naaldhakken. Gebiologeerd staarde ik naar de voorbijstromende malsebrokkenparade. Pas toen de laatste huwbare de deur uit was, durfde ik weer de zaal in te kijken. Daar zaten nu nog dertig dames. Allemaal in de vijftig. En állemaal hadden ze een bloemetjesjurk aan. Echt waar! Snel dronk ik drie kopstoten en bezon mij op mijn situatie. Ik had, zo besefte ik bij de laatste slok bier, nog geen tekst. Ter inspiratie liep ik de zaal in. Daar, onder een stoel, lag een boek van Kluun dat een fan in haar haast vergeten was. Ik pakte het op. Ik las de bladzijde waarop het boek openviel. Het was, zoals dat heet, een pikante passage.

Mijn creatieve genialiteit manifesteerde zich weer; ineens wist ik wat mij te doen stond.

Na de pauze werd ik aangekondigd, beklom het podium en begon zonder inleiding de passage voor te lezen, maar dan in iets aan het publiek aangepaste vorm. Waar bijvoorbeeld stond: 'hitsig kanten setje', zei ik 'de klassieker van Hunkemöller'. Van 'gekmakend zachte huid' maakte ik 'respect afdwingend maanlandschap'. Op dat moment kreeg ik iets naar mijn hoofd geslingerd. Dat was geen slipje. Het was een bitterbal, maar ik liet mij niet uit het veld slaan. Wat je begint, moet je afmaken. Dus waar de door de hoofdpersoon besmeurde maagd media-adviseuse was, liet ik haar natuurlijk Libris-boekhandelares zijn.

Het was geen erg lange passage, maar toen ik klaar was en weer de zaal in durfde te kijken, zat er helemaal niemand meer. Dat was natuurlijk de bedoeling niet, maar hé, ik had mijn best gedaan.

Weer in de auto stelde ik mij voor hoe de nu helemaal lens geïnspireerde boekhandelaren over het land uitzwermden en hun dagen vulden met mooie stapeltjes boeken maken.

'Als iedereen dat nou 's deed,' zei ik tegen Joop. 'En we zouden allemaal wat minder raketten op elkaar afschieten, dan zou de wereld er heel anders uit zien.'

Joop nam een ferme slok uit zijn heupflacon met cognac, trapte het gaspedaal wat dieper in – we reden nu honderdzestig – en zei: 'Volgens mij hebben jij en ik heel verschillende prioriteiten.' Verder zei hij niets.

Mijn pak hangt nog in de kast. Wie mij boeken wil voor een onvergetelijke avond, neme contact op met uitgever Joop.

Mensje van Keulen

Haagse dames

November 1999

De bibliotheek lag niet ver van de straat waar ik ben opgegroeid. Het soort huizen, de portieken, en zelfs de lucht, het was of ik terug was in de tijd.

Er waren zo'n 30 dames die aandachtig luisterden, af en toe klonk een beschaafd of kort, aanstekelijk lachje.

In de pauze zat ik achter de boekentafel. Een dame met kort, steil, recht afgeknipt haar kwam op me af.

'Ik moet u toch iets zeggen,' zei ze achter haar hand. 'Ik wil dat niet in het openbaar doen, maar moet het toch even bij u kwijt: u moet een ander kapsel nemen. Zo'n goedkoop permanentje kan echt niet.'

'Het spijt me,' zei ik, 'maar dat zal moeilijk gaan, want het groeit zo.'

Meteen dacht ik aan mijn middelbareschooltijd, de meisjes uit de gegoede kringen die mijn krullen ook niets dan wel 'ordinair' vonden. De tijd waarin ik mijn haar strak trok met haarbanden en spelden en 's nachts met een sjaaltje sliep om het glad te krijgen. Zulke meisjes waren er dus nog steeds.

'O, neem me niet kwalijk,' zei de dame. 'Ach ja, het is natuurlijk uw handelsmerk.'

Een volgende dame stond onverstaanbaar voor de tafel te mompelen.

'Ze zegt dat ze iemand kent die ook Van Keulen heet,' zei een andere dame.

Hoewel ik opmerkte dat het mijn meisjesnaam niet was, ging de voorste dame door met haar gemompel. Ik verstond 'Jo van Keulen'.

'Nee, die ken ik niet, het spijt me.'
De dame maakte duidelijk dat ze een opdracht in het boek wenste: 'In goede gedachten aan Jo van Keulen.'
Ik heb het gedaan. Jo van Keulen, waarom niet.
Na afloop (na ook nog het nodige verteld te hebben over schrijven en waarom ik minder las dan ik wel zou willen) kwam de dame met het recht afgeknipte haar weer op me af en zei: 'Ik ben net als u. Ik las vroeger ook veel en nu niet meer. Ik speel de hele dag piano. Ja, ik ben net als u.'

Gisteren belde de bibliothecaresse met de mededeling dat de dame die een boek had gekocht waarin ik een opdracht had gezet voor een naamgenote, thuis was gekomen met een exemplaar zonder die opdracht. Of ik daar wat aan kon doen, want de dame was er nogal door ontdaan en de bibliotheek kon geen nieuw boek voor haar kopen. De dame had ook haar adres achtergelaten.

Ik geloofde het niet, maar hield dit voor me en zei dat ik haar wel een boek zou sturen. Met opdracht, uiteraard. In goede gedachten aan Jo van Keulen.

'Dan was er ook nog een briefje voor u bezorgd,' zei de bibliothecaresse. 'Ik heb het al op de post gedaan.'

Ik heb het zojuist gelezen. Een aardig bedankbriefje. Met als laatste regels: 'U maakte duidelijk hoe moeilijk schrijven kan zijn. Ik vind dat u daarom weer moet gaan schilderen. Dan neemt u afstand tot uw werk. Net als Leonardo da Vinci.'

Moses Isegawa

Geld voor niets

Een paar jaar geleden kreeg ik een uitnodiging voor een zondagse boekenbeurs ergens in het zuiden van het land. Ik was opgewonden. Niet in het minst omdat uitnodigingen voor een zondag ongebruikelijk zijn en bovendien: Kees van Kooten kwam ook.

Zoals gewoonlijk bereidde ik mezelf goed voor. Ik las mijn tekst tientallen keren door. Ik borstelde mijn pak, schoenen en pet herhaaldelijk.

Op de bewuste dag stond ik vroeger op dan gebruikelijk. Treinen waren onvoorspelbaar geworden; ik wilde niet een uur te laat komen. De reis verliep voorspoedig en ik kwam ruim een uur voor het begin van het programma aan. Het zien van de boekenstalletjes gaf me een goed gevoel. Dit leek mijn dag te worden. Ik keek ernaar uit naar huis te gaan met het gevoel dat ik een dag hard had gewerkt.

Er was een grote feesttent met grote foto's van de uitgenodigde auteurs op de muren. Hij stond vol met plastic stoelen; twee enorme luidsprekers stonden in de hoeken. Ik keek naar de mensen, voornamelijk mannen en vrouwen van middelbare leeftijd en een handjevol jongeren. Omdat het duidelijk strandweer was, de stralende zon, het lonkende zand, was het verrassend dat er zo veel mensen waren gekomen.

Kees kwam laat. Het zag ernaar uit dat zijn verschijnen een paar organisatoren redde van een dreigende hartverzakking. Ik neem aan dat hij had vergeten op tijd op te staan. Het was een vergeeflijke vergissing voor een grote ster als hij.

Uiteindelijk begon het programma. Eerst was er een optreden van een band waar ik nog nooit van gehoord had. Ze waren goed. Twee schrijvers hielden een praatje en lazen voor uit eigen werk. Het publiek luisterde beleefd maar toonde weinig enthousiasme.

Toen ik aan de beurt was, wist ik wat ik kon verwachten. Opgejaagd door de klok presteerde ik naar beste vermogen. Ik las mijn tekst lang niet slecht voor en gebruikte de vijftien minuten die ik had gekregen efficiënt. Net als mijn collega's kreeg ik geen enkele lach los. Dat was ongebruikelijk. Deze ernst associeerde ik eerder met een Duits publiek. Aangezien we dicht bij de Duitse grens waren dacht ik dat er misschien een paar Duitsers naar binnen waren geslopen om hun Nederlands op te frissen.

's Middags beklom Kees het podium. Een golf van onrust ging door het publiek, alsof elke stoel was voorzien van elektrische draden die elk achterwerk in het publiek een schok gaven. Vanzelfsprekend wachtte ik gespannen tot deze grote man iets ging zeggen. Zijn eerste zin maakte me aan het lachen. De tweede maakte dat ik aandachtig luisterde, bang om een woord te missen. De derde voerde me mee met zijn woorden tot hij van het podium kwam. Hij moet een uur gesproken hebben, het leek twee minuten. Na zoveel gelachen te hebben voelde het alsof ik al betaald was voor het weinige werk dat ik gedaan had.

Er was veel bedrijvigheid naderhand, waarvan het meeste voelde als een anticlimax. Op een gegeven moment riep iemand me apart en gaf me een enveloppe. Ik stopte hem in mijn zak en werd naar het station gereden.

In de trein begon ik me af te vragen waaraan ik vergoeding had verdiend. Ik herinnerde me een voorval uit *Necropolis* waar Nero terugkeek op een nachtelijke ontmoeting met een zekere jongeman. Hij herinnerde zich enkel het schudden van de draagstoel, duisternis en veren die in zijn gezicht vlogen. Hij voelde zich bedrogen.

In mijn geval voelde ik me de bedrieger, zo niet ronduit

een dief. Ik had maar weinig gedaan en had niet het gevoel goed werk verricht te hebben, wat de treinreis naar huis anders altijd zo de moeite waard maakte.

Het gevoel voor niets betaald te zijn werd alleen maar sterker toen ik thuiskwam. Ik overwoog het geld terug te sturen, maar was bang dat de organisatoren zouden denken dat ik gek was. Om het gevoel dat ik de zaak had bedrogen de kop in te drukken, stuurde ik het geld de volgende dag naar een familielid in Oeganda. Ik verzweeg tactvol hoe ik het had verdiend.

Frans Pointl

Ongeluk is ook een soort geluk

Het enige waarop ik op vierenvijftigjarige leeftijd kon bogen waren de verhalen van mij in *Hollands Maandblad* en *De Tweede Ronde*.

Zonder een vastomlijnd programma dreef ik apathisch door de dagen. Overdag kreeg ik mijn lampen nauwelijks brandende, in slapeloze nachten stonden ze roodgloeiend. Het meeste werd dan ook op bed op een kladblok geschreven.

Soms schreef ik van één verhaal dertien versies omdat ik er ontevreden over bleef, vaak verscheurde ik dat uiteindelijk. In elk geval had ik nog iets om handen en verdiende moeizaam van tijd tot tijd een paar geeltjes extra.

Zodra ik enigszins in balans kwam lag er weer zo'n verdomd 'Inlichtingenformulier' van de uitkerende instantie op de trap en besefte ik dubbel in welke klem ik zat. Elke keer werden dezelfde vragen gesteld. De vraag 'Bent u nog steeds op dezelfde datum geboren?' ontbrak er nog maar aan. In die periode draaide ik mijn leven om en om, me afvragend op welk facet ervan nog licht kon vallen.

Begin januari van dat jaar had Johan Polak een 'debutantenavond' georganiseerd in het bovenzaaltje van café Eik & Linde aan de Plantage Middenlaan. Mij werd gevraagd of ik enkele gedichten of een verhaal wilde voorlezen. Een honorarium werd in het vooruitzicht gesteld. Behalve een aantal debutanten zouden Adriaan Morriën, Simon Vinkenoog, Hans Plomp en Rogi Wieg uit eigen werk voorlezen.

Toen ik op mijn vierentwintigste op een kamer aan de

Newtonstraat woonde, zei de naam Johan Polak me nog niets. In die tijd schreef ik nogal larmoyante versjes. Ik stuurde ze op naar het literair periodiek *Kartons voor Letterkunde*.

Op een zondagmiddag werd er driemaal gebeld, dat was dus voor mij.

Er stond een lange man met een groot hoofd voor de deur. Hij stelde zich voor als Johan Polak en zei dat hij kwam in verband met mijn inzending.

In mijn kamer stond een ratjetoe aan stoelen, kastjes, tafeltjes; schoon was het allesbehalve. Overal zaten of lagen de katten. Er hingen waslijnen omdat ik mijn spullen in de vaste wastafel waste. Prompt liep de bezoeker tegen de met goor ondergoed behangen waslijnen op.

'Ik ben ook zo lang,' excuseerde hij zich terwijl hij bijna met één voet in een kattenbak stapte.

Hij was gekomen om te vertellen dat mijn poëzie ongeschikt was voor het periodiek waarvan hij mederedacteur was. Maar, stelde hij vriendelijk, ik moest me daardoor niet laten afschrikken en doorgaan.

Een kwarteeuw later wist ik dat hij was gekomen om te zien wat voor vlees er in de kuip zat.

Die zaterdagavond betrad ik met bonzend hart het bovenzaaltje van het café. Johan Polak drukte me hartelijk de hand en zei dat ik na afloop bij hem een envelop met honderd gulden in ontvangst kon nemen. Honderd gulden!

Met die neerwaartse lijnen naast neus en teleurgestelde mond, dat langwerpige grote hoofd, die grote, enigszins bloeddoorlopen ogen leek hij op een sint-bernardshond met een depressie. Ik moest aan de AJP-puddingpoeder denken die mijn moeder vaak gebruikte, aan de witstenen visvorm waarin ze de kokende pudding goot. Johan Polak was immers de erfgenaam van de Polak & Schwartz Essencefabrieken? Het verhaal ging dat hij schatrijk was.

De avond begon met een toespraak van Johan Polak,

waarin hij onder meer zei: 'Debuteren, heeft dat wel zin? Is dat niet alsof men aan bomen gaat schudden waaraan nooit meer iets rijp wordt? Wie had kunnen voorspellen dat vanuit de misselijke versjes waarmee Shelley debuteerde, zijn grote dichterschap zou opbloeien? Daarom, vreest niet debutanten, maar treedt naar voren!'

Ik had mijn laatst geschreven verhaal 'De enige nabestaande' meegenomen. Achter in het zaaltje ontwaarde ik Wouter van Oorschot. Diverse malen was ik met schrijverij naar zijn uitgeverij aan de Herengracht gegaan. Ik wilde het graag persoonlijk aan hem overhandigen maar hij was volgens het personeel altijd afwezig of net in een bespreking.

Ik was aan de beurt en las mijn verhaal voor. Applaus volgde.

Adriaan Morriën ging voor de microfoon staan: 'Bedankt voor dit mooie verhaal, Frans. Hier heb je een goed verhaal voor *Tirade*. Wouter,' zei hij met zijn zachte, wat aarzelende stem. Zo kwam het in *Tirade* en bij dat ene verhaal bleef het.

'Ik herinner me nog mijn bezoek aan u in Oost, uw vreemd gemeubileerde kamer met al die waslijnen,' merkte Johan Polak glimlachend op terwijl hij me mijn honorarium overhandigde.

De waardering die ik die avond had gekregen gaf me moed. Ik zond weer een verhaal naar *De Tweede Ronde*. Het werd geaccepteerd.

Reikhalzend keek ik wekenlang uit naar het moment waarop ik het eindelijk in druk zou zien, dan was het pas echt.

Begin 1988 zonk ik in een depressie. Ik sloot me zoveel mogelijk af.

'Nur einmal blüht im Jahr der Mai, nur einmal im Leben die Liebe'. Het leidmotief van dat sentimentele oude Duitse liedje dat ik op de radio hoorde was de aanzet tot mijn somberheid. Het stak me dat mijn lente zomaar zonder enige glans voorgoed was verdwenen.

De huisarts schreef me tabletjes voor waardoor ik volgens hem 'alles wat zonniger' zou gaan zien. Ik werd er alleen maar draaierig van. Als ik over een zebrapad liep zag ik een auto in volle vaart op me af stuiven terwijl er helemaal geen aankwam. Ik dacht vaak aan bomen die zich elk voorjaar vernieuwen; pas als de boom wordt gekapt kunnen we zijn jaarringen tellen. Vaak zat ik van 's ochtends negen tot 's avonds tien uur klassieke muziek te beluisteren.

De straat waarin ik woonde drukte mij terneer. Het was er goor en triest, nooit scheen de zon er, er stonden geen bomen, er waren geen tuintjes. De mensen die er woonden waren merendeels 'uitkeringstrekkers'. Het aantal drugsverslaafden nam schrikbarend toe, er werd gedeald bij het leven. Zelden zag ik er iemand lachen. Op een dag zouden de pest en de cholera er gelijktijdig uitbreken.

Als er een nieuw nummer van *De Tweede Ronde* verscheen, was er altijd een receptie in een bodega vlak bij het Leidseplein aan een gracht. Alle medewerkers verschenen. Op zo'n avond vroeg Adriaan Morriën: 'Heb je nog veel verhalen liggen?' Ik antwoordde dat er een aantal lag waaraan ik nog moest werken.

'Doe dat dan, je kunt er best een verhalenbundel van maken,' stelde hij. Had hij mijn depressieve stemming bemerkt? Hij verzocht me hem te tutoyeren maar daar had ik moeite mee, dus bleef ik u zeggen.

Ook Rogi Wieg, de jonge dichter die met zijn lieftallige vriendin Ciska bij me in de buurt woonde, raadde me met klem aan de verhalen te bundelen en aan een uitgever aan te bieden. Desnoods zou hij ze persoonlijk gaan brengen.

Rogi was vijfentwintig en had veel succes met zijn eerste dichtbundel *Toverdraad van dagverdrijf*. Ooit had hij een universiteit bezocht om chemie te studeren. Toen hij eens door de Sarphatistraat wandelde besloot hij dichter te worden en verliet stante pede de universiteit.

Evenals ik was hij neurotisch. Als ik bij het stel voor een etentje was uitgenodigd wees hij vaak naar het plafond, vroeg me of het niet scheef hing. Vervolgens moest ik voor het raam gaan staan. Hij wees naar buiten. 'Kijk nu eens heel goed, ben je het met me eens dat dat nieuwe girokantoortje scheef staat? Staan die lantaarnpalen ook niet scheef? Ik ben zo bang dat er iets aan mijn hersenen mankeert.'

'Heel Amsterdam staat scheef,' zei ik. In dwangneuroses en nervositeit overtrof ik hem ruimschoots. Mismoedig haalde hij de schouders op als hij geen bevredigende respons kreeg. Dan brak hij maar weer een stukje van een geheimzinnig tabletje af en slikte dat zonder water door.

Zijn gedichten waren van een zangerige melancholie, alsof zijn hele leven al achter hem lag.

Ik had soms twee- of driemaal per week dezelfde dromen. Ik hield dat nauwkeurig bij in mijn dagboek.

In een auto rijd ik door een donkere stad. Op het moment dat ik een boom passeer wordt in een flits een enorme gele roos die in de boom hangt zichtbaar.

Ik sta voor een boekenkast en rangschik een aantal boeken. Als die ten slotte op de plank staan, loopt over de ruggen een horizontale streep. Verbaasd denk ik: eindelijk klopt alles.

Omstreeks juni 1988 bracht Rogi mijn verhalen naar de uitgever. Enkele weken daarna kreeg ik bericht dat ik het contract kon ondertekenen. Tot mijn verwondering zagen de redacteuren wel iets in een bundeling. Een neerlandica zou het manuscript doornemen en eventuele wijzigingen met me bespreken. Van Adriaan Morriën ontving ik een handgeschreven tekst voor de achterzijde van het boek.

Ik aarzelde om het te ondertekenen. Morriën belde me op. 'Ik heb die tekst voor je geschreven, nu moet jij eens dat contract tekenen.' Hij wees me nog op enkele zinnen die volgens hem te expliciet waren. Op zijn aanraden schrapte ik die.

Toch bleef ik nog even dubben over dat contract omdat ik een flop vreesde. Alles wat ik tot dan toe had ondernomen – op welk gebied ook – was op een mislukking uitgedraaid. Vaak was ik daar zelf debet aan.

Uiteindelijk tekende ik. Aangezien ik krap zat verzocht ik om een voorschot. Toen ik dat werkelijk in handen kreeg kon ik het nog amper geloven.

Als titel had ik *De magere jaren* gekozen. De hoofdredacteur vond als titel *De kip die over de soep vloog*, zoals één der verhalen luidde, pakkender en dat werd het.

Begin mei kreeg ik mijn eigen boek in handen. In de verkoop ervan had ik weinig fiducie. Die verliep, ondanks vriendelijke recensies, uiterst traag.

Begin december ontmoette ik in het toenmalige postkantoor aan de Dam Simon Vinkenoog en Hans Plomp. Beiden schudden me de hand. Simon zei dat hij mijn verhalen mooi vond.

'Hoe staat het met de verkoop?'

Ik antwoordde dat het een sof was; slechts duizend exemplaren waren er over de toonbank gegaan.

Met een optimistisch gezicht knikte Simon. 'Maar dat is toch zeker geweldig? Stel je nu eens voor dat deze mooie ruimte gevuld is met duizend mensen die allemaal jouw boek staan te lezen. Zie je al die hoofden voor je?'

'Zoals jij het voorstelt is het weer wel veel,' moest ik beamen.

Lachend stond Hans Plomp erbij. Dankzij de altijd positieve Simon vertrok ik in optimistischer stemming krotwaarts.

Midden december bezocht Frits Abrahams, redacteur/journalist van NRC, mij voor een interview. Een aardige, zachtzinnige man die geen indiscrete vragen stelde. Zijn kalmte nam iets van mijn gespannenheid weg.

Ik weigerde aanvankelijk een foto bij het interview, maar hij stelde dat zoiets echt noodzakelijk was. Enkele dagen later stopte er een imposante Mercedes voor mijn deur, waaruit Vincent Mentzel stapte.

Ik bood hem een kopje oploskoffie aan. Daarna nam hij diverse foto's van me met een heel oud toestel (een Hasselblad?). Het was al niet meer echt licht. Op een gegeven moment zei hij: 'Ondersteun uw kin eens met beide handen, keer u naar het raam, dan lukt het zonder flitslicht.'

Hij observeerde me door zijn zoeker. 'Nu moet u intens denken aan het laatste verhaal waar u mee bezig bent.' Dat deed ik.

Voor hij vertrok vroeg ik hem nog: 'Hoeveel gezichten heeft een mens in een minuut?' Zijn antwoord ben ik vergeten.

Die foto werd bij het interview afgedrukt, kwam in de AKO-map, werd door de media benut en verscheen later, november 1990, op de achterflap van *De aanraking*.

Op een avond rinkelde de telefoon. Ik nam op.

'U spreekt met Adriaan van Dis. Ik heb uw boek gelezen en vind het prachtig. Zoudt u volgende week in mijn programma willen komen?'

Verbaasd vroeg ik of ik echt met Van Dis sprak, hetgeen hij beaamde.

'Maar voor zoiets ben ik veel te nerveus, kan ik er misschien een tijdje over nadenken?'

Dat was helaas onmogelijk; binnenkort zou hij voor zes maanden naar Zuid-Afrika gaan. 'Ik zou het prettig vinden als u mij morgen vóór twaalf uur uw beslissing meedeelt.'

Ik zei dat ik die nacht niet zou slapen, kon hij me niet

over zes maanden terugbellen?

'Maar mijn beste man, dan slaapt u zes maanden niet.'

Een halfuur later werd ik door zijn medewerkster Ellen Jens gebeld. Het werd een lang en enerverend gesprek, waarin ze me ten slotte over de eindstreep wist te trekken.

De dag voor ik naar De IJsbreker moest, bezocht ik mijn huisarts.

'Ik zit met een groot probleem,' zei ik en vertelde hem over het boek en het aan Van Dis toegezegde interview.

Met een recept voor tien Temesta's vertrok ik.

Toen was het zover. Gelukkig bezat ik één net kostuum met vest. Dat had ik in december voor honderd gulden in de uitverkoop gekocht. Het was nog een heel gesodemieter geweest het uit de etalage te krijgen. De verkoper beweerde dat het mijn maat niet was. Het bleek me echter perfect te passen.

'Een arm mens past bijna alles, een rijke heeft moeilijke maten,' placht mijn moeder te zeggen. Het driedelige kostuum van Zwitserse makelij was van donkerblauw cheviot met glimmende strepen, de knopen waren gecapitonneerd. De oorspronkelijke prijs was zeshonderd gulden geweest. Op de Dappermarkt kocht ik een lichtgroen overhemd en een felrode stropdas voor dertien gulden tezamen. Tegen mijn toenmalige af-en-toe-vriendin A. zei ik dat als me iets zou overkomen, ik in dat pak begraven moest worden.

Voor ik die middag op lijn 3 richting De IJsbreker stapte, nam ik vier Temesta's in.

Van het interview herinner ik me nog weinig.

Nadat Van Dis een glas witte wijn voor me had ingeschonken complimenteerde hij me: 'U heeft een prachtig pak aangetrokken.'

'Dat zijn mijn begrafeniskleren,' antwoordde ik naar waarheid.

Wel herinner ik me nog dat ik over mijn Duitse hospita's heb verteld, dat ze daar maar beter kattenbrood van konden fabriceren, als de katten er tenminste brood van lustten.

De Duitse schrijfster Irene Dische (*met Fromme Lügen*) en de Franse schrijver Michel Tournier (met *Les météores*) zaten in hetzelfde programma. Na afloop werd ik aan beiden voorgesteld. Van Van Dis kreeg ik twee vroegere boeken van Tournier cadeau: *Vrijdag en het andere eiland* en *De elzenkoning*. Voorin schreef Tournier: 'Avec le sourire de M. Tournier.' Op dezelfde pagina schreef Van Dis: 'Dank voor uw aanwezigheid (ook nog zo lang erna, in mijn hoofd, hart).'

De verkoop verliep nu uitmuntend, de ene druk volgde de andere op. In december had het artikel van Frits Abrahams er al voor gezorgd dat de eerste druk was uitverkocht.

Ik kreeg veel brieven van mensen die me op visite vroegen. Ik ontving foto's van vrouwen in de 55+-leeftijd. Na lezing verscheurde ik alles; ik haat visites die langer dan drie kwartier in beslag nemen.

Toen ik in april bij de uitgever langskwam, overhandigde de hoofdredacteur me een map waarop met grote letters AKO stond. Hij zei dat ik voor die prijs was genomineerd. Ik was verbaasd. Maar we moesten nu opschieten, zei hij, want we moesten op tijd in de Nieuwe Kerk zijn. Ik vroeg me af wat ik in die kerk moest doen.

Ik opende de map. Voorin lagen de foto's van mijn medegenomineerden: Gerrit Komrij, Atte Jongstra, Joost Niemöller, Louis Ferron en Christine d'Haen (een gelaten kijkende bebrilde huismoeder in een bloemetjesjurk) en de foto die Vincent Mentzel van mij voor het *NRC*-interview had genomen. Voorts waren er beschrijvingen van de inhoud van de genomineerde boeken.

'Ga je mee?' De hoofdredacteur trok zijn jas aan.

'Zijn er fotografen?' Nog steeds was ik de mening toegedaan dat mijn gezicht alleen van mij en verder van niemand was. Zo'n foto, verspreid in zo'n grote oplage, kon wel eens bij mij ongunstig gezinde figuren terechtkomen.

'Loop maar mee, dan kun je onderweg nog bedenken of je wel of niet naar binnen gaat,' stelde hij voor. Hij vertelde dat zich in de Nieuwe Kerk de Eggertzaal bevond, daar zouden de overige genomineerden aanwezig zijn, er zou een toespraak worden gehouden.

Ik had een oude broek en een versleten corduroy jasje aan, zonder mijn blauwe pak kon ik daar niet verschijnen.

Na vijf minuten lopen arriveerden we er. We gingen een trap op en kwamen bij een vestiaire. De deur naar de zaal stond op een kier, ik hoorde iemand spreken, zag het publiek zitten. Fotografen kon ik niet ontwaren. Ik gaf mijn regenjack af, volgde de hoofdredacteur naar binnen.

'Welkom, ik heb het net over u,' zei een meneer met een kleine sik die op het spreekgestoelte stond. Alle hoofden keken mijn richting uit, iedereen applaudisseerde. Helemaal vooraan stond een onbezette stoel waarop een kaartje met mijn naam lag.

Beduusd nam ik plaats. De meneer hervatte zijn betoog. In mijn zenuwen verstond ik het amper. Het ging ook over de inhoud van mijn verhalen.

Na afloop van zijn toespraak werd ik aan de juryleden van de AKO en aan mijn medegenomineerden voorgesteld.

Tot mijn schrik kwam er ineens een tv-camera op wieltjes recht op me af. Dat ding had al die tijd achter in de zaal gestaan. Iemand hield een microfoon voor mijn grote neus. 'U zult het in de komende tijd wel erg druk krijgen.'

Ik begreep de vraag niet zo goed. 'Ik krijg het net zo druk als ik zelf bepaal,' antwoordde ik niet bepaald vriendelijk.

'Vanavond komt dit op het journaal,' zei de interviewer.

Inderdaad kreeg ik het druk. Interviews waarin ik ongeveer steeds hetzelfde vertelde. De gestelde vragen waren als kale bomen waarin ik steeds anders gekleurde blaadjes hing. Er werden kastelen om me opgetrokken zodat ik bijna begon te geloven dat ik kortstondig een belangrijk persoon was geworden. Ik besefte dat ik door het schrijven een raam naar de buitenwereld had opengezet. Ratelend als een ijzeren rolluik dat wordt neergelaten kwam die nu op me af. Abrupt en hardhandig werd mijn cocon opengescheurd. Vanuit stilstand werd ik zonder enige overgang in de olympische hardloopwedstrijd geworpen.

Ik wilde weer gewoon mijn gangetje gaan maar dat scheen onmogelijk. Het ontbrak er nog maar aan dat ik midden op de Dam de kattenbak schoon moest maken.

De zegswijze die mijn moeder vaak gebruikte – '*Sonder Schtouss wert e'jéled nit grouss*' – woelde voortdurend door mijn hoofd.

Iedereen die ik ontmoette wist stellig dat ik in mei de bezitter van vijftigduizend gulden zou zijn. Het astronomische van dat bedrag was onberedeneerbaar voor me. Ik vond Komrijs boek *Humeuren en temperamenten* intelligent, geestig, was ervan overtuigd dat hij de prijs in de wacht zou slepen.

Signeren in boekhandels vond ik leuk omdat er zich altijd onverwachte situaties voordeden. Toen ik in een Haarlemse boekhandel signeerde stond er geruime tijd een man met een broek van het spoor of van de posterijen. Hij stond daar maar, niet op z'n gemak, bladerde af en toe in mijn boek maar tot aankoop kwam hij niet.

Toen de drukte was geluwd vroeg de verkoper me waar ik in Amsterdam woonde.

Ik vertelde hem van mijn gore uitzichtloze straat.

Hij kende die buurt goed.

'Die krotten zijn zo verdomd gehorig, als mijn buurman een scheet laat scheurt bij mij het behang,' merkte ik op.

Er kwam ineens leven in de treuzelende man. Hij nam een boek van de stapel. 'Als u die zin over die scheet voorin schrijft koop ik het.' Zijn gezicht had een rode kleur gekregen. Een chic gekleed stel kwam binnen. De man was wel een halve eeuw ouder dan de opvallend geblondeerde voluptueuze dame. Ze droeg aan bijna elke vinger een diamanten ring.

Hij nam een boek van de stapel, overhandigde me het. 'Meneer Pointiel,' – hij sprak het op z'n Frans uit – 'wilt u zo vriendelijk zijn voorin te zetten "Voor mijn allerliefste poppetje Christine" en dan graag uw handtekening.'

'Maar meneer, dan is het alsof ze míjn allerliefste poppetje is!'

Hij knikte. 'U heeft volkomen gelijk, momentje, ik zal een andere constructie verzinnen.' De dame in kwestie stond erbij alsof de zaak haar niet aanging.

Sommige opdrachten waren lang. 'Voor mijn trouwe fietsenmaker die al jarenlang mijn fiets zo uitmuntend repareert.'

Een vrouw met een ontevreden gezicht verzocht me er 'Komt het er nou nog van of komt het er nooit van' in te schrijven. Het boek, meldde ze, was een cadeau voor haar vriend, die hun trouwen al maandenlang uitstelde.

Op de Amsterdamse Uitmarkt zat ik naast de goedlachse schrijver en columnist Theodor Holman. Hij signeerde daar zijn bundel *Apenliefde*.

Het was vier uur, hij vertrok. Er kwam een echte Amsterdamse vrouw aan, ze pakte Holmans boek en gaf het aan mij. 'Wilt u effe tekenen?'

'Mevrouw,' kwam de uitgever die naast me stond tussenbeide. 'Dit is Theodor Holman niet, dit is Frans Pointl.' Hij tikte op de blauwe omslag van mijn boek.

Ze legde Holmans boek neer. 'O, geef me dan maar zo'n blauw boekie.'

De dag dat de AKO-prijswinnaar bekend zou worden gemaakt was gekomen.

Toen ik het Amstel Hotel binnenkwam stond in de hal

al een druk kwetterend gezelschap. Iedereen had een glas in de hand, bedienden met volle bladen liepen af en aan.

Hans van Mierlo zag me, kwam op me toe en gaf me een hand. Ik was er beduusd van. Ik complimenteerde hem met zijn mooie gebruik van onze taal, dat ik kende van het journaal.

'Ik weet niet eens of u in de Eerste of in de Tweede Kamer zit.'

Hij lachte, nam een slok en zei dat dat niet zo belangrijk was als het wel scheen.

Iemand bracht me naar het terras aan de achterzijde van het hotel, waar de overige genomineerden, behalve Gerrit Komrij, bijeenzaten.

'Wat doe ik eigenlijk hier, een schrijver hoort achter zijn bureau te zitten,' merkte Louis Ferron op. Hij boezemde me onmiddellijk afkeer in door zijn kwaadaardige uitstraling.

Voortdurend wreef ik de vochtige binnenzijde van mijn handen droog, verdorie, had ik nu maar de resterende Temesta's ingenomen. Christine d'Haen zag hoe gespannen ik was.

'Laten we een stukje gaan lopen,' stelde ze voor. Ze gaf me een arm en zo wandelden we door de hoge koele gangen van het majestueuze hotel.

Ik bedacht dat in een grachtenhuis op een steenworp afstand mijn moeder haar rijke en evenwichtige jeugd had doorgebracht.

In afwachting van het tv-interview door Leonie Jansen en Philip Freriks ging ik buiten bij de balustrade zitten en keek uit over de Amstel. Het was een prachtige blauwe middag.

Technici waren druk doende met het leggen van kabels, om halfvier moesten we voor de camera's. 'Over een dik kwartier hebben we de hele zwik er wel voor,' hoorde ik iemand zeggen.

Na het interview stapte ik op lijn 10 huiswaarts, na de

directeur van de uitgeverij beloofd te hebben dat ik op tijd terug zou zijn voor het diner.

Thuisgekomen knuffelde ik de katten en gaf ze hun eten. Ik ging in mijn rommelkamertje zitten en zette een klassieke plaat op. Het was een voorrecht en een opluchting alleen te zijn zonder dat opgeklopte gedoe. De resterende Temesta's kon ik nergens meer vinden, dus nam ik twintig druppels valeriaan.

Ik scheurde vijf minuscule stukjes papier van een kladblok af en schreef er de namen van de genomineerden – dus ook mijn naam – op. Ik maakte er propjes van, die ik tussen mijn handen schudde. Toen nam ik er één, opende het: KOMRIJ, als ik het niet had gedacht!

Helaas moest ik weer terug naar het hotel.

Het diner duurde eindeloos lang, steeds werden er kleine porties op idioot grote borden aangedragen. Het voedsel was kleurig opgemaakt, net de culinaire pagina's in de *Avenue* of de *Margriet*.

De dames hadden hun mooiste spullen aangetrokken, bijouterieën fonkelden, opgewonden kwekten de eigenaressen.

De meneer die links van me zat had zich aan me voorgesteld als Kleingeld, hij vervulde een belangrijke functie bij de AKO.

Hij voelde met zijn hand in de binnenzak van zijn colbert. 'Ik heb de cheque bij me, ik denk: even controleren of-ie er nog zit.'

'Vanavond kunnen ze u beter meneer Grootgeld noemen,' zei ik.

Eindelijk was het dan zover. Meneer Van der Zwan, die ik tijdens zijn lange zeverende toespraak de naam Van der Zwam toedichtte, deelde uiteindelijk mee dat Louis Ferron had gewonnen.

Na haar interview met de winnaar kwam Maartje van Weegen naar me toe.

'Bent u teleurgesteld?'

'Nee, ik was ervan overtuigd dat Komrij zou winnen.'
'Toen Van der Zwan over Hitler begon dacht ik: ha, nu zitten we goed!' zei de hoofdredacteur.

Ik was blij dat ik weer thuis was. Ik at twee overrijpe bananen, viel gekleed en al op bed neer, waar ik zonder slaappil onmiddellijk insliep.

In de daaropvolgende dagen trachtte ik het boekje van de winnaar te lezen. De zinnen die hij had geproduceerd riepen geen enkel beeld bij me op. Met veel pijn en moeite bracht ik het tot pagina veertig, waarna ik afhaakte.

Later zei Ferron in een interview: 'Ik schrijf nadrukkelijk literatuur en dan nog uitsluitend voor een kleine groep selecte lezers.'

Hij had de pest aan me, waarom mag Joost weten. In interviews liet hij zich meerdere malen ontvallen: 'En daar lag mijn boek naast dat boek van die flutschrijver Pointl.'

Ik nam zijn foto uit de AKO-map. Met een nagelschaartje knipte ik zijn mond plus snor eruit, vervolgens plakte ik zijn aldus gedeformeerde snuit tegen mijn gele afgebladderde keukenmuurtje. Een week lang hing zijn sprakeloze muil daar.

Eind september besloot ik naar Heemstede te gaan. Mijn huis is aan de buitenkant onaangetast gebleven. Het gele molentje, het hertenkamp en het kleine bos Groenendaal zijn totaal onveranderd gebleven.

De laagstaande zon maakt me duizelig. Aan de lichtblauwe hemel drijven wazige witte wolkenflarden. Een zoel briesje doet de overvloedige geelbruine herfst over de straten ritselen.

In het bos zie ik een statige, niet meer zo jonge vrouw met een kleine jongen aan de hand. Uiterst langzaam beklimmen ze de brede, van boomstammen gemaakte trappen naar de belvedère. Maar de belvedère is er toch allang niet meer?

Dan hoor ik duidelijk een piano, onze piano: *Un sospiro* van Liszt. Het klinkt goedkeurend.

'*Schlemazzel is aach a mien' mazzel*,' zegt haar stem aan mijn oor.

Arnon Grunberg

Ik hield mijn boek voor de zekerheid voor mijn kruis

Londen/Hull/Sheffield

'Daar bent u dan,' zei de professor tegen me. We schudden elkaar de hand en de professor informeerde of het appartement waarin ik was ondergebracht naar wens was. Ik zei dat alles aanwezig was, zelfs een magnetron en een broodrooster. Ook lag er een brief van de universiteit in de woonkamer, waarin stond dat ik bij brand het gebouw moest verlaten en mij werd aangeraden het wassen van de ramen aan professionele ramenwassers over te laten. Op het eind van de brief stond een telefoonnummer van een ontstoppingsbedrijf dat vierentwintig uur per dag bereikbaar was.

Voor het eerst van mijn leven werd ik op een universiteit verwacht. Niet als student, maar als schrijver. Ik deed mijn intrede in de academische wereld. Een beetje laat misschien, maar toch, mijn leraren konden trots op me zijn.

Niemand moet zich bij mijn aanstelling te veel voorstellen. In een brief van de professor stond: 'U laat alles over u heen gaan en doet mee als gesprekspartner. Ik hoop dat u dit een prettig vooruitzicht vindt.'

Ik had geen tijd meer gehad deze brief te beantwoorden, en ik betwijfelde eerlijk gezegd ook of mijn vooruitzichten er iets toe deden.

We liepen door de universiteit naar een besloten club voor docerend personeel die tussen de middag ook dienstdeed als kantine. Samen met de professor schoof ik mijn dienblad langs de diverse gerechten. Ondertussen bespraken we enkele collega-schrijvers die hier voor mij hun werk en werkwijze voor een paar studenten uiteen hadden gezet.

Ik koos uiteindelijk voor een witte worst en de professor zei: 'U bent geen groot eter.'

Tijdens de lunch ontmoette ik het hoofd van de afdeling. Een statige dame die mij vertelde dat ze zich bij literatuur iets heel anders had voorgesteld dan mijn werk. En dat ze toen noodgedwongen haar idee van literatuur een beetje gewijzigd had, aangezien ik toch als gastschrijver naar haar afdeling zou komen.

'Het spijt me,' zei ik, 'dat u voor mij uw idee over literatuur hebt moeten wijzigen.'

'Dat hoeft je niets te spijten,' zei ze.

'Binnen tien jaar is het lot van de meeste boeken toch wel bezegeld,' zei de professor. En toen stonden we op om de studenten te ontmoeten.

Het waren er zes. Ze gingen me collectief interviewen.

De professor zat erbij en maakte aantekeningen. In de lift had hij de poëzie van Campert te licht bevonden en in de treurige academische gang was nog een handjevol schrijvers gesneuveld. De professor zei: 'Ik zie literatuur als een sociologische kwestie. Met de boeken zelf heeft het niets te maken. Het is een soort van economische oorlogsvoering.'

Nu werd dus mijn werkwijze onderzocht.

Een van de studenten zei: 'De Nederlandse literatuur bestaat uit allemaal vrouwen zonder hoofd. Incomplete vrouwen, zonder ziel, altijd gezien vanuit het perspectief van de man, en dat is, zoals bekend, een tweedehands perspectief.'

Ik mocht deze studente wel, want ze deed tenminste haar mond open. Ik zei dat de lezer altijd gelijk heeft, maar voegde eraan toe: 'Heeft Tina geen ziel?'

Over zielen is het moeilijk discussiëren, dat bleek maar

weer. De maatschappij kreeg de schuld van de geslachtsdrift, wat ik te veel eer vond voor de maatschappij.

Iemand zei: 'Zonder God is alles relatief.' En iemand anders zei: 'Ook Madame Bovary heeft geen ziel.'

Ik was me plotseling bewust van de borstomvang van de studentes en vroeg me af of dit te wijten was aan de preoccupaties van deze samenleving, of dat het gewoon kwam doordat ik reeds op jeugdige leeftijd een vieze, ouwe jood was.

Een oude en diepe angst kwam boven. De angst dat ik midden in een ernstig en belangrijk gesprek een aanval van smerigheid zou krijgen. Niet in gebaren of in handelingen, maar in woorden. Op de een of andere manier is smerigheid bij mij altijd een verbale aangelegenheid. Niettemin verdedigde ik Bovary tegen haar vermeende gebrek aan spiritualiteit. Een gebrek waarvoor we Flaubert alleen maar dankbaar kunnen zijn.

De volgende avond was er een receptie op de Nederlandse ambassade ter ere van mij, erg leuk. Ook de studenten liepen er rond. Wat ik heel vriendelijk van ze vond.

Een meneer in smoking, die ik eerst voor een ambassadeur of consul had gehouden, stelde zich voor als journalist van *De Telegraaf*. Hij beweerde voor het 'Stan Huygens-journaal' te schrijven en voegde daaraan toe: 'De best gelezen pagina van de best gelezen krant.' De meneer van het Stan Huygens-journaal wilde dat ik op de foto ging met vijf vrouwen. Ik liet alles over me heen komen, precies zoals de professor mij had aangeraden. De journalist sprak wildvreemde dames aan met de woorden: 'Ga even rond de schrijver staan.'

Na afloop van de fotosessie moesten de vrouwen hun naam op een notitieblokje schrijven, dat hij vervolgens in zijn binnenzak stak.

Kort voor de receptie had ik per ongeluk in een typisch Engelse bar bier over me heen gegooid dat 'bitter' heette. Het bier was nog altijd niet opgedroogd. De natte plek op mijn broek zat op een verdachte plaats, zodat ik voor de zekerheid mijn boek voor mijn kruis hield.

Er waren overigens wel meer mensen die iets voor hun kruis hielden, viel me op. Handtasjes, uitnodigingen, papieren, fototoestelletjes, en één mevrouw hield de hele tijd haar hand op haar buik. Alsof ze aan ernstige pijnen leed, of een rommelend dier binnen in haar het zwijgen op wilde leggen. Mensen doen de merkwaardigste dingen met hun handen. Een meneer stak om de halve minuut zijn pink in zijn rechteroor en maakte dan drilboorbewegingen met die pink. Zonder zijn pink af te vegen schudde hij even later mensen de hand. Cultuur is een mysterie en dat geldt eigenlijk ook voor de mensen die daarbij willen horen.

Op vrijdag van elf tot één had ik een vertaalklasje. Een viertal studenten zat onder leiding van een professionele vertaler een verhaal van mij in het Engels te vertalen. Ook voor deze cursus gold: 'U zit erbij en doet gewoon mee.' Het was duidelijk dat de universiteit er alles aan had gedaan om de schade die ik zou kunnen aanrichten tot een minimum te beperken.

Ik kan niet anders zeggen dan dat dit vertaalklasje aangenaam was. We spraken over het verschil tussen Amerikaans-Engels en Engels-Engels en eens te meer begreep ik dat gesprekken wonderlijke dingen zijn.

Ook in de steden Hull en Sheffield sprak ik voor studenten Nederlands. Hoe verder ik mij van Londen verwijderde, hoe levendiger de studenten.

De maandag daarop zei de professor: 'Literatuur is literatuur als zij door academici wordt bestudeerd.'

De metafysische waarheid van deze bewering drong tot me door. Zoals je ooit het reëel bestaande socialisme had, zo heb je een reëel bestaande literatuur, en dat is er een die door academici wordt bestudeerd. Daarom is het ook zo belangrijk jezelf aan de vergetelheid te ontrukken. Aan de vergetelheid ontrukt worden, dat kun je niet overlaten aan academici. Dat moet je zelf doen, of laten doen door een stel loodgieters die van aanpakken weten.

Aan de vergetelheid ontrukt worden, en dan heel snel weer in diezelfde vergetelheid verdwijnen. Maar dit keer voorgoed. Dat was eigenlijk alles wat er te doen viel.

Anneloes Timmerije

Why?

Ik wist niet hoe klein en morsig hij was, en hoe weinig de ene helft van zijn gezicht op de andere leek. In 1992 zag je hem immers zelden. Tv leek toen geen passend podium voor hem – hij was het mannetje van de radio. Die middag kwam hij naar me toe in het bovenzaaltje van café Eik & Linde, stelde zich voor, en liep weer terug naar de tafel met microfoons. Ik werd tot nader order gestald naast stamgasten Fred van der Spek en Cor Galis.

De redactie van *Een Uur Ischa* belde krap een uur nadat mijn eerste boek door de drukker was thuisbezorgd. Wegens gebrek aan ervaring dacht ik dat het zo hoorde: je schrijft een boek, en dan reageert de pers. Belangstelling van de meester-interviewer had ik evenwel niet voorzien. Zelfs in mijn dagdromen over rotten recensenten uit binnen- én buitenland die voor mijn deur te hoop liepen had ik hem niet laten figureren, want wat moest Ischa Meijer in godsnaam met mijn onderwerp? Toegegeven, hij was een veelvraat en een alleseter, dus wist je nooit wat zijn nieuwsgierigheid prikkelde. Ik was een fan van zijn programma, daarom kende ik die grillige voorkeuren. En ik kende de formule. Je had Galis, de ongelovige prediker van het VPRO-geluid, Van der Spek, voor het politiek commentaar, een serieuze gast, en ten slotte had je Ischa's dingetje – een speeltje dat werd ondervraagd, afgeserveerd en afgemaakt.

Wilde ik geïnterviewd worden door Meijer? Ja. Vroeg hij mij als zijn speeltje, het lam voor zijn offerblok? Ja. Was mijn antwoord op de uitnodiging tegen beter weten in ja? Ja.

Ik wist niet dat hij zo'n versierder was. Nou ja, ik wist wat iedereen wist, het verraste me alleen hoe nadrukkelijk hij het deed. Jeroen Pauw is er niets bij vergeleken. Hij staarde, schaamteloos. Voor we de lucht in gingen, tijdens de aankondigingen van Cor Galis, onder het zingen met de Izzies, terwijl hij sprak met Fred van der Spek en de serieuze gast.

Zodra ik bij hem aan tafel plaatsnam, verdween dat.

'Why?'

Ik had me goed voorbereid op het gesprek, niettemin bleef het antwoord uit.

'U hebt een boek geschreven met de titel *De goeie nieuwe tijd*, voor beginnende vijftigers – why?'

Ik wist precies wat ik wilde zeggen, en toch kwam er iets anders uit mijn mond. Bij boek één, vraag één, ging ik gierend de mist in.

'Ik ben gevraagd, door de uitgever,' zei ik.

Debieler kon niet. En daarmee was mijn niveau van de middag bepaald, zo leek het. Want het maakte niet meer uit wat Ischa vroeg, ik zei precies het verkeerde. Mijn interviewer kon achteroverzittend toekijken hoe ik mijn eigen graf groef en er vervolgens zonder dralen in stapte.

Dat deed hij natuurlijk niet. Hij ging steeds vriendelijker kijken, schoof naar het puntje van zijn stoel en wilde weten. Met één mondhoek gekruld en een aanstekelijke schittering in zijn ogen stelde hij zijn vragen, en fileerde onderwijl reep voor reep het vlees van mijn botten.

De goeie nieuwe tijd is een verzameling essays over de invloed van een aantal sociale en economische ontwikkelingen op de babyboomgeneratie, afgewisseld met verhalen over mensen die destijds rond de vijftig waren en hun leven soms een drastische wending gaven. Een soort het-roer-om-boek avant la lettre. Ischa sprak met geen woord over de inhoud, hoewel het overduidelijk was dat hij het goed had gelezen. Hij pikte er één aspect uit en begon te zagen.

Terwijl ik aan het schrijven was, stak het reclamebureau van een pensioenverzekeraar een rijp heerschap in een leren pak, zette hem op een Harley, en liet hem zeggen dat hij toch niet moest denken aan een rustige oude dag. Het was de tijd waarin werd ontdekt dat vijftigers een markt waren, en ook nog eens eentje om je vingers bij af te likken. Want de babyboomers hadden het helemaal voor elkaar. Zij waren goed opgeleid, hadden goede banen met goudgerande pensioen- of vutregelingen, bijna afgeloste hypotheken en nog een lang, overwegend gezond en vitaal leven voor zich. Slimme marketeers bedachten dat oud uit de mode was. Oud was voor losers, oud was eigenlijk jong. De naoorlogse generatie vijftigers zou het nieuwe ouder worden inluiden. Een aantrekkelijk onderwerp voor een journalist, een gruwel voor de toen 49-jarige Ischa.

'Waarom mogen vijftigers zich niet lekker grijs kleden?' vroeg hij. 'Het lijkt wel alsof je op je vijftigste bijkans nog jeugdiger moet zijn dan op je negenenveertigste. Ik word er dóódnerveus van, ik heb het met zwéét in m'n handen zitten lezen. Mensen beginnen een nieuw leven op hun 52ste. WHY?! Begin eens een lekker oud leven, raak lekker versuft! Mag dat niet meer?'

De meester interviewde niet langer. De man die, 'als het op egotrippen aankomt nog van zichzelf wint' (Cor Galis), was in gesprek met zichzelf.

'De druk op ons, aankomende vijftigers, is erg groot. Begrijpt u wel?'

Ik had me zo verschrikkelijk goed voorbereid. Cijfers, statistieken, trends, toekomstscenario's – alles had ik paraat. Zodra de redactie belde om mij uit te nodigen, wist ik dat ik alleen een kans had als ik door Ischa geïnterviewd worden net zo leuk zou vinden als thuis voor de radio naar Ischa luisteren. Met die instelling moest ik gaan, en dat deed ik. De middag voor de uitzending las ik, voor je weet maar nooit, in de Openbare Bibliotheek alles wat ik over hem kon vinden, tot en met een openhartig interview van jaren daarvoor in de HP.

Ik had me totaal verkeerd voorbereid. Luisteren naar Ischa was (meestal) leuk. Kopje koffie erbij, sigaretje, en je had een puike middag bij de radio. Door hem geïnterviewd worden and *live to tell it* was, zeker voor een groentje, in opperste concentratie spitsroeden lopen. En dat was nou precies wat ik níet deed. Ik dacht dat ik moest ontspannen om te overleven, en daardoor kwam ik niet verder dan af en toe een adequaat antwoord. Wat ik verder te berde bracht was oersaai, niet ter zake doende, of werd simpelweg bedolven onder de Meijer-mening.

Het erge is, het had heel anders kunnen lopen. Nóg erger: dat drong op dat moment niet tot mij door. Ik hoorde pas een week later, toen ik het cassettebandje met de opname beluisterde, hoeveel schoten voor open doel ik had aangereikt gekregen, én gemist. Maar toen was er niets meer aan te doen. Ik stond er, tot het einde der tijden, op als de stomste non-fictiedebutante ter wereld. Die gedachte sleurde me nog wekenlang, zwetend van schaamte, midden in de nacht uit mijn slaap.

'Het is zo jaren zestig, vindt u ook niet?' vervolgde Ischa.

Ik antwoordde iets vlaks als 'Over die generatie gaat het boek.'

'Het zijn mensen die zich steeds willen vernieuwen. Laat u zich niet in de luren leggen door die vernieuwers. Dat zijn gewoon heel oncreatieve mensen, die niet saai oud durven te worden.'

Ischa had het niet op mensen die hun dromen probeerden waar te maken. Zijn generatie leed volgens hem aan niet-aflatende vernieuwingsdrift. Daar moest de zweep over – te beginnen bij het 'vermoeiende gejij'.

'Ik zou het er wel in willen beuken: IK BEN U, IK BEN U. En wat moet ik met die mensen die gaan boetseren in Mexico, of ineens een leuke boerderij betrekken?'

Ik ademde in, keek hem aan, en citeerde uit zijn *HP*-interview: '"Mijn ideaal is een boerderijtje in Duitsland als ik veertig ben."'

De middag daarvoor, in de bibliotheek, had ik de zin wel vier keer moeten lezen voor ik geloofde dat het er echt stond. Heel even leek het alsof Ischa het glashard zou ontkennen. Hij vond, uiteraard, een betere oplossing: 'Maar dat ideaal heb ik niet bereikt, en daar ben ik DOLblij om, moet ik u zeggen.'

Daarna viel hij twee seconden stil.

Hij keek me net niet aan, en zei: 'U heeft uw huiswerk gedaan. Leuk.'

A.F.Th. van der Heijden

Schwerpunkt

Woensdag 6 oktober 1993

Het gaat erom wat we onszelf aandoen. Vroeg in de ochtend begin ik aan een uitstapje naar wat eigenlijk mijn nachtmerrie is: de onvrije regionen van het schrijverschap. De terreur der nevenactiviteiten. Het vernederende uitbaten – via lezingen, onderhandelingen over vertalingen, filmbesprekingen en overig gelul – wat al geschreven is, en eigenlijk voorgoed plaats zou moeten maken voor nieuw te schrijven werk. Voor me ligt een Duitse Maand, compleet met Buchmesse, Schwerpunkt, lezingen *all over*. Nordrhein-Westfalen, en een verblijf van drie weken in Berlijn, alwaar ook lezingen en gastoptredens aan de Freie Universität, en meer nog.

Maar, het moet gezegd, nachtmerrie of niet: het uitstapje is comfortabel ingericht. Uitstekend georganiseerd, met alles d'r op en d'r aan, door Singel 262. Bovendien, Mirjam begeleidt me, en ik ben in het gezelschap van een aantal dierbare collega's. Alleen Joost Zwagerman, enkele weken geleden nog door de cartoonist Steen in *Het Parool* neergezet als verbeten buschauffeur op weg naar Frankfurt, ontbreekt. Hij moet een boek afmaken en, een huis kopen, ja, dat is natuurlijk overmacht.

Omdat is uitgelekt dat ik het 'Hollands Dagboek' over deze reis zal schrijven, gedraagt iedereen van AP, Querido, Nijgh & Van Ditmar zich in de bus – spijtig genoeg voor de verslaggever – pijnlijk decent en gedisciplineerd. Er komt bij wijze van spreken geen Potje Met Vet aan te pas. Giphart wordt geen moment Gifhart, en Holman is, uit angst voor een pennenveeg, al helemaal thuisgebleven. Maar goed, niet te lang bij de busreis stil te hoeven staan, dat schiet lekker op richting Frankfurt.

We passeren op de *Autobahn* het onvermijdelijke krakend verse autowrak, een gehaktmolen die juist is leeggehaald. De stemming verandert niet. Het lunchbuffet onderweg blijft niet onaangeroerd. Rond halfvier rijden we voor bij het hotel in Vierheim, zo'n zestig kilometer van Frankfurt. (Een hotel dichterbij was voor zo veel mensen in zo'n laat stadium niet meer te boeken.) Sommige eenlingen onder ons vinden een vierpersoonskamer op zich wachten; op elke kamer staat fruit van Singel 262 ter verwelkoming. Aan werkelijk alles is gedacht.

De busrit naar Frankfurt duurt een uur. Tussen zes en acht wordt er gedineerd. Al bij het voorgerecht hangt er een bazooka van een camera boven mijn tafel. NOVA. 'Driehonderdvijfenvijftigduizend verschillende boeken hier in Frankfurt, meneer Van der Heijden... hoe denkt u daartussen wereldberoemd te worden?'

In die vraag ligt de hele zelfhoon, het hele culturele masochisme van de Nederlander verborgen, maar ik wil niet meteen met soep gaan smijten. 'Nou, het spijt me voor die 354.999 andere boeken...'

De Alte Oper. *Ebene Erhebungen.* Ik mocht om de een of andere reden van mevrouw Sarkar niet in dat programma, en ik zie nu dat ik me niet gelukkiger had kunnen prijzen. We komen uit het land van 'doe maar een half pond gemengd', en dat zullen ze in het buitenland wéten ook. Voor de feestelijke gelegenheid *twee* pond gemêleerd, en voor elk wat wils. Het ging maar door – stuk voor stuk geniale schrijvers en dichters, maar voor elk brein is er een grens aan het opnemen van beelden, metaforen, woorden, stemmen, gezichten. Waarom daar niet Hella Haasse, W.F. Hermans, Harry Mulisch, Hugo Claus, Cees Nooteboom en Gerrit Kouwenaar neergezet, eventueel aangevuld met het orgelende stemgeluid van Jan Wolkers, en het daarbij gelaten? Daar hadden die Duitsers wat van kunnen opsteken. Nu sloeg het dood. Avond van de *Ebene Erhebungen*? Avond van de Houten Konten!

Het overgevarieerde programma liep zodanig uit dat het feest-na-afloop nauwelijks op gang was gekomen of daar stond de bus van Singel 262 alweer voor de ingang te ronken. In de waan dat er nog heel wat te vieren viel, sprak ik met een paar mensen af later een taxi naar het 60 kilometer verderop gelegen hotel te nemen. We hadden ons de moeite kunnen besparen. Het van meet af aan kwijnende feest in de kelder, met Caraïbische muziek, leefde nog precies drie kwartier. Voor de dorstige dansers, ocharm, was er geen biertje te krijgen; bezijden de dansvloer was alleen een barretje met whisky en champagne-tegen-nachtclub-prijzen.

Donderdag 7 oktober 1993. 12.30 uur

Bij de stand van Suhrkamp hernieuw ik de kennismaking met de bars-vriendelijke directeur *Herr* dr. dr. Unseld (die ik in Amsterdam eens, na het diner, meenam naar café Schiller, onder het halfvalse voorwendsel dat het hier om een Echt Literair Café ging. Het was er zo druk dat hij niet verder dan de hal wilde, zodat we onze fles witte wijn, in koeler, in de garderobe opdronken, staande aan de kleine balie als aan een huisbar). Hij wijst op zijn horloge en zegt, met zo veel overtuiging dat ik hem een moment geloof: 'Om één uur weten we of het een Vlaming of een Nederlander wordt. Alleen dát is nog de vraag.'

Toen ik in de zomer van '90 op De Pauwhof in Wassenaar *Advocaat van de hanen* afmaakte, arriveerde daar op zekere dag een Noorse professor, die aan tafel – hij had een plaatsje tegenover me – beweerde lid van de Zweedse Academie te zijn, of te zijn geweest. 'We hebben ook een keer serieus gesproken over een Nederlandse schrijver... hoe heet hij ook weer?' Hij moest er lang over nadenken. 'Vestdijk?' 'Nee, nee – Harry... Harry Mul... Mul...' En met een klap van zijn vlakke hand op de tafel, triomfantelijk: 'Harry Multatuli!'

Ter genoegdoening van Harry Mulisch, Multatuli en de Nederlandse literatuur zou ik hier eigenlijk uitvoerig moeten ingaan op de tafelgewoonten van deze onbehouwen Noor. Nooit in mijn leven heb ik iemand zo goor zien eten.

Vrijdag 8 oktober 1993

Kom, we zijn hier niet alleen om te feesten; laat ik op de Messe mijn handjevol buitenlandse uitgevers eens gaan opzoeken. Dat moet in een middag te doen zijn, ondanks de geduchte afstanden. Van de Zweedse uitgeverij Forum, waar *Het leven uit een dag* is verschenen, zit al een vertegenwoordigster in de Querido-stand. Dat treft. Voor haar ligt een exemplaar van *Der Widerborst*. Ook dat treft. 'Ik wilde u er juist een komen brengen.'

In haar beste Engels zegt ze (althans, zo versta ik het): 'I just bought it' – wat op de Buchmesse alleen kan betekenen: de rechten gekocht.

'A very good decision,' zeg ik. 'My congratulations.'
'No. no. I just *got* it!' (Spreek uit: *gought*.)
Gêne alom. Dat begint goed.

Dwars door de bezige bijenkorf slenter ik naar de Scandinavische afdeling, om de banden met mijn Finse uitgever Söderström aan te halen. 3.1 A 934... dat moet te vinden zijn.

Tweebaansuitgeversstraten, grote hallen, brede gangen, loopbruggen boven pleinen, roltrappen, ook horizontale, zoals in het Parijse metrostation Montparnasse-Bienvenue. En bovenal: met flapperende bovenkleding vliegende mensen. Het begint me op te vallen dat ik hier voortdurend met rouwrandjes onder mijn nagels loop, wat me anders zelden overkomt. Zouden het de meeglijdende roltrapleuningen zijn? De vele te openen tochtdeuren? Blijkbaar kleeft er iets goors aan die Messe, waardoor het voor een schrijver moeilijk is zijn handen schoon te houden.

Zo druk en lawaaiig als het op bijvoorbeeld de Nederlandse en de Duitse afdelingen is, zo rustig en stilligt Scandinavië (afd. 3.1) erbij. *Eeuwig zingen de bossen* – ja, dat geldt ook voor dit eenzame boekenwoud. Alles ruisende stilte. Het kost me op de stand van Söderström de grootste moeite een aanwezige dame duidelijk te maken dat haar uitgeverij in 1990 *Het leven uit een dag* in het Fins heeft laten verschijnen. Als ze de zaken weer op een rijtje heeft, lijkt ze pas echt in verlegenheid gebracht. Denkt ze dat ik verantwoording kom eisen voor de verkoop, ook voor Noord-Finland, van 213 exemplaren, niet meegerekend de 8 retourzendingen? Of vreest ze dat ik, als een wapen, nog zo'n boek onder mijn jasje meevoer, waarvoor ik haar door pure masculiene intimidatie (het is stil in het woud) een contract zal laten tekenen? Deze vrouw heeft het moeilijk. Ik heb plotseling behoefte aan het dreunende gesmoes van de bijenkorf, en zij is zichtbaar opgelucht dat ik zonder geweldpleging, of zelfs maar een incassodreigement, vertrek.

In godsnaam, *weg* uit dit beklemmende, kille bos! Zon! Stemmenrumoer! Spanje! 4.2 D 96! Alex Broch van Ediciones 62 verzekert mij dat er hard aan de vertaling van *Het leven uit een dag* wordt gewerkt, maar dat men te elfder ure besloten heeft het boek niet in het Catalaans maar in het Castiliaans te laten verschijnen. Nooit geweten dat er ooit een Catalaanse versie op stapel heeft gestaan.

'Als de erotiek maar goed overkomt.'

'Anders halen we er gewoon de Vieze Woordenlijst van Cela bij. Daar staat alles in.'

Charmante man, Alex Broch. Maar waarom toch steeds die hardnekkige keuze voor *H.l.u.e.d.*? Het ziet ernaar uit dat ik me aardig in de nesten heb gewerkt met die almaar uitdijende cyclus. In eigen land – prima. Maar om de boel de grens over te dragen is een kruiwagen nodig. Onhandige dingen, die boeken. Had ik dan toch naar mijn goede vriend Appie Baantjer moeten luisteren, die inmiddels meer boeken heeft gepubliceerd dan hij ooit lijken van de Wallen heeft geraapt? 'Je weet niet wat je weggooit, man, met die dikke pillen. Hak ze in drieën, en je hebt drie keer publiciteit, en drie keer royalty's. En makkelijker te vertalen.'

Morgen ga ik het eens heel anders aanpakken. Scandinavië kan de pot op.

Zaterdag 9 oktober 1993

Op den duur werkt het verslavend. De luttele uren slaap. De wektelefoon. Het nasuizen van alle ijskoude Steinhägers (18 mark in de pianobar, slechts 12 mark in de lounge) van de Frankfurter Hof. Nee, nog niet onder de douche wordt levensangst voor levenslust verruild: daar zijn ook kleren voor nodig, een maagverzakkende tocht in de lift, het vrijwel symbolische ontbijt, de taxi die staat te wachten... Onbegrijpelijk, die dwingende zin erop los te gaan, en die een hypotheek neemt op je laatste reserves.

Zo sta ik om halftwaalf alweer aan de champagne (o edel ochtendmedicijn) ten huize van Siegfried Unseld. De gastheer laat ons bij binnenkomst trots het paginagrote stuk over hem in NRC *Handelsblad* zien. 'Ich weiss nicht was alles drin steht, aber es seht gut aus. De weduwe Wesdiek is er ook. Mieke Wesdiek.'

Inderdaad een hoog Nederlandergehalte op de receptie. In een gifgeel mantelpakje komt de weduwe Feltrinelli (elektriciteitsmast, explosieven) op ons af gezeild. Zonder Ary Langbroek ook maar te hebben *aangekeken* brengt zij haar kippige oogjes dicht bij het kaartje op zijn revers, mompelend: 'Whose publisher are you? Mulisch? Nooteboom?' Ary legt plechtig zijn hand op mijn schouder. 'Ik ben de trotse uitgever van...' Maar nog voor hij zijn zin heeft kunnen beëindigen, heb ik haar al met een handgebaar naar Ronald Dietz verwezen. Zo hoeft het voor mij niet, mevrouw.

Nee, dan Farrar, Strauss etc.! Unseld legt een zware hand in mijn nek en duwt me voor zich uit naar een man met zilveren manen; hij draagt een zijden shawltje, versierd met een gouden speld, in zijn open boord. 'Roger,' bast Unseld vermanend, 'you missed Nooteboom. You shouldn't miss Von der Hayden.'

Strauss vraagt hoe en wat. Ik zeg, omdat ik het dit keer eens groot wil aanpakken, dat op het totaalmanuscript van *A Toothless Time* als ondertitel staat 'The Great American Novel Of The Netherlands' – ja, waarom zou dat langverwachte Amerikaanse *Boek van het Violet en de Dood* niet uit de Low Countries kunnen komen? Hij kijkt me met opgetrokken wenkbrauwen aan. 'Oké,' zegt hij bars, 'stuur me de Duitse vertalingen. Next time we'll talk it over, and we'll get drunk together.'

Hij draait zich om naar zijn gezelschap. Kijk, dat vind ik nu prettig zakendoen.

Redacteur Fellinger stelt me voor aan de mooie romancière Ulla Berkéwicz, de jonge mevrouw Unseld – maar dat is niet nodig, want ik heb al eens met haar en haar man aan tafel gezeten in Amsterdam. De uitgever had voorgesteld 'zonder vrouwen' te dineren, 'om het zakelijk te houden'; het kwam erop neer dat ik uiteindelijk tegenover deze schoonheid zat, de enige dame in een gezelschap dat verder nog bestond uit een collega en een redacteur. Toen ik begreep dat zij dezelfde Pools-joodse antecedenten bezat als Mirjam, wilde ik, zaken of geen zaken, de twee vrouwen per se aan elkaar voorstellen. Ik dirigeerde het hele gezelschap naar café Schiller, waar ik rond middernacht met Mirjam had afgesproken. Maar in plaats van

Ulla's Nederlandse evenknie verscheen daar, asgrauw van bezorgdheid, Mirjams vader. Het was een van die momenten dat er, terwijl je stompzinnig blijft glimlachen, een ijskoud mes door je heen slaat. *Iets gebeurd. Ongeluk.* Het bleek slechts om een misverstand te gaan, maar de gearrangeerde ontmoeting viel in het water. Ulla probeerde in het Jiddisch een gesprek met mijn schoonvader, maar door diens ontdaanheid vlotte het niet. Ja, ze weet het nog. Als ze door verplichtingen elders op de receptie wordt weggeroepen, legt ze heel kort – 'Mach's gut' – haar wang tegen de mijne – een gebaar dat subtiel afsteekt bij het drievoudige luchtzoenen dat in Amsterdam wordt beoefend. Ik voel aan haar wang dat ik me die ochtend niet geschoren heb.

Ik vind zowaar een halfuur de tijd om me, in de Querido-stand op de Messe, voor te bereiden op mijn lezing later die middag. Niet goed genoeg, zoals later zal blijken. Is het de straffe ochtendchampagne?

Al meer dan een halfjaar is er met klem op aangedrongen het voorlezen in het Duits te doen plaatsvinden, maar nu, een kwartier voor de aanvang, wordt op het slonzige kantoor van de Stichting Frankfurter Buchmesse bijna spijtig gereageerd op mijn Duitse leesplannen. Ik heb de indruk dat ze de tolken-vertaalsters niet graag werkloos laten, en: 'Het publiek blijkt overwegend Nederlands.' Ik volhard, evenals Nooteboom, die mij zal inleiden (of 'lanceren', zoals het heette in *Het Parool*, een krant die geen enkel overstatement schuwt). Medewerksters genoeg, daar in de heksencentrale van de Stichting, maar niemand maakt aanstalten ons naar Saai Melodie te begeleiden, die toch al een halfuur vol zit. Godnogaantoe, hebben ze dáárvoor anderhalf jaar, met 5,5 miljoen tot hun beschikking, een kantoor in het stadhuis bezet gehouden, om wat mevrouw Sarkar zelf tegenover mij had omschreven als een 'eregebeurtenis op het Schwerpunkt' te laten ontaarden in een dergelijke vernederende situatie? Zij zit midden in haar hoofdkwartier (dat de indruk maakt midden in een verbouwing te verkeren, met achter geïmproviseerde kamerschermen weggeborgen zakken 'geel-' en 'groenband') aan haar tafeltje met iemand te *kouten*, en keurt ons geen blik waardig.

'Nou,' stelt Cees kribbig voor, 'dan gaan we maar op eigen gelegenheid.'

Eenmaal gezeten voor het publiek, dat overwegend *Duits* zal blijken te zijn, zegt hij: 'Wir sind Schriftsteller... maar we moeten het stellen zonder organisatie.'

Zal ik de schok van de lancering weten te doorslaan? Nooteboom memoreert onze kennismaking als gevolg van een poëziezending van mij aan *Avenue-literair*, in '78, en hoe hij mij adviseerde mijn Italiaanse pseudoniem voor ten minste de helft te vernederlandsen. Dat het een geestige en ontroerende toespraak wordt, komt ongetwijfeld doordat hij die nacht nog laat op de hotelkamer geschreven werd. Wat zijn onze dichters zonder de nacht?

Jammer genoeg vertelt mijn inleider niet hoe hij Patrizio Canaponi een jaar later in de Herenclub trachtte te introduceren. Nooteboom wilde zijn jonge vriend, toevallig op bezoek, kennelijk verrassen, en belde naar Arti, waar de Heren ('wij noemen ons Deftig Links') al klaarzaten voor hun Dinsdagavond. Voorzitter Harry Mulisch werd aan de telefoon geroepen. 'Is het goed als ik P.C. meebreng?' 'Ach, Cees, zo'n jongen van 23, dat is toch niets voor ons.' (Ik was toen net 28 geworden, maar daar gaat het niet om.) Bij terugkeer in de Herenhoek van Arti hoofdschuddend: 'Vreemd, dat heb ik nu nog nooit meegemaakt: Cees die de hoorn op de haak smijt.'

Een verrukkelijk staaltje telefonische ballotage!

De beurt is aan mij. In het gekozen fragment uit *Der Widerborst* komt nogal vaak een opgevoerde Volkswagen voor; in plaats van 'Vau Wee' lees ik consequent 'Vee Wee', wat tot enig gegniffel in de – zoals gezegd overwegend met Duitsers gevulde – zaal leidt. Enfin, het is nog niet zo erg als het 'boterverwekkend kankergeel' waar Bob den Uyl eens een (ver)spreker op betrapte.

Nilgün Yerli

Mijn klomp brak

Onlangs kreeg ik de E. du Perronprijs voor mijn boek *De garnalenpelster*. Ik had wel gehoord van E. du Perron en ook dat hij het boek *Het land van herkomst* had geschreven. Maar ik had nog nooit gehoord dat er een prijs aan zijn naam was verbonden.

Die prijs was een initiatief van de Katholieke Universiteit Brabant. Elk jaar wordt die door een jury toegekend. De prijs is voor mensen die wederzijds begrip en een goede verstandhouding tussen bevolkingsgroepen in Nederland bevorderen.

Ik werd gebeld met de mededeling dat ik in aanmerking kwam voor die prijs en of ik die in ontvangst wilde nemen.

Ja, dat wilde ik.

Ik had nooit een prijs ontvangen voor iets wat ik had gedaan en ik wist dat ik diep in mijn hart niet veel gaf om prijzen.

Iedereen die zijn gevoel in beeld of tekst uit, is voor mij een winnaar. Desondanks hunkerde ik naar een prijs, contradictie vormt mij dan ook op vele fronten, een prijs voelde toch als een blijk van erkenning en ik kan niet ontkennen dat dat goed voelde.

De prijsuitreiking was in Tilburg en ik ging erheen samen met Thomas Verbogt. Hij had het voorwoord geschreven en mij geholpen met het boek. Hij was trots op me en ik was hem dankbaar.

We kwamen in de Congreszaal in Tilburg aan.

Er zaten heel veel mensen, ongeveer vierhonderd, in de zaal.

Ik dacht: goh, al die mensen voor mij, wat een eer... Ik

begon het steeds bijzonderder te vinden.

We namen plaats. De voorzitter hield een toespraak over mijn twee culturen. Hij praatte zo mooi over mij dat ik af en toe tegen mezelf moest zeggen: goh, die vrouw over wie hij het heeft, ben ik. En trots was ik op mezelf.

Later nam de wethouder het woord, hij was ook al zo lovend. Nee, mijn dag kon niet meer stuk.

Toen gaf de wethouder mij een envelop. Vervolgens hield ik onzeker en op zoek naar woorden mijn speech, waarbij weinig reactie vanuit de zaal kwam.

Na mijn toespraak nam ik weer plaats en vroeg meteen aan Thomas: 'Heb ik een beetje leuk gepraat?' 'Ja, het was een goede speech,' zei hij overtuigend.

Na al die toespraken kregen we een toneelstuk te zien: een stuk over Theo en Vincent van Gogh. Het aparte van dit stuk was dat het in gebarentaal werd gespeeld. Een dame vertaalde het in woorden. De voorstelling duurde anderhalf uur. Naast mij zat, in alle stilte, de wethouder.

Hij viel in slaap; eerst viel zijn hoofd opzij en vervolgens begon hij te snurken.

Ik gaf hem een por en zei: 'U slaapt.'

'Helemaal niet,' was zijn reactie. Ik zei: 'Jawel, u snurkt.'

Daarvan had hij niet terug.

Ik zag Thomas zijn best doen om zijn lach in te houden.

Het stuk duurde lang. Het was heel mooi gedaan, hoe de gevoelens van de twee broers Van Gogh in doventaal werden geuit.

Maar het duurde wel heel erg lang en ik zat met een dringende vraag: wat heeft dit stuk met mijn boek te maken?

En waarom in doventaal?

Ik dacht: misschien is het verband dat er een heel klein stukje over Vincent van Gogh in mijn boek staat, maar dat was zo'n detail, daar kon het haast niet op gebaseerd zijn.

Toen het stuk was afgelopen, merkte ik dat alleen een

paar mensen applaudisseerden, de rest van de zaal, vrijwel al die vierhonderd mensen, wuifden met hun handen in de lucht. Kennelijk applaudisseren doven zo.

Pas toen bleek dat dit eigenlijk een symposium was voor doven en slechthorenden en dat ze de uitreiking van de E. du Perronprijs ertussen hadden gezet.

Vermoedelijk om de kosten laag te houden, dan hoefden ze niet een zaal te huren. Ik stond erbij en keek er vol verbijstering naar.

De meerderheid van de zaal had waarschijnlijk al die toespraken niet eens verstaan.

We verlieten de zaal. De voorzitter kwam naar me toe en vroeg of ik de envelop al had geopend. Ik ontkende.

'Nou, dat hoeft ook niet, hoor,' zei hij, 'want er zit gewoon een folder van de universiteit Tilburg in. Ik heb geen tijd gehad om het geld op te halen bij de bank, maar als je even meeloopt dan pin ik hierachter wel even die 810 euro voor je.'

Mijn Turkse en mijn Nederlandse klompen braken doormidden.

Dit kon niet waar zijn.

Was dit een prijsuitreiking?

Was dit de waardering voor wat ik had gedaan?

Ze hadden niet eens de moeite genomen om, voor mijn part, iets op papier te zetten, laat staan een beeldje of zoiets te geven.

Ik zei: 'Stort u het maar op de rekening van UNICEF.'

De wethouder, die erbij stond, kwam met gapende ogen bijdehand uit de hoek: 'Ja, dat is aftrekbaar voor de belasting, hè?'

Nee, ik kon dit niet meer aan.

Wellicht draait Eduard du Perron zich om in zijn graf, dat zijn naam aan deze vertoning is verleend.

Het leek wel alsof ze dachten: ach, laten we die allochtoontjes zo nu en dan een schouderklopje geven, dan hebben zij ook wat.

Mijn tenen stonden krom van het tafereel.

Thomas en ik vertrokken vol verbazing en verbijstering. Onderweg naar de garderobe kwam een dame met een plateau in haar handen naar ons toe en zei: 'Wilt u nog luxe nootjes nuttigen?'

Op het plateau stonden wat verloren zwetende kaasblokjes en borrelnootjes.

Nederland op zijn armoedigst, pinda's in een jasje worden gepromoveerd tot een luxe nootje.

In de auto hebben we er hard om kunnen lachen, Thomas en ik, en de klungelige slagroom op het verhaal was nog wel de volgende dag.

De voorzitter mailde mij met de vraag: 'Kunt u mij het rekeningnummer geven van UNESCO?'

Ik had geen klompen meer, alles was al gebroken...

Bart Chabot

Beste Fons

Beste Fons,
Eind 1988, de Berlijnse Muur was nog niet gevallen maar stond zonder wankelen overeind, wilde ik een reis maken naar de beide Duitslanden.
Niet voor mijn lol.
Doel was om steden en dorpen aan beide zijden van de grens in Oost- en West-Duitsland te bezoeken, om antwoord te krijgen op de vraag wat de gevolgen zijn van het doormidden scheuren van een land; en wat als die scheuring op last van hogerhand decennialang voortduurt.
Daartoe vroeg ik, blut als ik was in mijn hoedanigheid van armlastige dichter, een reisbeurs aan bij het in Amsterdam zetelende Fonds voor de Letteren: daar is dat Fonds voor opgericht, dacht ik in mijn naïviteit, die zijn daarvoor, dat is hun taak, daar worden ze door de overheid voor betaald, om op de rand van het bestaansminimum balancerende schrijvers tóch in staat te stellen... Dácht ik. Wist ik veel.
Mijn verzoek werd zonder opgaaf van reden afgewezen.
Desgewenst, zulks werd door het Fonds beslist niet aangemoedigd, maar desgewenst kon ik de reden van de afwijzing van mijn verzoek opvragen.
Dat deed ik. Laat maar eens zien, die motivatie, dacht ik, kom gezellig over de brug. Waarom niet? Ik had niks te verliezen: ik hád niets.
Na lang wachten – men vergaderde bij het Fonds

over dit soort 'akkefietjes' slechts eenmaal per maand, werd me bij navraag te verstaan gegeven – ontving ik een schrijven met uitleg. Mijn verzoek om een reisbeurs was afgewezen omdat 'mijn aanvraag niet uitgebreid genoeg was opgesteld, dat wil zeggen: niet vergezeld ging van een Werkplan'.

Niet uitgebreid genoeg? Op het door het Fonds zelf aan mij verstrekte Aanvraagformulier Reisbeurzen waren zegge en schrijve drie witregels vrijgehouden om een aanvraag nader toe te lichten. Ja, maar, de gewoonte was, en dat deden alle schrijvers uit eigener beweging, daar hoefde Fonds hen niet toe aan te sporen, om een uitgebreid reis- en werkplan als Bijlage aan het Aanvraagformulier toe te voegen.

Ja, zei ik, allemaal goed en wel, maar voor alle duidelijkheid: ik heb gebruikgemaakt van júllie Formulier, heb de daarop beschikbare ruimte volledig benut – en nergens stond een aanwijzing dat ik, buiten het Officiële Formulier om… Et cetera.

Daarbij, voegde ik eraan toe, had ik sowieso de schurft aan wat álle schrijvers deden: die wetenschap vormde voor mij juist extra reden om dat dan vooral niet te doen.

Dit alles langs telefonische weg.

Het bleef lang stil aan de andere kant van de lijn. Fonds dacht zwaar na, iets waar Fonds, te oordelen naar het omstandige gezucht en gesteun dat mij aan de Haagse kant van de lijn ongevraagd ten deel viel, geen gewoonte van maakte.

Goed, besloot Fonds. Als ik per se wilde, kon ik een Bezwaarschrift indienen. Het Bezwaarschrift, een bij het Fonds aan te vragen en in achtvoud in te vullen ander Officieel Formulier, zou in behandeling worden genomen door de Commissie Bezwaarschriften; en, als ik daar prijs op stelde, daar kon ik aan verschijnen, ter zitting van de Commissie, om mijn Zaak te bepleiten, in gezelschap van, althans indien door mij gewenst, een advocaat; waarbij het Fonds aantekende dat de kosten van reizen en advocatuur vanzelfsprekend geheel en al voor mijn rekening kwamen, dat daarover in elk geval géén onduidelijkheid bestond.

Maanden later verscheen ik ter zitting.
Alleen.
Ik kon mijn zaakjes zelf wel afhandelen, daar had ik geen advocaat voor nodig, meende ik in een vlaag van een voor mijn doen niet ongebruikelijk maar desondanks grotendeels ongefundeerd optimisme.

Fonds, die werd vertegenwoordigd door liefst drie (3) medewerkers in vaste dienst – hadden die lieden niks beters te doen? De planten in de achtertuin stonden er beteuterd bij en konden wel wat sproeiwater gebruiken – liet zich wel door een advocaat bijstaan.

Bij binnenkomst gaf ik de aanwezigen achter de vergadertafel, zijnde de Commissieleden, goed opgevoed als ik was, een hand, waarbij ik met mijn hoofd tegen een laaghangend verlichtingsornament stootte, dat daarop brak. De melkglazen lamp, bedoel ik; niet mijn hoofd.

'Neemt u plaats.'
Dat deed ik, zonder verdere averij aan te richten.
Een van de Fondsmedewerkers stond op om koffie voor me te halen.

Ik wreef over mijn voorhoofd en ging er eens goed voor zitten. Het beloofde een boeiende ochtend te worden. Ik schonk mezelf alvast een mineraalwatertje in uit de fles die voor me op tafel stond.

'Welaan,' opende de Voorzitter de zitting, 'wat is uw klacht, mijnheer Chabot?'
'Nou, "klacht"…' zei ik. 'Ik heb geen klachten, hoor. Ben je gek, in dat geval ga ik wel naar de dokter, als ik

"klachten" heb of iets mankeer. Nee, ik wil gewoon de poen, de poet, de buit, de zak met duiten en florijnen, en dan zo snel mogelijk ervandoor, naar de Baha... richting onze oosterburen, om van de handel en wandel aldaar eens geducht verslag te doen.'
'Wat is dan uw probleem?'
Ik legde het 'probleem' in kloeke bewoordingen uit.
De Voorzitter van de Commissie Bezwaarschriften richtte zich nu tot het Hoofd van de Delegatie van het Fonds voor de Letteren. 'Klopt het, wat mijnheer Chabot beweert, dat de ruimte op het door hem aangevraagde en van u verkregen Formulier bedoeld zijnde om een Werkplan op uiteen te zetten slechts drie witregels beslaat?'
'Dat is correct,' mompelde het Hoofd vrijwel onhoorbaar in de toch o zo stille vergaderruimte.
'En klopt het,' vervolgde de Commissievoorzitter, 'dat uw Formulier niet op enigerlei manier verwijst naar of duidt op de uitdrukkelijke wens van het Fonds om een gedetailleerd Werkplan aan het Aanvraagformulier toe te voegen...?'
Ik was klaarwakker de vergaderzaal binnengestapt, maar begon nu al bijna weg te dromen. Ik had geen talent voor bureaucratie of voor bureaucratische verhandelingen, mocht ik vaststellen.
'Dat is correct,' antwoordde Fonds, 'maar...'
'Maar wát?' De stem van de Voorzitter kreeg een metalen randje. Enkele Commissieleden zuchtten versluierd. Kennelijk was ik niet de enige aanwezige die vocht tegen een verlammende loomheid.
'Maar élke schrijver voegt een Werkplan toe!'
'Maar daar vraagt u, van uw kant, niet om,' vervolgde de Voorzitter. 'En u nodigt een Aanvrager daartoe ook niet uit via de separaat aangeleverde Aanwijzingen bij het Invullen van het Aanvraagformulier.'
Nee, dat was waar, moest Fonds toegeven.
'Kortom,' suggereerde de Voorzitter licht spottend,

'was het Fonds de mening toegedaan dat klager, in dit geval de heer Chabot, maar had moeten ráden dat...?'

Fonds begon rood aan te lopen en te zweten, en had daar ook alle reden toe. Vocht Fonds voor een verloren zaak? Daar leek het wel op. Hoe gezichtsverlies te beperken?

Wij moesten de zaal uit, de gang op, zodat de Commissie in alle rust kon overleggen.

'De Commissie Bezwaarschriften stelt vast,' luidde de slotsom van de Voorzitter na een beraadslaging achter gesloten deuren die amper vier minuten in beslag had genomen, 'dat het Fonds...'

'Nou,' mengde de advocaat van Fonds zich, zij het aan de rijkelijk late kant, in de discussie, 'maar redelijkerwijs had van klager verwacht mogen worden...'

'...dat hij de door het Fonds gewenste toevoegingen zelf had dienen te verzinnen? Kom kom, u hebt een wel érg hoge pet op van de creativiteit en het inlevingsvermogen van de door u bediende doelgroep.'

'Ja, maar...' wierp een medewerker van het Fonds nu op, 'er bestond binnen de boezem van het Fonds ook gerede twijfel aan de literaire kwaliteiten van het werk van de heer Chabot, dat element heeft ook zeker meegewogen bij het genomen besluit.'

'Is dat zo?' vroeg ik ontspannen.

Fonds knikte bevestigend.

'Gek,' merkte ik op, 'daar kan ik me nou helemaal niks bij voorstellen.'

Enkele Commissieleden bestudeerden aandachtig de gebeeldhouwde versieringen aan het plafond.

'Maar,' kwam de Voorzitter tussenbeide, 'díe motivatie heeft u niet eerder vermeld, noch aan klager, noch aan de Commissie, dus dat argument kan hier niet nu alsnog worden ingebracht.'

'Daarbij,' zei ik, en ik wees naar een poëzieposter aan de muur achter de Commissie, 'hangt een vroeg gedicht van mijn hand daar ingelijst aan de wand. Dus zó pover zal het dan toch niet gesteld wezen met mijn literaire kwaliteiten, anders zou een dergelijk gedicht natuurlijk nimmer een muur van het Fonds opluisteren. Zoals gezegd: een vroeg gedicht, nog daterend uit mijn Blauwe Periode die ikzelf, mede door het uitbundige alcoholgebruik waarnaar het "Blauwe" verwijst, achteraf niet tot de beste jaren van mijn loopbaan reken. Of,' opperde ik, 'heeft u die poster misschien vanochtend in alle vroegte, voor dag en dauw, aan de wand getimmerd in een poging om mij op voorhand gunstig te stemmen?'

De Voorzitter sprak. Niet alleen kreeg ik het grootste deel van het door mij gewenste bedrag toegewezen, zijnde dik drieduizend gulden; het Fonds werd tevens verplicht om alle bestaande Aanvraagformulieren Reisbeurzen te vernietigen en nieuwe Aanvraagformulieren te ontwerpen die wel voldoende ruimte boden c.q. verwezen naar de behoefte van het Fonds tot nadere precisering van…

Ik kuchte en laste zo een korte vergaderpauze in.

'Nou,' zei ik tot de verzamelde vergadering, 'dat was wat je noemt een vruchtbare bijeenkomst. En mag ik u,' ik keek naar de Commissieleden, 'allen hartelijk bedanken voor uw betrokkenheid met mijn zaak?'

Ik stond op van tafel.

'Goed,' vervolgde ik, 'als een van de medewerkers van het Fonds zo goed zou willen zijn zich een ogenblik van enigerlei vorm van schrijfgerei te bedienen, dan dicteer ik mijn gironummer even. En wel graag gelijk overmaken, vandaag nog, zodat het begin volgende week in volle glorie op mijn rekening is bijgeschreven, want anders treffen wij elkaar hier binnenkort wederom en daar zit niemand op te wachten, schat ik in. Dus vlotjes overmaken, zonder onnodig uitstel, er is al te veel tijd verloren gegaan. Straks ligt die Muur onverhoopt om, zul je net zien, en zit ik zonder verhaal.'

Ik liep naar de deur. 'Dames en heren, ik wens u allen

een succesvolle voortzetting van de beraadslagingen toe.'

Mijn rechterhand sloot zich om de deurklink.

'O, mijnheer Chabot!' riep Adri Verkuylen, secretaris van het Fonds, me achterna. 'U bent ervan op de hoogte dat u verplicht bent om schriftelijk verslag uit te brengen aan het Fonds van de door u gemaakte reis, vergezeld van de financiële bewijsstukken van de door u gemaakte onkosten? Zodat het Fonds achteraf kan beoordelen of de aan u verstrekte gelden op aanvaardbare wijze en met het overeengekomen doel zijn aangewend.'

Ik draaide me om.

'O ja, joh?'

Ik trok de deur langzaam achter me dicht.

'Je méént 't niet, Adje.'

*

Duh Haag, junie 1990

Ge-agt Fons,

Tja, en nâh willu welles wete waar die 3000 pegels gebleve sijn?!!

Nou, 1 ding is zeker: die sijn glad op. En o-o-o-o-o, wat zijn díe goed besteedt gewees!

Hier folleg mèn veslag.

Op de oggent dat ik vetrok, ben ik eerst effetjes bij m'n dieler langs gewees. Ik zeg: Willem, ik zeg ik moet 'r een paar daagies tusse uit, hebbie wat voor mijn?

Willem zeg, hij zeg: jonge, maak jij je eige nou nie druk, hij zeg: hoeveel gram wilt jij?

Ik zeg: Willem, ik zeg 't is de poen van 't Fons, da's héél dure poen gewees, ik heb de blare op m'n tong motte lulIe, dus…

Maar Willem zeg, hij zeg: jonge, hoe jij d'r an kom

ken mèn nie verrotte, hij zeg, zeg jè nou gewoon hoeveel gram dan komp 't vedders wel in orrede, Fons of geen Fons, ken mijn 't verrotte.

Willem zeg, hij zeg: hebbie die Fans goet an z'n taas getrokke?

Ik zeg: jonge, ik zeg: Willem, ik zeg, ze wouwe mijn eers geen sent geve, geen roodkoperen kutstuiver, hebt ik ter werk van gemaak, hebbe ze drieduizend pegels afgeschove.

Nou, zeg Willem, hij zeg: nou, die Fans wil ik ook wel lere kenne. Is 't oak een gebruikertje? Drieduizend pegels, zomaar effe, da's geen kattenzeik, Willem zeg, hij zeg: dan zaller vas wel meer an die boom zitte, as dat zo soepeltjes ging, driezuizend balle, dan motte wij, jij en ik, die Fons 's opsoeke en 's flink an z'n boom gaan hangen. Hij zeg…

Ik zeg: Willem, ik zeg, doet mijn 10 gram van je en hou je muil vedder, ik mot weg, er als een speer vandoor, m'n internasjonaale traain komp zo op Hollanse Spoor an, die loop zo binne, en die loop ook net zo makkelijk weer weg, ik mot ervan tussen, geeft mèn die coke en lazerstraal een end uit m'n richting op, stuurboord, bakboord, dat mag jè zegge, Willem, 't is jouw dag.

Pleur nou gauw op, zegt Willem, hier hebbie je tien grammetjes, zegt-ie, en doet de groete an Fans.

Nou, ge-ag Fans, nou wil het geval dat die Internasjonaale Traainen, die hebbe allemaal héél goeie restoraatsies an boord, retegoed. Dus ik ben koud opgestapt op die geelblauwe rups, komp gelijk die lamlul van een kontrolleur op mèn af, in enen. Ik zeg, ik zegt: hebbik soms wat van je an dan? Ik zeg: hier, zien jij dat? Ja, ja, ik heb dus mooi wél een kaaretje, etterbak datje d'r ben. Ik zeg: da' ha-je nie gedach, hè, fijne kloothommel van me, maar toevalleg heb deze jonge wél een orriegieneel kaartje! Ja, nie van me eige, maar van 't Fons. Het Fons hep gelap. Dus die gazer afdruipe; joh, Atje, je had 't motte sien.

Nou, ik naar die restooraatsie. 't Stond er in grote letters op, overal in de koepees, Restooraatsierijtuig, 't kon gewoonweg nie misse. Ik zeg tege die barkeeper, of hoe heet zo'n gozer op een traain?, ik zegt tegen die gozer, ik zegt: doet mèn een héle grote kouwe pils, of ik zegt: doet mèn d'r eiggeluk maar twéé, en neempt 'r sellef ook gelijk een. Ik zeg: 't is van 't Fons.

Van Fons? zegt-ie. Ik ken geen Fons, maar dat maak nie uit, hij zeg: op Fons, net zo makkelijk

Nou, toen is 't erreg gezellig geworre, daar in die restooraatsiekoepee. Op een gegefe moment heb die gozer die hele restooraatsie maar dichtgepleurt. Hij zeg: d'r komp tog niks meer van vedder vandaag, hij zeg: ik pleurt gewoon die deur dich. Ik zeg: mèn idee, wie doet jou wat, ik zegt: neempt 'r nog een van me, ik zeg: 't is van Fons.

Om een lang verhaal een beetje an te veege: bij Apeldoorn was de helft van die drieduizend pegels al op. Ja, want hoe gaat dat, hoe gaan die dingen, ja, die gozer wilde ook wel een snuiffie, van de Firma Snuffelemans, en wat mot ik dan?, ik ben ook de beroerste nie, ik zeg: neem jij nog 's een lekkere snuif, waar hebbie anders twee neusgaten voor en die paar duizend kinderrietjes thuis, drink-ie zo veel limonade, dan? Of geef-ie zo veel kinderpartijtjes dat de buure d'r schande van spreeke? Op één been ken je nie loope, leve 't Fons.

In Apeldoorn werde we door de spoorwegresjerge uit de traain gehaalt. Zeg die komkommer met z'n witte obserskloffie an: brigadier, ik weet nerreges van, 't is allemaal van die gozer, van Fons. West ie op mèn!!

Krèg nou de vinketering, ik zeg: ik ben helemaal geen Fons. Ik zeg: 't is allemaal poen van Fans, die over de Schone Letteren gaat.

O ja, zeg die Rus, 't hele internasjonaale spoorwegnet opgehouwe door twee addicts, en dan je naam nie netjes kenne spelle teege de brigadier, maar een false naam opgeve? Fons van de Letteren. Uit Duh Haag. Uit de Kutjepoepsteeg 14 zeker. Willu de bede here zo goet sijn effe mee te komme?

Afijn, Beste Fons, dat kutgeintje kostte meer as 1500 pegels. Ik bedoel: de geleeje schade en de poen van m'n advokaat om me weer uit de bak te krijge.

Maar wat ik nou zegge wou…

Kèk, 't was tog wel 'n gènnige dag, erreges. Dus nou hat ik 't zo gedach – laate we 't nóg 's probeere. Wie nie waag, die nie win. Komp op, we gooie d'r nóg drieduizend pegels tegenan, ken ons 't verrekke, die Heely Rancona hep poen zat. Want eerlijk waar jonges, dat Oos-Duislant zien ik hélemaal zitte.

Einde van 't beslag.

Hargtelijke groete,

Bart C.
(zonder beroep
en zonder vaste woon- of
veblefplaats)

*

In antwoord op mijn reisverslag, dat overigens niet vergezeld ging van de bonnetjeslawine die ik tijdens mijn korte trip had veroorzaakt, schreef de secretaris van het Fonds voor de Letteren, Adje Verkuylen, het volgende terug:

Amsterdam, 17 juli 1990

Geagte heer Sjabot,

Gènnig reisverslag, zeg. Gelukkig is alles tóg nog op z'n pootjes terechtgekomme. Voor hetzellefde geld had jij nou nóg achter gaas gezeete.

Over geld gesprooke, pik... volleges mèn zou jij van de reisbeurs 1989 nog 300 pieken kenne krijge; maar daar moet jij wél wat voor doen!

Luistar en huivar: als jij ons nou die zogenaamde finansjieele bewèsstukken van je reis toezendt, zoals bijvobbeelt het fameuse trènkaaretje naar het Verre Ooste, en een kopie van je belastingaangiftuh over 1989, dan zouwe wij wel eens kenne besluituh die 300 pegels an jouw over te maake.

Kicken tog?

Kèk, we zitte zélf niet zo te springe om die finansjieele stukke, maar die Big Brother Akkountant van Héé die Dancona (ik, Fons, neemp an dat je hier Hedy d'Ancona bedoeldt, de huidige staatssecretaris van Kuns, dus mèn baas) zit over onze sgouders mee te gluure of wij de poen niet over de balluk smijte en die wil bewèze hebbe. Die gozer is niet op z'n agterhoof gevalle en as die rare fratse konstateert, zou die wellis kenne zegge: Fons, jè krijg geen poen meer om Reisbeurze uit te dele.

Dat zou tog jammer zijn, zeg nou zelluf.

Dus as jij dat nah effe regelt, jè blè, wè blè en hullie blè.
Oké pik, de mazzel.

A. Verkuylen,
Waarnemend secretaris van het Fonds voor de Letteren

*

Du Haag, 26 jullie 1990

Atjeeeeeeeeeeeeeeeeeeeeeeeeeee'!!!!!!!!!!!!!!!!!!!!!!!!!!
!!!!!!!!!!!!!!!

Is-tie effe fèn, dan?! Nog driehondert florènen terbij…!!
 Ik moes ech effe in mijn arrem knijpe om te voeluh of het waar was. Nâh, ik kneep me eige een breuk, dus het móes waar weezuh.
 Atje, je begrijp, dat hebbe we effe gefiert, de vaste jonges van Kaffee De Boksbeugel. Ik zeg tegen Karel, ik zeg: Karel mot jij deese brief 's leeze. Nah, 't hek was gelijk van de dam en pleite.
 Rontjééééééééééé!!!!!!!!!!!!!!!!!! brulde de hele klup. Jopie, Willem, Karel, Arie, Tinus, Tejo, Henkie, Karel z'n vrouwtje… Jonge, Atje, je hat 't motte sien. En Jopie mág helegaar nie meer drinke, van de dok, om s'n lever.

Hebbe we eers gedronke op Fons, hadde we nog 110 guldes over, hebbe we gedronke op jou: Atje! Gelagguh!! Nie normaal meer!
 En Tinus won gelèk nog fèf mèjer in de fruitautomaat, hebbe we ook gelèk maar opgeheese. Joh, je had Jopie motte sien – dronke as een temeier. Lagtie

met s'n paprikaharses onder het biljargt. Hep Bertus 'm gelèk nog maar effe berooft ook. Want jè weet presies hoe Bertus is, astie wat op hept. Tog nog 2 geeltjes in s'n sak, die Jopie.

Maar goet, daar gaat 't nah effe nie om, 't gaat nâh effe om de finasjieele bewèsstukken. Gofferdomme, Atje... wè vrije jonges, wè sèn nie zo op papiere – hoe minder papiere, hoe meer vrèje jonge.

Maar goet, Atje, jè wilt papiere, dan krègt jij papiere, want toevallug ben jè een frient van mèn, en as die Reetie Hangkona probleeme soek mot ze presies be mèn sèn, want dan luste we dat wèffie rouw, met peper en sout graag, ober; en neemp t'r selluf ook eentje, van 't huis. Wat seggu, ober?

Een hoofgereg? Doet mèn dan 't sellufde as van de week, Gebakken Schoenzole: maar niet zo zout as gistere. En Atje, stuur dan in enen effe dat boekhouwertje mee, dan slingere we die brogem gelijk om een lantarepaal.

Maar waar ware we gebleefe... Papiere. Goet. Papiere.

Atje, nou had ik 't so gedagt... Kenje Sjon?

Sjonnie. Uit Goudaa?

Nee??

Sjonnieboy!!

Néé?? Krèg nâh wat!! Iederéén kent Sjon. Joh, die gozer hep gouwe klauwtjes met papiere. Rèbèwese, paspoorte, maaten pinpassies, sjeks, kredditkarts... you name it, Sjon maak ut. Geen sentje pèn. Joh, je mót 'm haast wel kenne: Sjon is die gozer die vorreg jaar is gesnap, tege de lamp geloope, met die valse duizentjes. Zelfs de kit zei dat ze net egt leeke, en dazze nog nooit zo'n goeie vervalsing hadde gezien.

Nou, daar is Sjon nóg fier op.

Dus Sjonnie maak dat wel in orrede, die papiere,

fluitje van een cent. Alleenig, Sjon zit nou nog in de lik, in Breda, in de Theekoepel, en ik mot ter dus eers effe heen, m'n ouwe gabber opsoeke, om 'm te vertelle wat jè van hem verwag. Dus Atje, geeft mijn een paar weekkies van je, lult ik effe met Sjon in Breda, komp ut allemaal helemaal voor z'n rootkopere.

Oké?

Enne, mog die Heete Vlamona en die auwe kommaneuker van d'r moejelukhede make – zeg dan maar dat deese jonge nog een sgemerlampie hep ligge, van uit de tèt dat deese jonge nog voor Toetankaamon werrekte, en wij licht ontvlambare lampies naar onwillige wethoudertjes stuurde…

Zeg dát maar tegen die galbak van een Heetie Vlamona… Kèke of die amptenaartjes op 't minnesterie dan nog peultjes luste.

Atje, voor nou: Geluk!

Tot gou,

Bart C.

*

Amsterdam, 20 januari 1991
Onderwerp: reisbeurs 1989

Zeer geachte heer Chabot,

Mag ik U, mede namens het Fonds voor de Letteren, dankzeggen voor de door U aan ons toegezonden bonnetjes inzake de door U ondernomen Duitsland-reis.

De resterende 300 gulden zullen binnenkort, d.w.z. zo spoedig mogelijk, aan U worden overgemaakt.

De enveloppe met bonnen stuur ik een dezer dagen separaat aan U terug.

Rest mij U, al is het laat, mede namens Bestuur en collega's, een uitzonderlijk creatief en gezond 1991 toe te wensen.

Met gevoelens van de meeste hoogachting,

Drs. Henrico A. Witjes, administrateur

Gerbrand Bakker

De hoeder van de gedaanteveranderingen

Ik ben nog nooit van een podium gevallen. Ja, toen ik 17 was en een Italiaanse overspelige pizzabakker speelde in een toneelstuk (met bal na) dat in de plaatselijke kroeg werd opgevoerd. En het was met opzet, achter de coulissen stond iemand met een bak water waar 'stikstofbommen' in gegooid werden, opdat 'de ontploffing' zo realistisch mogelijk was. En de mensen moesten erom lachen. Dat was de bedoeling.

Begin maart 2006 – mijn grotemensenboek was net uit – zat ik te signeren in Alkmaar. Dat er überhaupt mensen kwamen opdagen, vond ik al heel wat, vooral nadat een van de boekverkoopsters me toevertrouwde dat bij de ándere boekwinkel in Alkmaar op dat moment Joost Zwagerman (geboren en getogen) zat te signeren. Ik merkte tot mijn eigen verbazing dat ik als een soort marktkoopman achter mijn tafeltje stond; een tafeltje met veel te veel boeken.

'Nee, nu niet meteen doorlopen,' hoorde ik mezelf zeggen tegen passerende boekenkopers. 'Lees in elk geval even de flaptekst.'

'Is u de schrijver?' vroegen de mensen dan.

'Jawel,' antwoordde ik dapper.

Er vlogen wel tien boeken over de toonbank. En er kwam een lid van een of ander geheim genootschap – zó geheim dat ik niet wist dat het bestond – langs. Hij wilde een gesigneerde boekenlegger. 'Wat?!' zei ik geschokt. 'Wilt u niet het boek?' Nee hoor, geen sprake van, dat interesseerde hem helemaal niet. Een boekenlegger wilde hij, voor zijn boekenleggerverzameling. Nadat ik aan zijn vraag had voldaan, liep hij zielsgelukkig naar zijn vrouw en dochter, de boekenlegger als een eerste kievietsei met zich meedragend.

Veel later volgde nog een 'boekenleggerincident', in Leiden. Een bibliothecaresse maakte om onduidelijke redenen een minuut of vijf de dienst uit bij mijn signeertafel. Ze had dikke kuiten en een rok tot net iets over de knieën, daarom wist ik voor het mij verteld werd al dat ze bibliothecaresse was. Zij bepaalde wie met wie sprak, en ze sprak ook tegen mij, hoewel ik met andere mensen bezig was. Ze verdween, maar kort erop kwam ze terug.

'Ik heb hier het boek en ga het nu afrekenen,' zei ze. 'Ik wil niet dat je het signeert.'

'Waarom niet?' vroeg ik stomverbaasd.

'Anders kan degene aan wie ik het geef, het niet meer ruilen.'

Zoiets had ik nog niet eerder meegemaakt. Later – wéér later, altijd achteraf pas de juiste reactie, de snedige opmerking – besefte ik dat dat nogal een rotopmerking was. Maar geen nood.

'Dan signeer ik toch gewoon een boekenlegger, die kan ze weggooien en vervolgens het boek ruilen,' zei ik opgewekt.

'Dat mag,' zei de bibliothecaresse.

Ik pakte er een *Boven is het stil*-boekenlegger bij, schreef daarop: 'Beste Henriette, waag het eens dit boek te ruilen! Gerbrand Bakker', en stopte hem in het boek. Ik hield haar nauwlettend in de gaten tijdens haar gang naar de kassa. Ik kon helaas niet zien of ze de boekenlegger mee in liet pakken, want de rij met mensen die de nieuwe Saskia Noort in de hand hadden, was erg lang. Het was voor het eerst zaterdag sinds *Nieuwe buren* uit was.

Een week na Alkmaar – dit is een flashback – signeerde ik in Schagen. Er kwam een wat oudere mevrouw op me af, ze wilde haar boek bekrabbeld hebben. Ik had tegen die tijd al geleerd om niet plompverloren op te schrijven wat ik wilde opschrijven, maar om vriendelijk vragend op te kijken. Als er dan geen reactie komt, help ik door 'Voor?' te zeggen. Laten we de mevrouw 'Simone' noemen.

'Eh, ja,' zei de vrouw. 'Zet u er maar in "Voor Simone, omdat ik hier affiniteit mee heb".'

Ik verblikte noch verbloosde, schreef haar tekst letterlijk op en zette er 'Gerbrand Bakker' onder. Ik aarzelde even bij het woord 'affiniteit', qua spelling.

'Hebt u het Groene Boekje niet bij u?' vroeg ze.

'Weet u veel of ik groen of wit spel,' antwoordde ik.

Hahaha, deed ze.

Uiteindelijk stond dus het volgende in haar boek: 'Voor Simone, omdat ik hier affiniteit mee heb, Gerbrand Bakker'.

Later pas – 's avonds – dacht ik terug aan Simone. Dat ze thuisgekomen het boek opensloeg en nog eens goed las wat ik erin gekrabbeld had. Ja maar, hoorde ik haar denken, nu staat er dat…

Een beetje rekening houden met een schrijver, al dan niet beginnend, is er vaak ook niet bij. Na de uitreiking van het Gouden Ezelsoor wilde ik héél graag roken, want ja: spanning, natte oksels, veel vreemde mensen om me heen, dankwoord (waarin ik de papiergroothandel die het prijzengeld ter beschikking stelde vergat te bedanken). Dat kon niet. Ik moest onmiddellijk achter de Ezelsorensigneertafel plaatsnemen, want 'er staan daar al heel veel mensen te wachten'.

'Ja maar,' zei ik, 'die staan er over tien minuten toch ook nog wel?'

Dus ik signeren, terwijl de mensen die niet signeerden alle lekkere hapjes opaten. Er werd wel behulpzaam een pijpje pils op de tafel gezet.

'Die kop van jou!' zei iemand van de uitgeverij. 'Er kwam rook uit je oren!'

Later schoot de directeur van de al eerder genoemde papiergroothandel me nog even aan. 'Wel lekker, hè,' zei hij samenzweerderig, 'zo'n geldbedrag.' Ik zei niets terug, want ik begreep dat ik een berisping kreeg.

Zes maanden verder, eind november, van hetzelfde laken een pak. Drie uur in een zaal gezeten, ondraaglijke spanning, DebutantenPrijs toegekend gekregen (terwijl ik ervan overtuigd was dat Vrouwkje Tuinman winnen zou), dus ik wilde drank en roken. Dat kon niet. Eerst kwamen er al mensen het podium op, met een bekend blauw boek in de hand. Ik heb op die kerel gestemd, zag ik ze denken, nu zal-ie signeren ook!

'Straks,' zei ik. 'Ik moet even naar buiten.' Maar onderweg naar buiten werd ik opgehouden door een jongen met een opschrijfboekje in zijn hand en door medewerkers van een boekhandel, die achter een tafel de vijf genomineerde boeken verkochten. Ik knielde achter de tafel en een stoel om een sjekkie te draaien en na te praten met Vrouwkje Tuinman en Hans Hogenkamp. Er kwam een mevrouw bij de tafel staan.

'Ik wil graag dit boek gesigneerd hebben,' zei ze, tamelijk vriendelijk nog.

'Eerst even roken, mevrouw,' antwoordde ik. 'Daarna kom ik terug en doe ik alles wat u wilt.'

Ze stak het boek gebiedend over de tafel heen in mijn richting. 'Signeren!'

En eerlijk is eerlijk, ik wilde haar slaan op dat moment. De mevrouw droeg een blauw jasje met bijpassend sjaaltje. Ik zag dat ze dag ervoor naar de kapper was geweest. Ik keek haar even aan – ik ben zo iemand die hoopt dat als je mensen op een bepaalde manier aankijkt, ze wel snappen wat je eigenlijk wilt zeggen – en signeerde zuchtend haar boek. Omdat ik altijd op vrijwel hetzelfde moment diezelfde mevrouw 's avonds haar sjaaltje af zie doen, en in een misschien wel leeg huis (man drie maanden geleden overleden) heel blij met het boek zie zijn. Ik zie haar een glaasje inschenken en mogelijk zachtjes tegen de oude rode kater praten. 'Ja, Poekie, kijk eens, een boek, mét een handtekening van de schrijver zelf. Wel een arrogant mannetje, hoor. Maar toch leuk, hè?'

Jellie Brouwer van *Kunststof* vertelde mij een grapje. Dat was haar te binnen geschoten tijdens het lezen van mijn boek. Nadat ze klaar was met het grapje, heerste er tergend veel seconden een totale stilte in de keukens waar naar Radio 1 geluisterd werd. Het was een grapje over een boer en zijn knecht. Gelukkig was er net ergens op een A-zoveel een ongeluk gebeurd, dus er kwam een verkeersmededeling tussendoor. In die tijd nam ik nog een paar flinke slokken van mijn bier en legde Jellie me het grapje uit, waardoor ik bij terugschakeling flauwtjes nog wat zat te lachen. 'Gerbrand Bakker snapt inmiddels het mopje dat ik vertelde,' zei Jellie.

Ik had al jarenlang een droom, die te maken had met het schrijven van boeken. Ik wilde dolgraag bij Hanneke Groenteman langs, in *De Plantage*. Dat kwam mij voor als het hoogtepunt in het boekenschrijversvak. Maar Hanneke stopte met haar programma en toen werd het Hadassah de Boer en het programma heette niet *De Plantage* maar NPS *Arena*. Ik was buitensporig zenuwachtig, sloeg me desondanks naar eigen gevoel te oordelen wel aardig door de tien minuten heen en kreeg na afloop een sms'je van mijn broertje. Zijn commentaar op de uitzending was kort maar krachtig: 'Vogelbekje'. 'Huh?' sms'te ik terug. Blijkbaar was mijn bekje door de spanning zo droog dat mijn bovenlip korte tijd opgekruld vastgeplakt had gezeten tegen mijn tanden, en zelf had ik daar helemaal niets van gemerkt. En Hadassah had er niks van gezegd. Dat ziet er verschrikkelijk uit, eerder als een konijnenbekje dan een vogelbekje, maar niemand van de tv-mensen had iets tegen me gezegd. Dingen als: neem regelmatig een slok water of smeer je lippen even in met wat vettigs. Trouwens: radiomensen zeggen ook niets tegen je, heb ik gemerkt. Je komt ergens binnen, ze schuiven je plompverloren achter een microfoon en babbelen maar. Er is geen enkele sprake van een voorgesprek of -bereiding. Want dat houdt het 'spannend' en 'ongedwongen'.

Soms doen dingen zeer. Frénk van der Linden en ik zaten samen op een regenachtige dinsdagmiddag in Hoorn. Op de grote poster bij de ingang stond zoiets als 'Gerbrand Bakker zal deze middag Frénk van der Linden op indringende wijze ondervragen.' Er waren vijf bezoekers. Hoewel ik Van der Linden zou interviewen, ging het toch over allebei onze boeken. Eén mevrouw was afgekomen op Frénk, die ze van de radio kende en 'een leperd' noemde. Toen we klaar waren wilde ze onze geboortejaren en -datums kennen. Ik bleek Aarde 2 te zijn en Frénk was Metaal 7, zo zei ze tegen Frénk. 'Aarde 2 is voedend voor Metaal 7,' zei ze, tegen Frénk. ('Ja kunst, jij interviewde mij,' zei hij later. 'Zo kan ik ook aan astrologie doen!') Daarna vertrok ze, en ze gaf alleen Frénk een hand, mij negeerde ze.

4 november. Het Lezersfeest. Ik mocht de 'schrijversfoyer' niet uit, omdat er tijdens eerdere edities 'nogal wat schrijvers kwijt waren geraakt'. Dus ik ging alle aanwezige schrijvers de hand schudden. Tegen een heel beroemde schrijver zei ik: 'Hallo, ik ben Gerbrand Bakker. Wij zijn collega's.'

Hij keek me koeltjes aan. 'Dat lijkt me niet,' antwoordde hij. 'Ik geef uit bij De Bezige Bij.'

Toen ik rond halftien losgelaten werd uit de schrijversfoyer (ondertussen was Marjan Berk ook nog in de veronderstelling geweest dat ik bij de organisatie hoorde) klom ik naar de derde of vierde verdieping van de bibliotheek in Rotterdam. Alle stoelen waren bezet. Zo'n korenveld aan bezoekers had ik nog niet eerder gezien. Naema Tahir begon net voor te lezen uit *Kostbaar bezit*. De bezoekers hadden gekozen voor een 'seksuele passage'. Tahir las lang en schoot regelmatig in de lach door haar eigen erotische tekst. Ik stond aan de zijkant en bekeek de mensen in de zaal aandachtig. Ik vroeg me af wat ze van mijn boek zouden vinden. Ah, Naema was klaar. En met dat zij opstond, stond ongeveer driekwart van de bezoekers ook op. Ze stonden niet alleen op, ze liepen nog weg ook.

En dan is er nog de verontwaardiging die soms opborrelt in een zaal met bezoekers. Samen met Christiaan Weijts was ik uitgenodigd voor de Bakenesseravond in De Toneelschuur in Haarlem. Het gesprek stond onder leiding van een interviewer. Op een gegeven moment begon er een gesprek met 'de zaal' of 'de aanwezigen'. Een van de vragen die wel vaker leven bij lezers is die over voorbeelden. 'Door welke Nederlandse schrijver bent u beïnvloed?' Daar moet ik altijd heel hard over nadenken. Britse en Amerikaanse schrijvers schud ik zo uit de mouw, maar Nederlandse? En dan vooral die van al wat langer geleden?

'Nescio,' hielp mij een behulpzame bezoeker.

'Ik heb van mijn leven nog niets van Nescio gelezen,' zei ik naar waarheid.

Alsof er een trein langskwam in de verte, zo trok de verbolgenheid door de zaal.

Ja, ik kan er ook niets aan doen. En ik word er ook wel een tikje dwars van. Nog net niet zó dwars dat ik zeg: 'Nescio? Is dat een damesblad?', maar toch.

'*Het Bureau* van Voskuil,' probeerde ik mijn blijkbaar onvergeeflijke fout goed te maken. 'Heb ik in zijn geheel al twee keer gelezen.'

Wéér een trein in de verte, met zelfs zo her en der een schril fluitsignaal. Geen Voskuil-fans dus.

Een optreden in een boekhandel 'ergens in het land', samen met Dorinde van Oort. Eerst ik, daarna Dorinde. Er was een interviewster die zich zeer goed had voorbereid en er stond een grote tafel waaraan de bezoekers zaten. Mensen die niet aan de tafel pasten, stonden eromheen. Er werd koffie en thee gedronken, er werden feestkoekjes gegeten, de boekhandel bestond 50 jaar. De interviewster las een stukje Siebelink voor en daarna een stukje Bakker. Als je niet beter wist, zou je bijna denken dat er sprake was van plagiaat. Daar kreeg ik het al een beetje warm van. Vervolgens – ik had nog geen woord gezegd – pakte ze er een kalenderblaadje bij. 'Dit is die-en-die-datum van de filosofiekalender. Er staat: "De schrijver is de hoeder van de gedaanteveranderingen."'

Grote stilte.

'Dat is van Elias Canetti,' zei ze.

Nog meer stilte.

'Ik heb nog nooit van hem gehoord, hoor,' zei ze, alsof dat het minder erg maakte. '"De schrijver is de hoeder van de gedaanteveranderingen."'

Kort keek ik Claudia van der Werf, afdeling Verkoop van Cossee, aan.

De interviewster keek op haar beurt mij verwachtingsvol aan. Ik zei niets, had gelukkig nog een restje koffie in mijn kopje. Aan een feestkoekje waagde ik me niet; daar kun je je lelijk in verslikken.

De bezoekers zeiden ook niets. Ze keken een beetje verbouwereerd.

'Huh?' zei ik toen toch maar.

Voor een derde keer herhaalde ze het citaat.

'Wat bedoel je daarmee?' vroeg ik.

'Ik weet het niet, hoor,' zei ze.

Na een tijdje zei ik: 'Ik snap het niet.'

Niemand van de bezoekers snapte het.

'Welke gedaanteveranderingen?' vroeg ik.

Weer viel er een stilte. Een van de bezoekers at nog een feestkoekje.

Niemand wist het antwoord op mijn vraag.

Daarna las ik een stukje voor, nog steeds nogal van slag. Onmiddellijk na afloop van het interview ging ik het strand op. Heel kort dacht ik na over de 'gedaanteveranderingen'. Ik was blij dat het heel hard waaide. Ik kocht een broodje gerookte makreel en at dat met de wind in mijn rug op. Na drie kwartier kwam ik terug in de boekhandel. Dorinde was inmiddels klaar en de feestborrel was begonnen. Nauwelijks had ik een glas rode wijn op, of er kwam een mevrouw op me af. 'Een tip,' zei ze, alsof ze er heel veel verstand van had. 'Dat stukje dat je net voorlas, dat moet je niet meer doen, want daardoor heb ik je boek niet gekocht.'

Het was heel warm in de winkel. Overal blije gezichten en meisjes in ouderwetse kleding die rondgingen met lekkere hapjes. Omdat ik het niet over mijn hart kon verkrijgen om 'Wat een rare mevrouw is u' tegen haar te zeggen (want ik zag haar natuurlijk alweer voor me, diezelfde avond, helemaal alleen in een huis aan de kust, zonder huisdieren, misschien de tv op RTL4, misschien met *Nieuwe buren* van Saskia Noort, haar knellende schoenen lekker uit), dronk ik in één teug een tweede glas wijn en maakte dat ik wegkwam.

Rascha Peper

Een lezing op het land

In de huiskamer wachtten ongeveer veertig mensen. Het was er zeer warm. Ik voelde me in het geheel niet behaaglijk meer. Slok sprak een kort inleidend woord, maar ik verstond er niets van. Ook had ik de grootste moeite de aanwezigen, die het ene ogenblik in de verte wegzeilden om het volgende moment, als in een revue of zangspelletje, weer op mij toe te snellen, degelijk in het oog te houden. Tevens zwaaiden de muren bedenkelijk. Iemand stelde de eerste vraag. Ik liet deze herhalen, maar ook toen drong de betekenis niet tot me door. Er viel een lange stilte. 'Interessant,' mompelde ik. Na ongeveer een minuut nodigde Slok een volgende belangstellende uit. Dit was een dame op de eerste of tweede rij. […] 'Dat boek *De Avonden*,' vroeg ze streng, 'daar komt helemaal geen seksualiteit in voor. Kunt u ook zeggen waarom dat zo is?' Ik probeerde na te denken, maar dit leidde tot niets. 'Een interessante vraag,' zei ik. 'Dit is werkelijk een interessante vraag…' Ten slotte nam Phal het woord. 'Nou moeten jullie niet liggen te leuteren,' verklaarde hij. 'Die jongen die heeft dit boek geschreven. Nou heeft die jongen dat boek geschreven. En nou moeten jullie niet leuteren. Dat boek, dat heeft hij geschreven. Dus hij heeft dat boek geschreven.' 'Wat een dranklucht,' werd ergens geklaagd.

Herkent u dit fragment? Het komt uit 'Een lezing op het land' van Gerard Reve (*Tien Vrolijke Verhalen*, 1961, toen het fenomeen literaire avond net uitgevonden zal zijn). De paniek van de schrijver die zich – ook zonder alcohol – vertwijfeld afvraagt: wat doe ik hier, mijn boek spreekt toch voor zichzelf, wat heb ik daaraan toe te voegen? moet tijdens de Boekenweek weer menig debutant of beginneling in het lezingencircuit vertrouwd zijn voorgekomen. Of is dat een achterhaalde veronderstelling, alleen geldend voor de ouderwetse zonderling die nog geen *selfpromoting performance* geeft en 'als mens' in de luwte van zijn boek wil blijven?

Op weg naar zo'n lezing in het land had ik *Tien Vrolijke Verhalen* als treinlectuur meegenomen. Geen verstandige keus, want je stapt veel te lacherig uit en wat je die avond zelf gaat beweren en voorlezen steekt bij Reve zielig serieus en bleek af.

Maar de avond verliep geanimeerd. De strenge dame komt weinig meer op literaire avonden. Haar plaats is ingenomen door een heleboel andere, uiterst welwillende dames die van tevoren in hun leeskring over de schrijver gediscussieerd hebben en geschoold zijn in het ontdekken van symboliek, verborgen motieven en overeenkomsten tussen de verschillende boeken. Op dergelijke avonden in Zierikzee, Heerhugowaard of Harlingen is me vaak pas duidelijk geworden wat ik bedoel met sommige boeken. Dat blijkt meer te zijn dan ik zelf in de gaten heb gehad.

Er zijn natuurlijk ook mannen bij. Die zijn net zo vaardig in het hanteren van literaire termen en het uitdrukken van door een boek opgeroepen emoties (als daar soms twijfel over zou bestaan), maar als iemand vraagt: 'Kunt u nou een beetje leven van die schrijverij?', of: 'Als je in werkelijkheid zo zou manoeuvreren met zo'n boot, weet u dat u dan hartstikke vast zou komen te zitten?', dan is het een man.

Ook deze literaire avond was weer een bijeenkomst van vriendelijke, beschaafde lezers die belangstellend luisterden en zinnige vragen stelden.

In de trein terug las ik nog een verhaal uit de bundel van

Reve, 'Lof der scheepvaart'. De schrijver vaart op een vrachtboot mee naar Engeland en raakt in gesprek met de kapitein en diens vrouw.

> 'Wat voor soort boeken schrijft u?'
> 'Romans... een roman... verhalen...' mompelde ik. Het kwam mij als volkomen gelogen voor.
> Nadat de vrouw uitvoerig de inhoud van een mooi boek, ook een roman, heeft naverteld, vraagt de kapitein: 'Schrijft u zulke boeken? Schrijft u dramatische boeken?'
> 'Ja, dat is niet zo gemakkelijk te zeggen,' antwoordde ik, terwijl ik radeloos een paar maal heen en weer keek en daarna weer voor mij uit staarde. 'Dramatisch, nee,' mompelde ik half verstaanbaar. Opnieuw kreeg ik de gewaarwording dat niets van wat ik zei waar was, dat ik loog en bedroog en dat ik, onder volstrekt valse voorwendsels, als een parasiet, passage aan boord van een schip van oppassende en vlijtige mensen had gevonden. Klootzak, zei ik bij mezelf. [...] Je bent helemaal geen schrijver. Opschepper. Zak. Kale kakschopper.

Het was al na twaalven toen ik dit las, tussen slapende of vermoeid een krant doorbladerende medepassagiers, en ik moest moeite doen om niet hardop in een hinderlijke giechel te raken, zo herkenbaar is die passage. Nu heeft herkenning altijd iets pijnlijks, dus in dit geval ook. Het is gek; ik doe tijdens zo'n lezing mijn best om onderhoudend te zijn, ik ben geen al te grote egotripper of fantast, vertel simpelweg welke bronnen en ideeën tot een boek hebben geleid en daarvan is niets noemenswaardigs gelogen. Toch voel ik me op de terugweg in de trein een oplichter, een flessentrekker, een vertegenwoordigster in literaire flauwekul, die geheel ten onrechte een fraai boeket of een kruik kruidenjenever uit de streek naast zich heeft liggen, geschenk van oppassende mensen met een normaal beroep, die die onzin beleefd hebben aangehoord, maar er onderwijl wel het hunne van gedacht zullen hebben..

Steeds vrees ik dat er een avond zal komen waarop die strenge, maar rechtvaardige dame uit het publiek opstaat en rustig verklaart: 'Mevrouw, u bent helemaal geen schrijfster, u bent een kale kakschopper, weet u dat?'

Christiaan Weijts

'Zet hem op, hè?'
De schrijver op televisie

'Misschien kunnen we hier even een dropshotje doen.'
Het is najaar en ik loop over het Rapenburg met drie drukke jongens om me heen. Eentje draagt een lange grijze jas en slaat nerveus met een tot kokertje gerold papiertje tegen zijn bovenbeen, de ander sjouwt een camera op zijn schouder mee en de derde steekt een hengel in de lucht met een microfoon, verpakt in witte schoothondjesvacht.

'Ga maar eens op die brug staan,' wijst de jongen met zijn kokertje in de verte, 'en blader wat door je boek, alsof je leest.'

Sommige mensen houden er eigenaardige ideeën over het schrijverschap op na. Alsof ik voortdurend op bruggen mijn eigen werk sta te lezen. Toch gehoorzaam ik. De macht van de televisie is groot. Aan de overkant van de gracht tilt een van de jongens de camera op een statief. Ik sla mijn boek open en lees.

'Wel af en toe even opkijken!' roept de interviewer. Het klinkt bestraffend en vermoeid, als tegen iemand die op zijn eerste dag van een nieuwe baan de boel nodeloos ophoudt en verziekt. Ergens voelt het ook als een nieuwe baan.

Wie eenmaal een boek de wereld in heeft gestuurd, moet niet denken dat daarmee de klus geklaard is. In talloze rollen moet je je waar aan de man brengen, en daarvoor moet je jezelf inwerken in steeds weer nieuwe functies. De afgelopen maanden heb ik mezelf moeten scholen tot voorlezer, verteller, radioprater, jurylid, podiumentertainer, presentator van een literair avondje en vandaag neemt dus mijn carrière als televisieacteur zijn aanvang. Ik staar over de gracht en denk aan Shiria.

Shiria belde mij eerder die week op. 'Hoi Christiaan, Shiria hier, van RTL *Boulevard*. Ik bel even over het filmen. Vrijdag, lukt dat? Oké, de interviewer heet Robert, en hij belt om twee uur bij je aan. Nou, zet hem op, hè?'

Robert, Shiria. Een van de eerste lessen in de televisiewereld is dat mensen er alleen voornamen hebben. Cameraman Bob, geluidsman Arno. Ze zijn, voor de korte duur van het samenzijn, je beste vriendjes. Zonder dat ik het doorheb – ik raak altijd in een lichte trance als ik mijn eigen werk tueglees – zijn Robert, Arno en Bob weer om mij heen komen staan.

'Ik ga nu wat vragen stellen over je boek, dat ik niet gelezen heb, dus misschien kun je even kort uitleggen waar het over gaat. Bob, kun je hem hier even wat breed nemen, dat we die bomen erbij hebben.'

Terwijl ik breed genomen word door Bob probeer ik uit mijn hoofd de flaptekst op te dreunen.

'Die laatste zin kwam er niet helemaal lekker uit,' onderbreekt Arno mijn monoloogje. 'Kan dat even opnieuw?'

Twee studentes passeren en giechelen. Voor welk programma het is, willen ze weten.

'Voor *Is je moeder thuis*,' verklaart Bob, en schatert het uit. De camera trilt op zijn schouder en ook Arno's schoothondmicrofoon danst nu heen en weer boven mijn hoofd.

'Is je moeder thuis!' Arno schuddebuikt. 'Dat zegt hij áltijd!'

'Ja ja,' zeg ik. 'En het blijft leuk. Jullie zijn me een stel lachebekjes… Vanaf waar moest het nu ook alweer over?'

'Nee, dat is al goed,' stelt Robert mij gerust, om gelijk de volgende vraag af te vuren: 'Seks vóór het schrijven, mag dat?'

'Nou... In elk geval nooit tíjdens het schrijven.'
Lachsalvo. Arno maakt neukbewegingen met zijn bekken terwijl hij in de lucht met een denkbeeldige pen begint te schrijven.

Twee uur brengen we daarna door in de Hortus Botanicus, waar het al frisjes is. Niettemin heeft het trio mij liever zonder jas. Aan het eind van de opnamesessie zit ik rillend mijn eigen boek door te bladeren op een bankje bij het water. Af en toe kijk ik even op. Ik maak vorderingen.

'Halfvijf al. *Time flies when you're having fun...*' constateert Arno. We drinken bier in café 't Keizertje. Robert vertelt me dat hij op de Wallen woont. Arno blijkt daar nog een smartshop te hebben gehad en een relatie met een van de meisjes achter de ramen. 'Dat boek van jou moet ik dus ook maar eens gaan lezen,' zegt hij. Ondertussen schrijft Robert mijn naam op de hoes van de tape. 'Ziezo, we hebben je. Op naar de volgende.'

Een week later word ik gebeld als ik net op de fiets stap. 'Hoi Christiaan, met Shiria. Ik wilde even zeggen dat vanavond het filmpje wordt uitgezonden. Ja, leuk hè? En trouwens: zet hem op hè, volgende week!'

Op het uur van de uitzending zit ik met mijn vriendin M. in de Interliner over de Afsluitdijk naar Harlingen, waar ik de volgende dag de Anton Wachterprijs in ontvangst ga nemen. In het hotel bij de haven bekijken we de herhaling op RTL4. Ik blijk aan het einde van de uitzending te zitten.

'Ben je al?' hoor ik M. van tijd tot tijd vragen vanuit de douche. Alleen de korte vooraankondiging is langsgekomen, die mij het ergste deed vermoeden. 'Zijn boek gaat over een stalker, een lot dat hij zelf maar al te goed kent.'

'Nee, ik... ben dadelijk geloof ik...'

De twee uur opnamen blijken vakkundig gecomprimeerd te zijn in twee minuten. Twee minuten waarin het uitsluitend over mijn eigen stalkingsproces gaat.

In de studio zit weer een andere Robert die tegen de andere presentatoren zegt: 'Als je dit boek zou verfilmen zou je hem wel kunnen casten als stalker hè?'

'Tsja, hij doet er nu wat badinerend over, maar hij is wel veroordeeld tot zestig uur dienstverlening,' antwoordt iemand aan tafel, die zich opwerpt als recensent. 'Het is niet echt een boek dat je eventjes makkelijk wegleest.'

Buiten hoor ik het gegrom van de laatste veerboot die zich naar een van de eilanden boort. Ik kruip tegen M. aan en vraag: 'Het viel toch wel mee?'

M. zwijgt.

'Ik bedoel... Die scène op de brug... Die zag er toch wel goed uit?'

In een ijskoud kerkje in Harlingen zijn de volgende dag opnieuw camera's, van provinciale televisiestations, die de voorafgaande lezingen wijselijk overslaan en pas in actie komen als ik eindelijk het bronzen beeldje in ontvangst mag nemen. Eerst vertelt de juryvoorzitter opnieuw mijn boek na.

Zoals geld geld maakt, zo maakt tekst tekst, bedenk ik, en staar naar de tafel waarop de plaatselijke boekhandel mijn roman in grote stapels heeft uitgestald. Al die stemmen die mijn verhaal navertellen, eromheen cirkelen, zich opwinden, zich verwonderen en elkaar napraten, ze verschijnen in het kielzog van die ene roman, als uitwijkende waaiers schuim, aangemaakt en achtergelaten door het onverschillige schip van gestolde woorden.

'Hoe voelt het om de Anton Wachterprijs te hebben gewonnen?' vraagt iemand, naast een jongen die zijn schoudercamera op mijn gezicht richt. 'En je bent ook genomineerd voor de AKO. Wat dóet dat allemaal met je?'

In de televisiewereld voelen gebeurtenissen, doen ze iets met je, en bovenal gaat er voortdurend iets door je heen.

Ik herhaal de woorden van het dankwoordje dat ik die

ochtend haastig op een briefje had gekrabbeld: grote eer, vooral gezien het indrukwekkende rijtje voorgangers, nog nooit in Harlingen geweest, gelijk met m'n debuut al de Anton Wachterprijs winnen (die grap wordt opnieuw niet begrepen), Simon Vestdijk een groot schrijver, tijd voor een stevige borrel.

Pas bij het aangekondigde buffet in de pastorie tegenover de kerk gaat er werkelijk iets door mij heen, namelijk een schok van verbazing. In het midden van de tl-licht verlichte ruimte liggen schalen met zelfgesmeerde broodjes. Op de tafels staan kannen melk en sinaasappelsap.

'Wat mag het zijn?' vraag ik aan mijn uitgever. 'Wit of oranje?'

Ik weet na wat gezeur uiteindelijk één fles rode wijn voor mijn gezelschap los te peuteren.

'Simon had ook last van een stalker,' zegt de weduwe Vestdijk buiten, tussen twee broodjes in. We staan in de vrieskou tegen de muur van de pastorie aan te roken, wat binnen niet mag.

Binnen een uur zijn alle broodjes op en vertrekt het gezelschap, om thuis nog net even *Lingo* te kunnen kijken. Als ik mijn jas aantrek, voel ik in mijn binnenzak of het prijzengeld dat ik discreet in een envelopje kreeg toegestoken er nog zit. Het zit er nog.

'Nou,' besluit de weduwe Vestdijk als ze me de hand schudt voor ze in een auto stapt, 'een mooi oeuvre gewenst, en ik hoop dat je nooit meer last hebt van een stalker.'

Vergeefse hoop. Radioreporters en kranten blijven me mailen en bellen. Aan de vooravond van de grote dag van de AKO Literatuurprijsuitreiking zit ik in de studio bij BNN United, naast politicus Boris van der Ham en de hoofdredacteur van GeenStijl. Ik beantwoord de vragen over de autobiografische brokjes ('Je bent zelf veroordeeld voor stalking?') alsof ik macro'tjes aanklik in mijn hoofd.

Geïnterviewd worden is herhalen. Na verschijning van een roman is een auteur een jukebox die een repertoire afspeelt op commando. Om het voor jezelf spannend te houden varieer je op de antwoorden, wat de vragensteller doorgaans niet opmerkt, en meestal hoor je aan de vragen al welk krantenartikel ze als enige bron voor hun research hebben genomen.

'Christiaan... wacht even, want er is nieuws uit het veld. Er is gescoord, dus we gaan even over naar Pieter. Die ís op dit moment in het stadion. Pieter...'

In mijn koptelefoon krijg ik het laatste nieuws over een wedstrijd die ik op het televisieschermpje inderdaad zie, en waar de technici al de hele uitzending naar aan het kijken waren, met een pijpje pils in de hand.

'Dankjewel, Pieter, we komen straks óngetwijfeld weer bij je terug. Bij ons in de studio zit nog steeds Christiaan Weijts, schrijver en stalker. Christiaan...'

Het is een heel bescheiden interview. Na twee vragen zet midden in mijn antwoord de muziek in op mijn koptelefoon. Het deuntje duurt drie minuten.

'Goed,' zegt het meisje (Willemijn) dat de presentatie doet. 'Na al dat gepraat over stalken zou ik bijna vergeten te zeggen dat het echt een héél mooi boek is, maar ja, de tijd is om. Naast mij is aangeschoven Boris van der Ham van D66. Bóris, vertel eens...'

Met zachte dwang begeleidt een meisje in strakke spijkerbroek, cowboylaarsjes en met joekels van oorbellen (Debby) me naar buiten, waar ik over de parkeerplaats van het mediapark terug naar het station loop.

In Hilversum heeft *Goedemorgen Nederland* een hotelkamer voor me gereserveerd, zodat ik de volgende dag in alle vroegte op tijd ben om met Sven Kockelmann te ontbijten.

'Hoeveel orgieën dachten ze dat ik hier ging houden?' vraag ik me af als ik de kamer zie, met drie bedden, twee bankstellen, wat kasten en een riante minibar, waar ik twee biertjes en een zakje borrelnootjes uit gebruik. Als ik de televisie aanzet val ik midden in de reportage die *RTL Boulevard* maakte van medegenomineerde Frits van Oostrom.

'En misschien zitten we straks dánkzij Laurentien állemaal aan het strand met dít boek op schoot óver de Middeleeuwen.' Lachsalvo. Ik zap nog wat rond en schakel het toestel uit. Ik droom onrustig over een helikoptervlucht samen met Laurentien-die-eigenlijk-Petra-heet, Boris van der Ham en Sven Kockelmann. Het toestel blijkt te zwaar en een van ons moet eruit springen om de levens van de anderen te redden. Ik stoei met prinses, politicus en presentator. De grond komt steeds dichterbij.

'Is je moeder thuis!' roepen Bob en Arno triomfantelijk.

'Zet hem op, hè!' schreeuwt Shiria door mijn koptelefoon.

Aan alles komt een einde, zelfs aan de nacht. Tegen halfzeven – het personeel is beneden in kloosterachtige zwijgzaamheid bezig aan de voorbereidingen voor het ontbijt – leg ik mijn kamersleutel op de balie en loop ik naar de taxi die buiten staat te wachten en die mij naar de studio rijdt.

In een kamertje krijg ik een broodje kaas, een kop koffie en godzijdank kan ik een sigaret roken, in een glazen hokje met afzuigkap naast wat technici (Ferry en Dirk) en een meisje dat Mariska heet.

Dan passeert een man met een ongeschoren gezicht en wallen onder zijn ogen, die me de hand schudt.

'Goedemorgen, Sven.' Ik herken hem van het programma *Netwerk*, maar kennelijk is hij verhuisd naar het vroege uur. Er zijn natuurlijk betere manieren om een feestelijke dag als die van de AKO-uitreiking te beginnen dan aan tafel te zitten met Sven Kockelmann, maar de macht van de televisie is groot.

Mariska brengt mij naar een kamer waar een dame

mijn wallen vakkundig wegwerkt voor een met gloeilampen omkranste spiegel. Ondertussen vertelt ze over de voordelen van 's ochtends vroeg werken in combinatie met de zorg voor twee kleine kinderen.

Als ik bijgepoeierd ben en ondanks protesten een oranje plak op mijn gezicht heb gekregen, verschijnt Mariska opnieuw om me mee te nemen naar de studio, waar Sven mij opnieuw de hand schudt en opnieuw zijn naam noemt. Tijdens het zevenuurjournaal wisselen we beleefdheden uit.

'Eén minuut,' zegt een vrouwenstem van rechts.

Even ben ik bang dat ik de controle over mezelf verlies als we eenmaal live in duizenden huiskamers bij het ontbijt binnenvallen. Dat ik bijvoorbeeld ineens mijn jasje uittrek, mijn broek openknoop en voor de camera begin te masturberen. Geheid dat zoiets nog wekenlang in allerlei programma's herhaald wordt. Daarmee zou ik ruimschoots aan mijn plicht voldaan hebben om iets aan de promotie te doen.

'Kan ik wat geluid hebben op de vloer?' vraagt Sven.

'En voor mij graag een dubbele wodka met ijs,' grap ik, maar Sven blijkt nogal last te hebben van een ochtendhumeur.

'Ik heb nog geen nieuwe filemeldingen,' zegt hij nukkig. 'Waar blijven mijn files?'

Zijn files. Alsof die files niet van ons allemaal zijn. Ik zwijg en bereid mij erop voor uitgestraald te worden naar duizenden huiskamers. Op de autocue zie ik wat Sven dadelijk gaat zeggen.

Rechts klinkt een vrouwenstem die aftelt: 'Zes, vijf, vier…' Mariska komt van links tevoorschijn lopen, met een A4'tje in haar handen.

'…drie, twee…'

Mariska blijft stokstijf stilstaan aan de rand van de set. Het blaadje met files tegen haar borsten gedrukt. We doen het zonder filemeldingen. Ik realiseer me dat ik daarmee weer wat seconden zendtijd win.

'Welkom terúg bij *Goedemorgen Nederland*.' Sven heeft bij toverslag zijn vriendelijke gezicht terug.

'Je bent zélf voor stalking veroordeeld?' is een van zijn eerste vragen, waarbij hij mij onderzoekend aankijkt. Ik pauzeer even. Kan ik me toch niet beter gaan uitkleden en gaan masturberen?

'Ja já...' begin ik uiteindelijk. 'Dat is natuurlijk voor journalisten heel interessant, maar het gevaar is dat dat kleine autobiografische elementje de aandacht wat afleidt van het boek.'

Later zullen vrienden mij vertellen dat Sven op dat moment wat geschrokken en geïntimideerd keek. Gelukkig krijg ik de kans om voor te lezen. In mijn ooghoek zie ik mijzelf gebaren maken in het televisieschermpje.

Als het allemaal weer voorbij is – het item heeft zeven minuten geduurd, wat lang is voor televisie – rook ik nog een sigaret onder de afzuigkap om te bekomen van de opwinding. Bij het verlaten van de studio geeft Mariska me een glazen koffiemok mee, 'als aandenken'.

Ik was bij *Goedemorgen Nederland*, lees ik.

Mariska zegt: 'En zet hem op hè, vanavond!'

De eersten die mij die middag begroetten op Schiphol, waar de genomineerde auteurs per helikopter worden ingevlogen ('Dit is zó niks voor mij,' zegt een wat angstige Frits van Oostrom, die naast mij zit bij het opstijgen) zijn Robert, Bob en Arno.

'Toen je twee jaar geleden in de rechtbank zat,' begint Robert, 'had je toen gedacht dat je nu hier met een helikopter zou worden ingevlogen?'

'Om eerlijk te zijn... Ja. Ja, dat is precies wat ik mezelf zo'n beetje voorstelde. Literatuur geeft een ander perspectief op de werkelijkheid, zoals een helikopter dat ook doet.'

'Heb je daarboven in de lucht nog inspiratie opgedaan?'

'Jazeker. Ik kreeg ideeën voor een complete tetralogie, dat wil je niet wéten!'

Eindelijk: ik krijg er handigheid in. Misschien is de stelregel voor televisieoptredens heel simpel: neem niets, maar dan ook absoluut niets serieus en vertel nooit, maar dan ook absoluut nooit de waarheid.

Veiligheidsmedewerkers manen ons de hangar in.

Binnen slaat even de schrik mij om het hart als een van juryleden me vertelt dat er niet gerookt mag worden. Dat blijkt waar te zijn, hoor ik bij de garderobe, maar buiten is een speciale tent daarvoor ingericht. Als ik mijn jas afgeef zie ik dat de glazen koffiemok met 'Ik was bij *Goedemorgen Nederland*' nog uit mijn zak steekt.

'Hallo Christiaan, ik ben Shiria,' begroet een meisje me. Handen schudden, glimlachen: ik heb er handigheid in gekregen.

'O ja… ben jíj dat? Ik heb vannacht van je gedroomd,' zeg ik, maar daar reageert ze niet op. Ze vervolgt: 'Dadelijk tijdens het eten ben je als derde of vierde aan de beurt voor de interviews. De interviewer heet Peter. Heb je nog vragen?'

Ik heb geen vragen. Shiria zegt: 'Zet hem op hè?'

Ik zette hem op. God weet dat ik hem heb opgezet met alle kracht die in mij was. Ik heb hem opgezet zoals nog nooit een sterveling hem heeft opgezet.

Het mocht niet baten.

'Je bent zelf ook veroordeeld voor stalking.' Aan mijn tafeltje, tussen twee gangen in duwt Peter een microfoon in mijn mond.

Ik antwoord: 'Ah, gaan we het dáárover hebben. Nou, dat wordt wel een diepte-interview hoor…'

Mijn strategie blijkt effectief: nergens serieus op antwoorden, in de wetenschap dat Peter hooguit één minuut zendtijd heeft.

Als een halfuur later blijkt dat ik niet de winnaar ben, springt er rond de doffe spiegel van mijn teleurstelling één voor één een reeks gloeilampen aan: in elk geval géén camera's meer!

Twee tafels verderop is de vrouw van de winnaar nog altijd aan het gillen. Camera's verdringen zich rond het echtpaar als jachthonden rond hun prooi. Een aangename lichtheid daalt op mij neer. Ik zie Arno, Bob en Robert voorbijkomen, maar ze groeten me niet meer.

'Gefeliciteerd,' zegt mijn uitgever. 'Nu kun je tenminste rustig aan een volgend boek werken.'

Karin Amatmoekrim

De spokende stad

Ik schreef eens een boek waarin de meeste gebeurtenissen zich in de tropen afspeelden. Op een paar hoofdstukken na: die had ik in Nederland geplaatst, om precies te zijn: in een klein havenstadje genaamd IJmuiden. In mijn ervaring, en dus ook in het boek, is IJmuiden geen prettige plaats om te wonen. Maar het was voor mij ook niet meer dan dat: een plaats. Ik dacht zelden terug aan IJmuiden en zoals ik het boek dacht te hebben geschreven, kon de lezer voor IJmuiden elk ander stadje lezen dat hem kleinzielig en sociaal achterlijk leek. Voor de rest was IJmuiden onbelangrijk. Anders had ik er wel meer hoofdstukken, of misschien zelfs een heel boek, aan gewijd. IJmuiden deed er niet toe.

Maar ik had het mis.

Nu heb ik gemerkt dat je het als schrijver nogal eens mis kan hebben. Je baseert bijvoorbeeld een verhaal op een bepaald thema, en dan blijkt er altijd wel een recensent te zijn die bewijst dat het een heel andere thematiek heeft dan jij als auteur had bedacht. Weet jij veel. Of je neemt een boeking aan om te lezen tijdens een literair festival in de veronderstelling dat de bezoekers van dat festival geïnteresseerd zijn in literatuur. Maar o jee, wat heb je het weer mis. Het gros van de bezoekers wil natuurlijk gewoon wijn drinken en zichzelf horen praten, bij voorkeur door de voordrachten van de bestelde schrijvers heen. En je kijkt toe hoe je voorgangers de strijd aangaan met de desinteresse van de zaal, weggemoffeld in een hoekje op een podium dat zo laag is dat je betwijfelt of het niet eerder de term 'stoepje' verdient dan het gewichtig klinkende 'podium'. Ondertussen probeer jij koortsachtig te bedenken hoe je aan dit lot kan ontsnappen: een plotseling opgekomen buikgriep veinzen, of stiekem de deur uit glippen en achteraf beweren dat je het verkeerde adres had gekregen. Maar acteren kan je niet en de organisator heeft je allang gezien, dus wacht je laf op je beurt – je realiserend dat je er weer eens goed naast zat.

Ook met dat stadje IJmuiden had ik het weer helemaal niet begrepen. Natuurlijk was het meer dan een stom stadje. Maar om dat te beseffen moest ik eerst afreizen naar Numansdorp, een klein plaatsje onder Rotterdam. De eigenaars van een alleraardigst boekenwinkeltje in dat dorp hadden mij gevraagd om die avond een lezing te geven voor een klein groepje vrouwen. Een deel ervan kende mijn werk, een deel niet. Het werd een ontzettend gezellige avond en, los van het incident dat ik u zo dadelijk uit de doeken zal doen, was het een van de leukste lezingen in mijn carrière tot nu toe. Ik las wat stukken voor die goed in de smaak vielen, wat mijn ego dusdanig streelde dat ik helemaal op mijn gemak aan mijn koffie nipte. Het publiek stelde intelligente vragen, en zoals u begrijpt zijn dat de leukste vragen om te beantwoorden. Ik mag dus zeggen dat we lol hadden. Toen iemand vroeg hoe ik nu terugkeek op mijn jeugd en in hoeverre dit overeenkwam met de gebeurtenissen in het boek, legde ik openhartig uit hoe weinig aansluiting mijn moeder en ik hadden gevonden met de IJmuidenaren waartussen wij beland waren. Er werd begrijpend geknikt en ik ging verder; er was een probleem tussen alle buitenlanders in die stad en de 'echte' IJmuidenaren geweest. Waar dat dan aan lag? Tsja, misschien lag het wel aan de aard van het volk in IJmuiden. Ik vond het niet zo'n heel interessant onderwerp en wilde al iemand anders het woord geven, toen een vrouw op de voorste rij opstond, haar handen in haar zij, haar bovenlichaam naar voren hellend, en me met onvervalst, plat IJmuidens accent vroeg: 'Wat is er mis met IJmuiden? Ík heb er me hele leven gewoond.'

Het was net een slechte mop: Loopt een vrouw door Numansdorp, komt ze een IJmuidenaar tegen.

Ik stamelde iets over allochtonen, achterstandswijken, onbegrip, maar de vrouw wilde méér. Ze wilde mij van mijn ongelijk overtuigen. En om dat te bereiken, kwam ze – uiteraard – na afloop van de lezing naar me toe voor een goed gesprek. 'Luister,' zei ze. Het accent knauwde in mijn oren, maakte onbedoeld allerlei emoties en herinneringen los. 'Het leg niet aan de IJmuijenaren. De regering had die buitenlanders gewoon niet bij elkaar motten zetten. Dat gaat allemaal samenklieken, daar komt niks tussen. En dan sta je als IJmuijenaar gek te kijken hoor, als je buurtje zo verandert.'

'Ja.' Ik kuchte wat, schoof mijn kopje heen en weer.

'En ik had niks tegen buitenlanders, hoor. Nog steeds niet. Ik had zelfs een Marokkaanse collega. Zó'n kerel. Niks mis mee. Zelfs een keertje bij wezen eten. En ik zeg tegen 'm, we eten gewoon zoals jullie dat gewend zijn, zeg ik. Jaha, gewoon op de grond zitten en met je handen eten, hè. Lachen, joh. Maar op het werk was ie heel gewoon, merkte helemaal niet dat ie buitenlands was. Zó'n kerel.'

Ik deed alsof ik het met haar eens was (buitenlanders zijn nu eenmaal pas aardig als je helemaal niet merkt dat ze uit het buitenland komen) en maakte me uit de voeten. Op de terugweg naar Amsterdam dacht ik na over de vrouw. Los van haar typische opmerkingen over haar collega ('Hij was Marokkaans, maar hij was echt heel aardig'), was het een vriendelijke, zelfs hartelijke vrouw. Had ik echt zo uitgesproken onvriendelijk over IJmuiden geschreven? Moest ik daar spijt van hebben? Nee, besloot ik. Zo belangrijk was IJmuiden nu eenmaal niet.

Maar zoals ik al zei, ik had het mis.

Een week daarna schreef een journalist van een middelgrote krant namelijk dat IJmuiden wel degelijk belangrijk was in het boek. Bovendien had ik het heel overdreven neergeschreven. Ten eerste was dat stadje helemaal niet onaardig. De rook van de Hoogovens was bijvoorbeeld niet grijs, zoals een personage in het boek beschreef, maar wit. Ja, dat zegt alles. En wilde de auteur bovendien suggereren dat Nederlanders dom waren? Asociaal en racistisch bovendien? Schande! Schande!

Ja maar, dacht ik hulpeloos, er staat toch IJmuiden? Er staat toch niet Nederland? Had ik het weer mis gehad? Misschien wel. Waarschijnlijk wel. Ik toog diezelfde dag nog naar de gewraakte stad, zelfs naar de wijk waar die paar hoofdstukken zich hadden afgespeeld. Even kijken hoe alles er tegenwoordig bij stond. Je weet immers maar nooit; je herinneringen kunnen je bedriegen. Met het artikel van de kritische journalist in mijn jaszak parkeerde ik mijn auto bij een van de flatgebouwen waar een deel van dat boek speelde, en waar ik een deel van mijn jeugd doorbracht. Ik stapte uit, artikel in gedachten en vastbesloten mijn geest open te houden: open voor alle nieuwe en frisse indrukken die deze stad op me zouden maken. Kijk, er was wat meer groen gekomen. Toch minder grauw dan je had gedacht, sprak ik mezelf streng toe. En het veldje voor de flat lag niet meer bezaaid met vuilnis. Vroeger gooiden de bewoners alles wat ze niet meer wilden hebben gewoon naar beneden. Of misschien had ik dat wel verzonnen. Je weet het niet, het zou best kunnen. En god, hoe onvriendelijk konden de mensen hier nou zijn? Ik liep al een kwartier rond en was nog niemand tegengekomen. Allemaal op hun werk natuurlijk. Harde werkers hoor, die IJmuidenaren. Met een vreemde mengeling van tevredenheid (de wereld is mooier dan ik die had kunnen bedenken) en irritatie (had die journalist toch gelijk gehad?) liep ik weer terug naar mijn auto. Toen ik vlakbij gekomen was, ging mijn telefoon. Ik reikte naar mijn tas, toen iemand me iets toeriep. Het was een jongen, zestien, zeventien jaar. Hij stond op een balkon van een huis op de eerste verdieping. Hij was lang en had een puisterig gezicht. Hij had zich verveeld, denk ik, en zocht een manier om die verveling te verdrijven. 'Hé,' riep hij weer. 'Hé,' echode ik. Toen drukte ik op de groene knop van mijn telefoon en nam daarmee het gesprek aan. De jongen riep nog iets wat ik niet hoorde, omdat ik naar de stem aan de telefoon luisterde. Ik stond inmiddels vlak bij hem, omdat mijn auto voor zijn balkon geparkeerd stond. Toen riep hij, van boven naar beneden, zo hard en kwaad dat ik hem wel móest horen: 'Ik vraag je wat!' Ik keek naar hem op. Dat had ik niet moeten doen. 'Arrogante hoer!' Verbaasd liet ik mijn telefoon zakken. 'Wát zeg je tegen me?'

'Je bent een kankerhoer! Een vieze vuile kankerkuthoer ben je.'

Zomaar. Ik liep daar en dat stond hem niet aan. Dus ik was een hoer. Het kan verkeren.

Ik zou willen vertellen dat ik me uiteraard niet zo heb laten beledigen en met een enorm lenige kattensprong op zijn balkon ben geklommen om zijn puisterige hoofd klem tussen de spijlen van het balkon te duwen. Zijn moeder zou thuiskomen om hem zo te vinden, hulpeloos overgeleverd aan de wind en regen en spottende lach van voorbijgangers en buren. Ze zou de brandweer moeten bellen, die hem alleen met grof geweld en een cirkelzaag los kon krijgen.

Maar dat is natuurlijk niet gebeurd.

Ik heb mijn middelvinger opgestoken – dat nog wel – en ben in mijn auto gestapt en weggereden. Weg uit IJmuiden, terug naar de beschaafde wereld. Ze kunnen me nog meer vertellen, dacht ik dapper, een held in mijn gedachten, maar het is gewoon een kutstad.

Mensje van Keulen

Spooknaam

Ik maakte deel uit van een geding, maar wat was er nu helemaal in het geding? Mijn naam, drie woorden op de kandidatenlijst voor de Partij voor de Dieren, en die mochten er van de Kiesraad niet op, althans niet alle drie.

Voor de eerste keer in mijn leven werd ik, in een zaal van de Raad van State, hardop aangesproken met 'Mevrouw Van der Steen'.

De secretaris-directeur van de Kiesraad deed dit met niet al te veel nadruk, maar de vertegenwoordiger van het Hoofdstembureau Den Haag liet het 'Van der Steen' meerdere malen klinken alsof hij het me eens flink wilde inpeperen.

Het was mooi geweest dat ik in 1966 van de wet mocht kiezen voor de achternaam van mijn echtgenoot, maar wat had ik er hier, in het tot in de uithoeken perfect geschilderde gebouw aan de Kneuterdijk, nog aan?

Tweeënhalf jaar geleden, bij de verkiezing voor het Europees Parlement, was het Maarten 't Hart die, omdat hij niet over een paspoort beschikte, niet op de lijst mocht staan. Zijn voorstel persoonlijk bij de Kiesraad langs te komen om te bewijzen dat hij bestond, mocht niet baten. In het programma *NOVA* werd hem door interviewer Jeroen Pauw dan ook met een knipoog gevraagd: 'Bent u het wel?'

Deze keer had de Kiesraad een negatief advies over mijn naam naar de kiesdistricten doen uitgaan, omdat bleek dat ik een nieuwe partner had. Waarom mocht de naam 'Van Keulen' dan ruim een jaar na mijn partnerregistratie wel op de lijst voor het Europees Parlement? Dit was een van de argumenten van Marianne Thieme, partijvoorzitter van de Partij voor de Dieren en juriste, in haar pleidooi om de naam ook voor de kieslijst voor de komende verkiezingen te behouden.

In plaats van toe te geven dat mijn paspoort destijds een geldig identiteitsdocument was, riep de reactie van de tegenpartij een sfeer op alsof mevrouw Van der Steen gesjoemeld had. Een en ander werd nog verwarrender toen de voorzitter van de Raad van State me, alvorens me het woord te geven, aansprak met 'Mevrouw Francina', mijn tweede voornaam.

Ik verwachtte niet dat er erg veel kans bestond met succes aan de artikelen van de Kieswet te tornen, maar er was reden genoeg om het te proberen. Bovendien was mij nooit verteld dat ik mijn naam zou kunnen kwijtraken en de keuze van destijds dus een privilege van niks betekende.

En zo stond ik daar met mijn verklaring dat ik mijn naam nooit als een pseudoniem had beschouwd. Dat mijn zoon Van Keulen heette en dat de naam niet alleen al veertig jaar op mijn voordeur stond, maar ook op mijn bankafschriften, pasjes, lidmaatschappen, abonnementen, mijn post, mijn boeken. Dat ik het zou betreuren wanneer mijn hoedanigheid als schrijver, gekoppeld aan mijn lijstduwerschap, zomaar zou worden weggegumd.

De vertegenwoordiger van de tegenpartij viste er een paar woorden uit: 'Pasjes? Een of ander abonnement?' Hij vond dat mevrouw Van der Steen het te bont maakte en zei smalend: 'Iedereen kan wel op zo'n lijst gaan staan met een spooknaam.'

Spooknaam? Wat een merkwaardig woord. Het voelde nu niet alleen of het bestaan van mijn naam werd ontkend, maar of ik al verscheiden was.

Zodra dit onderdeel van de zitting was afgelopen, verdween de vertegenwoordiger schielijk. De secretaris-directeur van de Kiesraad moest nog even blijven. Er diende nog een beroep tegen het kiesdistrict Maastricht. Kunstenares en lijstduwer Gerti Bierenbroodspot mocht daar namelijk niet op de kandidatenlijst, omdat haar handtekening niet goed gelijkend was bevonden.

What's in a name, dacht ik, toen de voorzitter van de Raad van State mevrouw Thieme en mevrouw Francina gedag zei. Gerard van het Reve had ten tijde van mijn debuut eens opgemerkt dat hij dacht dat mijn naam de titel was. Hij had aardig gelijk gekregen.

Geerten Meijsing

Vallen en opstaan

Een auteur is ongeveer het tegendeel van een acteur. Vandaar de verwarring zodra Arthur Japin een van zijn eigen teksten begint voor te lezen. In mijn tijd waren schrijvers en dichters mompelende autisten, bij uitstek ongeschikt om een tekst tot klinken te brengen. Dat maakte deel uit van hun wereldvreemde charme. Waarom ze wereldvreemd waren was eenvoudig omdat het kunstenaars waren. Ze leefden in een eigen, hermetische wereld, die van de kunst en van onpeilbaar diepe gedachten. De mensen kwamen aapjes kijken, en het publiek moest over een grote dosis goodwill beschikken om een dichters- of schrijversavond uit te zitten. In het beste geval kwamen ze thuis met een handtekening in hun boek of bundel. In het beste geval kwamen de schrijvers ervanaf, behalve met het geringe honorarium waarvoor ze het deden en waarmee ze de volgende dag boodschappen konden gaan doen, met een uitnodiging mee naar een café te gaan, of met een bewonderaarster die ze wel naar huis wilde nemen omdat de laatste trein reeds vertrokken was. Ook binnen Nederland zijn de afstanden voor de schrijvende klassen groot, honkvast als ze zijn in hun eigen bedompte werkkamer. Kees Ouwens of Robert Loesberg moest je daar liever niet uit lokken. Beiden zijn dood. Raam open of dicht. Zo min mogelijk de deur uit. De landschappen van de wereld gereduceerd tot het vertrouwde landschap van hun werktafel. De verten, de diepte en de hoogte zaten in hun hoofd. En wat er uit hun hoofd kwam, werd op papier verspreid, in zeer beperkte oplagen.

Nu ik dit opschrijf, lijkt het of ik over een tijdperk van uitgestorven diersoorten spreek. Uit dat tijdperk zijn nog enige dinosaurussen over die uitzondering op de regel vormen. G.K. van het Reve (nee, die is dood) en Jan Wolkers konden kanselen dat het klonk. Johnny the Selfkicker (ook dood) kon beter orgelen dan dichten. Daar is misschien nog Gerrit Komrij over, in poëzie – want God beware ons als hij uit een zijner romans zou voordragen. Heb ik misschien de Maximalen overgeslagen? Graag.

Zo dacht ik vroeger altijd dat men het lezen van fragmenten uit mijn boeken beter aan acteurs kon overlaten. Tót ik een keer, in Deventer, een zaal tot tranen toe bewoog met het slothoofdstuk van *Altijd de vrouw*. Inmiddels waren de tijden veranderd, inmiddels was ik zelf veranderd. Mijn enige leerschool in voordracht was Joop Admiraal (dood) die op de baanbrekende plaat *Shaffy Chantant* 'gedichten doet' van Hans Lodeizen, zoals Loesje Hamel hem presenteerde in het gelijknamige programma. Loesje Hamel is dood, maar Ramses schijnt nog te leven, op een of andere manier. Op de middelbare school kon ik die fluisterstem van Joop Admiraal goed nadoen. Dat was toen een geheel nieuwe manier van voordracht.

Podiumoptredens hebben altijd iets gehad van de grand guignol, zoals in zuivere vorm opgevoerd in *Le grand Meaulnes* van de verderfelijke Alain-Fournier. De schrijver of de dichter is een clown, zo weten we eens te meer van Komrij, en clowns maken het circuspubliek aan het lachen met hun eigen ongeluk. Popov, de figuur uit het boek van Heinrich Böll, Buster Keaton – ik hoef u dat niet uit te leggen. Élk podiumoptreden riekt naar het circus en de grand guignol. Daarom hebben de cabaretiers onder de schrijvers ook het meeste succes, op het podium. Vroeger Godfried Bomans, ik noemde al Johnny the Selfkicker, wiens teksten in een bundel lang niet zo'n effect hadden; een tijdje terug hadden we het duo Piano en

Gitaar. Jules Deelder is van alle tijden, op het podium; daarbuiten is het niet veel. Niet zo lang geleden werd de Alkmaarse Bril regelmatig met het Utrechtse Brilletje geprogrammeerd, soms ook vergezeld, meen ik, van een Modern-Ouderwetse Bril uit Antwerpen. De mensen die naar zo'n optreden gingen moesten zich wel dodelijk vervelen in hun huizen of cafés. De enige ware cabaretiers onder de schrijvers van nu zijn Henkes & Bindervoet, maar daar moet je weer geen dichtbundels, boeken of vertalingen van proberen te lezen.

Kortom, de literatuur heeft in het tijdperk van de Moderne Geschiedenis helemaal niets met podium of voorlezen te maken. Vanaf het begin van de negentiende eeuw, waarin Leopardi vanuit het publiek opgelucht riep: 'Land in zicht!', toen de spreker aan zijn laatste blaadje toe was gekomen, via Flaubert, die zijn vrienden bijna doodmartelde met de ononderbroken voordracht van de *Tentation de Saint-Antoine*, tot aan de poëziefestivals die op heden worden gehouden onder tentdoek op drassig terrein met rondzingende microfoons en freaks die in alle onverstaanbare talen van de wereld zo nodig gebottelde lucht moeten prijsgeven, het is en blijft een ongelukkige combinatie. Mensen die naar een zaal met podium of piste komen, willen en masse geamuseerd worden, allemaal samen tegelijk, zoals ook de gevoelens tegenwoordig slechts collectief aan het licht komen. Wat dichters of schrijvers doen, tegenwoordig, in eenzaamheid gewrocht, is bedoeld om in bundel of boek terecht te komen en evenzeer in intimiteit en eenzaamheid geconsumeerd te worden. Ooit getweeën een boek gelezen? Ja, met een groepje vriendinnen allemaal thuis hetzelfde boek lezen (of de recensies daarover) en dan vervolgens bij een wijntje en een kaasje erover komen praten: dat is tegenwoordig het meest geldige excuus om even van thuis weg te komen en 'onder vrouwen' te zijn. Waarover ze vervolgens praten en hoeveel ze drinken en tegen hun dieet zondigen, hoeft verder niemand te weten. Daar moet helemaal geen schrijver bij komen. Heb me nog nooit zo gegeneerd als toen ik per ongeluk in zo'n eetclub terechtkwam, enige man tussen twaalf semigeletterde vrouwspersonen van zekere leeftijd.

Wat het onzinnige van lezen uit eigen werk voor publiek betreft, maak ik een uitzondering voor kinderen, invaliden & andere zieken, blinden en bejaarden.

Mijn eerste podiumervaring in Nederland – ook hier moet ik een onderscheid maken, want in België gaat het heel anders toe: daar heeft men respect voor de schrijver en word ik op handen gedragen – is beschreven in het derde hoofdstuk van het eerste deel van mijn roman *De grachtengordel*. Het is geschiedenis. We schrijven 1983.

In Kannen en Kruiken

Meijsing was met zijn bestofte auto over de Alpen naar het Noorden gekomen, nieuwsgierig om de vakbroeders van zijn generatie voor het eerst in levenden lijve te aanschouwen. De anderen waren, ieder op eigen houtje, uit de hoofdstad komen afzakken, om elkaar te ontmoeten op het terras van een aftands hotel dat met de morsige achtergevel op de Nederlandse provincie uitkeek, maar waarvan de opgeverfde ingang op Belgisch grondgebied lag.

De uitgever, gestoken in lichtgeel kostuum, hardgele stropdas en zachtgele schoenen, gaf als verklaring voor deze excentrische keuze dat alle hotels in de binnenstad van Maastricht volgeboekt waren vanwege een tandartsencongres – een dunne leugen, zoals Meijsing later ontdekte, omdat helemaal uit Groningen verreisde fans nog later die nacht gemakkelijk accommodatie hadden gevonden aan het Vrijthof. De werkelijke reden was dat in de calculatie de auteurs altijd een sluitpost vormen waarop zoveel mogelijk bezuinigd moet worden. Koolbergen stond in het grind verankerd op de uitkijk, onverschillig voor de gasten die reeds gearriveerd waren, speurend naar de laatkomers, als een jeugdige schoolmeester die bezorgd is om zijn klasje uitgelaten kinderen bij elkaar te krijgen in de bus.

'We gaan allemaal op eigen gelegenheid, nee, wacht nog even tot iedereen heeft kennisgemaakt, ons installeren kunnen we later nog, maar laten we zoveel mogelijk met elkaar meerijden, in zo weinig mogelijk auto's bedoel ik; niet iedereen heeft eigen vervoer, wie is er met de auto?'

Meijsing kwam net uit de zijne gestapt en leunde nog vermoeid tegen het spatbord toen hij aanstonds dodelijk werd beledigd door de man die als voorzitter van het forum zou optreden: 'Je denkt toch niet dat ik in dat overjarige, opgeverfde strijkijzer ga zitten?'

De gedistingeerde lady speaker behoorde tot een oudere generatie: Adriaan van Dis droeg knalrode sokken in Timberland-mocassins, en een geruit katoenen Bommel-jasje op een linnen broek – vrijetijdskleding; zijn haar was zilverblond gefriseerd, zijn mond vertrokken in een kiespijngrimas, en hij liet zich chaperonneren door een strenge, magere jongejuffrouw van een deftig uitgevershuis.

'Nee nee, jij rijdt natuurlijk met mij mee – ik heb hier de leiding en daar hebben we ons aan te houden – maar we moeten opschieten, anders missen we de receptie.' Zelf had de jonge uitgever zich laten vergezellen door zekere Bas Heijne, een soort schandknaap van weer een jongere generatie, een jongen die zijn babyvet nooit meer zou kwijtraken, waardoorheen evenwel een brandende ambitie gloeide; uit zijn begerige *smirk* sprak de monomane boodschap dat hij het ver zou brengen.

Tot Meijsings teleurstelling ging iedereén van een mannelijke of vrouwelijke partner vergezeld, en onderhielden deze paren of stelletjes zich voornamelijk met elkaar, zodat er van de langverwachte confrontatie tussen gelijkgestemde geesten niet veel terechtkwam. Als verliefden op een georganiseerde reis wilden de koppels zich het liefst afzonderen, en spraken ze over dezelfde huis-, tuin- en relatieproblemen als altijd, in plaats van dat de schrijvers hun gedachten aan elkaar voorlegden over het werk, of het onzinnige thema van die avond. Het viel Meijsing op dat elke schrijver afzonderlijk nog wel een bijzondere kracht of gekte uitdroeg, maar dat ze in het veilige gezelschap van hun vriend of wederhelft tot de gewoonste mensen gereduceerd werden.

Neem nu eens Kester Freriks – een kalende man met kaarsrechte rug en hoekige gebaren die een oud toneelmasker over zijn jeugdig gelaat getrokken leek te hebben. Met een enthousiaste mengeling van branie en bewondering begroette hij Meijsing en begon over diens laatste boek, tot hij in het gareel werd gebracht door een opgeruimd verpleegsterstype met kort haar en grote bril, die het gesprek resoluut in andere banen leidde: 'Hoe is het nou om in Italië te wonen?'

Freriks viel stil, en mimede een onhandig en berustend excuus. Hij leek verdoofd door medicijnen en keek hulpeloos om zich heen hoe hij naar een andere kant kon ontsnappen. Maar waar hij ook ging – nu in de richting van Oek de Jong –, hij werd spoedig ingehaald door zijn verzorgster. Meijsing had nog nooit een letter van hem gelezen – volgens Graftdijk was Freriks' proza van een zijige geslachtsloosheid –, wist dat hij met een flinterdun boekje een debutantenprijs had gewonnen, en kende zijn naam uit de krant van toneelrecensies, een veeg teken, omdat volgens Meijsing niets zo vijandig aan de literatuur en de goede smaak was als het moderne Nederlandse toneel.

De Jong was op dat moment de beroemdste van het gezelschap, en verzamelde bijgevolg de meeste mensen om zich heen. Hij had niet een maar twee vriendinnen meegenomen, alsof hij dat aan zijn status verplicht was, vrouwen van een onduidelijke leeftijd die het eerder met elkaar dan met de goeroe leken te houden. Want De Jong, die net als Freriks vroegkalend was, al leek dat bij hem geen masker maar eerder de ware uitdrukking van een versnelde ontwikkeling, had met zijn tweede boek onmiddellijk de status van goeroe bereikt en kon geen kwaad meer doen bij kritiek of publiek. Zijn laatste titel ging als Gods woord in de gemeente; zijn wijsheden trokken op het oosten. Wederom net als Freriks kwam hij uit de privéstal van de Leider van NRC *Handelsblad*, die er naast zijn wekelijkse Boekenbijlage ook nog een *Hollands Maandblad* op na hield, waarover hij aan niemand verantwoording verschuldigd was. De scribenten die in dit periodiek werden binnengehaald, konden doorgaans meteen worden doorgevoerd naar het voor Amsterdam eigenlijk te deftige uitgevershuis, en wisten zich verzekerd van een continue *up-writing* in de kolommen van NRC *Handelsblad*. Het sympathieke van De Jongs overigens onverklaarbare succes was voor Meijsing gelegen in de zwarte DS Pallas die door het tweede hoofdstuk van dat boek reed. De Jongs zweverige filosofie, die evenwel rechtstreeks van de geestgronden kwam, hing als een tegelijk te groot en onzichtbaar kostuum om hem heen: zoals altijd in de aanwezigheid van grote geesten, stond je bij hem verbaasd dat hij 'zo gewoon' was. In de strenge stijlleer van K.L. Poll had hij voor een nieuwe figuur gezorgd: maar net als Tante Betjes konden Ome Oeks beter vermeden worden.

Het meest benieuwd was Meijsing naar de figuur van Adri van der Heijden, die in hetzelfde jaar en in dezelfde stad als hij geboren was: in de kinderwagens moesten ze elkaar op straat gekruist zijn. Een verdere overeenkomst was dat ze beiden onder pseudoniem hadden gepubliceerd en dat, terwijl Meijsing werkelijk in Italië woonde,

Van der Heijden zich een Italiaanse naam en allure had aangemeten, waar de informatie van Graftdijk, die zelf bij het Trasimeense Meer woonde, weinig van heel had gelaten.

'Laat me niet lachen – op het Isola Maggiore zou hij zijn boeken geschreven hebben? Daar is alleen een restaurant, Da Sauro, een zondagsuitje voor de Perugianen. Ik kom daar zelf al jaren met het lijnbootje maar ik heb er nog nooit iemand iets anders dan een ansichtkaart zien schrijven!'

De adjudant van Meijsings uitgeverij, Martin Ros, ging van verontwaardiging sissen als het Italiaanse pseudoniem ter sprake kwam: 'Nee toch, díe! Die komt gewoon uit een Brabantse broodjeswinkel. Hij bakt ze wel bruin, onverteerbaar!'

Brabants mocht Van der Heijden van afkomst zijn – de Spaanse variant met donker krullend haar en lichtblauwe ogen –, zijn literaire stijl was barok en floreaal, en daarmee voelde Meijsing zich verwant. Niet zozeer met instemming als met plezier had hij de twee boeken van het Italiaanse pseudoniem gelezen – en waarom zou je anders lezen? –, een gemoedsgesteldheid die bij hem nog nooit eerder was opgewekt in de vaderlandse literatuur.

Terwijl Van der Heijdens vriendin de verlegenheid tussen beide rivalen met een overvloed aan vriendelijke woorden probeerde te verzachten, nam Meijsing zijn concurrent scherp op: de zachte zinnelijkheid van diens trekken werd weersproken door een wilskrachtige, heerszuchtige neus en door emotieloze, alziende ogen. Als de onbewogen spin in een flamboyant web van bewogen vormen en motieven, leek zijn karakter een aangemeten koelheid en berekende onpartijdigheid te bezitten, die in tegenspraak was met de grillige uitwerking van dat karakter in zijn van zichzelf afgeleide romanpersonages. Of was het zo dat hij, als een Talleyrand van de kunst, de leegheid en nietszeggendheid van zijn wezen zorgvuldig wist te verbergen onder een olympisch air, en dat niets spontaans en natuurlijks aan hem te vinden was, als bij een operazanger die zich voor de spiegel van de wereld evenzeer als voor die van zijn kleedkamer weet te beheersen?

In kleding bleef Van der Heijden nog de vertraagde student: imitatieleren jackie, strakke te korte broek met een dikke portemonnee uit de achterzak stekend, en de dievenschoenen (Adidas, Nike) waarop alle jongeren zich in Amsterdam onhoorbaar voortbewogen, of het nu was om snel uit de voeten te kunnen voor een willekeurige misdaad uit verveling, of om te vluchten als je zelf het slachtoffer dreigde te worden van een dergelijke overval.

De enige schrijver die geen gezelschap mee had genomen en die nu door Van der Heijden aan Meijsing werd voorgesteld, was de eenzame figuur van Frans Kellendonk, een magere, mooi gebouwde man met regelmatige, ascetische trekken, die zijn blik ontweek en op zijn vragen inging met een kwetsbare eenvoud en directheid. Meijsing kende hem als een solide vertaler en kenner van de klassieke Engelse literatuur, een hard werkende figuur zonder poespas of pretenties, wiens oorspronkelijk werk hij evenwel altijd vermeden had omdat het door de academische kritiek unaniem werd aangeprezen als het zuiverste voorbeeld van *Revisor*-proza, een bloedeloze aangelegenheid waarin voor stijl of toon geen plaats was.

Toch voerde Kellendonk in zijn persoonlijke verschijning wel degelijk een smaakvolle stijl: hij bezat gratie en was erudiet, zonder met deze bevalligheden te koop te lopen. Integendeel, hij hield ze verborgen onder een vormelijke gereserveerdheid, alsof hij zich voor zijn aanwezigheid excuseerde en zich liefst onzichtbaar wilde maken. Kellendonk gaf je het idee dat hij niet dezelfde aarde trad, lijfelijk afwezig was en zowel in lichaam als geest slechts met tegenzin uit de kerkers van zijn werklust en overige geheime verlangens was getreden.

Dit waren zijn generatiegenoten zoals Meijsing ze aantrof, verspreid en toch een groep, voor het hotel In Kannen en Kruiken. Hij had nooit aan het literaire leven deelgenomen, jarenlang in afzondering in Italië gewoond: dit zou zijn eerste optreden worden. Van nature, uit gewoonte en door eigen keuze was hij een einzelgänger, ten prooi aan een onverzadigbare en onuitputtelijke hunkering naar het gezelschap van verwante geesten.

Maar zo gemakkelijk vond hij geen aansluiting. Zijn trots verbood hem de eerste stap te zetten. Die anderen woonden allemaal in Amsterdam, kwamen elkaar op straat of in de kroeg tegen, hadden het nooit aflatende gespreksonderwerp van het literaire leven binnen de grachtengordel met elkaar gemeen. Ze zaten bij dezelfde uitgeverijen (De Jong en Freriks bij het deftige uitgevershuis, Kellendonk en Van der Heijden bij het oer-Nederlandse en oerdegelijke Querido), publiceerden in dezelfde tijdschriften (*Hollands Maandblad* en *De Revisor*) of werkten voor dezelfde krant (voor Kellendonk, De Jong en Freriks stonden altijd de kolommen van NRC *Handelsblad* open – alleen Van der Heijden onthield zich, net als Meijsing, van elke vorm van journalistiek).

Volgens Meijsing was de schrijver een hyperindividueel en antisociaal wezen, en wat verschillende van zulke exemplaren in een groep verbond, waren meestal niet hun interessantste of meest opvallende eigenschappen. Alleen al in kleding was hij een vreemde eend in de bijt: in het gezelschap van zijn lotgenoten voelde hij zich, in zijn Italiaanse merkkostuum, enigszins *overdressed*. (Ofschoon hij in zijn armoede voor de anderen beslist niet onderdeed, zetten zijn verzorgde verschijning en zijn aandacht voor uiterlijkheden de mensen altijd op het verkeerde been: iemand die in een grote antieke auto met lederen bekleding kwam voorrijden uit Toscane en nooit over geld praatte, kon niet onbemiddeld zijn en wekte vijandschap op in Nederland, waar onder intellectuelen een sjofele terreur van de armoede heerste.) Daarbij miste hij de nonchalante sociale vaardigheden om de sympathie van zijn gesprekspartners te winnen – als hij daar al naar dong. Zijn eerste woorden leken bij ieder afzonderlijk verkeerd te vallen. Misschien was Freriks wel stilgevallen omdat hij tegen hem had opgemerkt dat hij diens naam uit de krant kende.

'Dat gezeur moet ik altijd horen. Ik schrijf in de eerste plaats boeken – waarom zou je dan niet voor de NRC mogen werken?'

De Jong was zo verbaasd geweest dat hij voor woede geen tijd had toen Meijsing hem gevraagd had: 'Je begaat toch niet de gebruikelijke vergissing in je eigen succes te geloven – er moet een triviale verklaring voor zijn, al gaat het mijn verstand te boven.'

'Hoezo? Vond jij het dan niet goed?'

Van der Heijden was sprakeloos gebleven toen hij hem de hand schudde met de woorden: 'Zo – jij bent dus die nep-Italiaan?' Hij zei sowieso niet veel en liet het aan zijn vriendin over om bits te repliceren: 'Jij hebt toch niet het alleenrecht op Italië?'

Zo reed Meijsing, even alleen als hij gekomen was, naar de receptie die in samenwerking met een plaatselijke boekwinkel was georganiseerd, voor het grote debat zou beginnen. Van der Heijden, die van het openbaar vervoer afhankelijk was, had geweigerd bij Meijsing in de auto te stappen, nadat hij eveneens een slok uit de zakflacon van Meijsing had geweigerd: 'Ik rijd nooit met iemand mee die gedronken heeft – ik houd trouwens helemaal niet van auto's; voor mij bestaat er maar één merk auto – de taxi.'

Freriks werd daarentegen wel aangetrokken door de heupflacon. (In Kannen en Kruiken deed zijn naam geen eer aan, want er was geen functionerende bar; er was helemaal geen personeel aanwezig, omdat het slechts de dependance van een elders florerend hotel bleek te zijn. De jonge uitgever moest, als een welzijnswerker voor jeugdige delinquenten, voor het afsluiten zorg dragen en sprak en passant schaamteloos de hoop uit dat iedereen zijn eigen handdoek had meegenomen.) Hij schoot op Meijsing toe als een jachthond die wild heeft geroken, maar voor hij in de DS kon stappen, werd hij teruggeroepen door de onverbiddelijke verzorgster en liet hij zich willoos als een zieke oude man meevoeren in een frisse, lichtblauw gelakte Kadett.

Tegen de tijd dat de groep, in de verschillende auto's als een begrafenisstoet bijeengehouden door de jonge uitgever, bij de boekwinkel arriveerde, was de receptie afgelopen. Of liever: de mensen waren nog wel aanwezig, allemaal vrienden, relaties en cliënten van het middenstandsbedrijf dat slechts een heel klein hoekje van de etalage had vrijgemaakt voor het te presenteren boek, maar van het in het vooruitzicht gestelde koud buffet was niets meer over. De feestgangers wierpen ongemakkelijke blikken naar de binnenkomers, alsof het vreemde wezens waren die hen kwamen storen in hun samenzijn.

'Ik ben maar wat vroeger begonnen,' verontschuldigde zich de boekhandelaar zonder zich voor te stellen of een hand te schudden; 'Willen jullie nog wat drinken?' Met veel moeite wist hij een paar flesjes lauw bier en frisdrank aan te slepen. 'Glazen zijn er niet meer, maar het gaat zo ook wel toch?'

Om de honger van zijn gasten te stillen, die van ver waren komen reizen, nauwelijks de kans hadden gekregen zich op te frissen, nog niets gegeten hadden en nog een lange avond te gaan hadden voor publiek, ging de jonge uitgever ertoe over aan de vijf de in het geheim aangemaakte bibliofiele editie van het boek uit te reiken, een plechtigheid die door de rest van het gezelschap niet werd opgemerkt; hij was zelf, zodra hij zijn handen vrij had, de enige die applaudisseerde. De schrijvers beoordeelden het lettertype, klapten het boek open om te zien of het goed gebonden was, roken aan het papier en voelden tussen duim en wijsvinger de papiersoort, keken angstvallig in welke volgorde (alfabetisch gelukkig) de verschillende auteurs waren opgenomen en lazen verveeld hun eigen levensbeschrijving door om te ontdekken of er een drukfout of andere oneffenheid in voorkwam, om het boek daarna naast zich neer te leggen en de handen vrij te houden voor een hachelijke voedselvergaring ter elfder ure. (De volgende ochtend werd het kostbare exemplaar van Kellendonk verregend teruggevonden op een bankje op de patio, waar hij het was vergeten.)

Door de als lichtelijk vijandig gevoelde veronachtzaming van de omstanders bleef de groep, in afwachting van het optreden, opvallend bijeen, schande sprekend van de minne ontvangst. Freriks liet zich van zijn beste kant zien – hij kreeg iets opstandigs zodra hij onder de mensen kwam en er mooie vrouwen in de buurt waren. Als de boezemvriend van Comte d'Ory, Rimbaud, stak hij zijn neus in de lucht en ging op onderzoek uit:

Dans mon âme indécise,
Certain goût d'entreprise
Que l'exemple autorise
Vient m'éveiller aussi.

De winkel door, de binnenplaats over, via een keukentje en een kantoortje waar de 44%-boekhouding werd gedaan, leidde hij de weg, trap af, naar een onder het winkelpand gelegen gewelf.

Marchant à l'aventure
Sous une voûte obscure,
J'entrevois l'ouverture
D'un affreux souterrain.

Achter manshoge stellages met winkeldochters en stapels slordig volgepropte dozen met exemplaren die aan het Centraal Boekhuis geretourneerd zouden worden, vond hij zonder aarzeling de schat van deze kelder in een kennelijk zorgvuldig gekoesterde wijnvoorraad, waarvan de jaargangen heel wat langer bewaard waren gebleven dan die van de op grotere duurzaamheid aangemaakte boeken een verdieping hoger.

> *J'hésite... o trouble extrême!*
> *O doux péril que j'aime!*
> *Et seul avec moi-même,*
> *Contre tant d'ennemis,*
> *Au hasard je m'élance.*
> *Sans compter je commence,*
> *J'attaque avec vaillance*
> *A la fois vingt pays.*

Met stijgend enthousiasme trok Freriks de kostbare flessen één voor één uit de rekken, probeerde, nadat hij ze met zijn mouw had afgeveegd, bij het licht van Meijsings aansteker de nobele etiketten te ontcijferen, en reikte fles na fles uit aan de broeders die hem gevolgd waren.

De opkomst in de schouwburg die avond was onverwacht zo groot dat niet alleen de zaal tot de nok toe gevuld was, maar ook de gangen, hall en foyer vol belangstellenden stonden die niet aan de discussie konden deelnemen maar haar wel konden volgen op videoschermen. Of misschien had de vooruitziende jonge uitgever juist verwacht dat er in het uiterste zuiden van Nederland veel belangstelling voor het hiernamaals zou zijn. Op het fel verlichte podium was in de lengte een lange tafel geplaatst, waaraan de vijf deelnemers, ieder achter een eigen microfoon van zwaar, oproerbestendig model, plaatsnamen. Over de tafel lag een soort altaarkleed, zodat hun schenen en sokken aan het gezicht onttrokken waren. De presentator, voor wie aan de korte kant een draaibare fauteuil gereserveerd was, bleef met zijn rode anklets in volle glorie zichtbaar. De jonge uitgever hield zich met regieaanwijzingen in de coulissen op. De schrijvers konden tegen de schijnwerpers in niets buiten hun onmiddellijke omgeving zien, en leken zich alleen van hun eigen en elkaars aanwezigheid bewust, zich niet realiserend dat hun inmiddels wat intiemere conversatie, kuchjes en oprispingen, versterkt door een batterij een popgroep waardig, tot in de verste uithoeken van het gebouw opgeblazen werden. Ze zaten te kijk voor een publiek dat was toegestroomd om naar de vleesgeworden namen te kijken, alsof door hun lijfelijke aanwezigheid het geheim van hun schriftuur ontraadseld zou worden.

Meijsing had het gevoel dat hij onder de hitte van een kunstmatige zon aan het strand stond van een zich in diepe duisternis voortrollende zee waarvan hij de alomtegenwoordigheid alleen kon voelen in de onrustige deining en kon ruiken in het zilt van verzameld zweet. De golven kwamen tot miraculeuze rust zodra de presentator zijn mond opendeed, maar zwollen aan tot een woedende branding als hij zelf begon te spreken.

Het achtergebleven publiek van afvallige gelovigen, dat nog niet de tijd had gehad (en in de toekomst ook helemaal niet van plan was) om de opstellen uit de bundel te lezen, had ongetwijfeld verwacht dat deze moderne auteurs zich snierend en godslasterlijk zouden uitlaten over zaken betreffende geloof, opperwezen en eeuwigheid, zodat er weer heel wat afgelachen kon worden (ze hadden toch entree betaald? Je gaat toch zeker uit om vermaakt te worden?), maar Freriks, de junior van het gezelschap, ging aanstonds in op de weldadige mystiek van het ware geloof. Daarmee ontnam hij de thematiek aan de bekeerling Kellendonk, die zich vervolgens uitputte in een verheerlijking van de schuldbekentenis, alsof hij veel op zijn geweten had dat moest worden vergeven voor hij het rijk der hemelen kon binnengaan. De Jong had daarentegen veel op zijn lever en begon als enige Hollandse ketter en scheurmaker een studentikoze boom op te zetten over de persoonlijke verantwoordelijkheid tegenover de schuldvraag, een oeverloos betoog dat ongeduldig onderbroken werd door Meijsing, die vond dat je waar voor je geld moest geven als je was ingehuurd, en liever dan in een onderonsje met elkaar te redekavelen en op de eeuwigheid te beknibbelen, het publiek het vuur na aan de schenen moest leggen door het bij de vraagstelling te betrekken. Nog helemaal ondergedompeld in de zwartromantische poëtica van Baudelaire, Borel en Barbey d'Aurevilly, hield hij de zaal de voordelen van het kwaad voor en zijn grotere efficiëntie voor de schoonheid van artistieke effecten.

'En de Holocaust dan?' riep iemand uit het donker. Grappen over God waren één ding, maar de traditionele verbinding van onheil met elegantie, de aantrekkingskracht van de duivel en de eeuwige verdoemenis, vielen de Maastrichtenaren zwaar op de maag. Lucifer mooier of in ieder geval interessanter dan Gabriël?

'Zijn aansteker doet het niet!'

'Praat voor jezelf, pijpemans!' schreeuwde een ander.

'Dat doe ik ook, in mijn boeken – die zoudt u kunnen lezen.'

'Dat ben ik helemaal niet van plan!'

'Laat 'm z'n bek houden!'

'Wat heeft-ie eigenlijk geschreven?'

'Wie is die gek?'

Beduusd deed Meijsing er het zwijgen toe. Hij had nooit kunnen denken dat zijn persoon, zonder dat hij er de minste moeite voor hoefde te doen en zoals hij later telkens weer zou wedervaren, op zo veel vijandige tegenstand kon rekenen. Terwijl de presentator onder aanzwellend geloei en gefluit nog eens grinnikend de in zijn inleiding al genoemde publicaties van Meijsing opsomde, keek deze geschrokken naar zijn disgenoten, en hij voelde dat zij het voor hem opnamen – gesterkt door de vintagewijnen, sloot hun kordon zich in sympathie om hem heen. Als hij nergens bij hoorde, dan was hij misschien toch meer verwant met deze schrijvers van zijn generatie dan met het boze publiek aan gene zijde. Van der Heijden, die tot dan toe enigmatisch zijn mond had gehouden, probeerde de gemoederen te sussen, en zei op kalme, sententieuze wijze: 'Goed of kwaad, wat maakt het uit, zolang er maar goede boeken geschreven worden.'

Dansen na: de contractanten konden nog niet huns weegs, maar moesten zich beschikbaar houden voor belangstellenden. Drie studenten uit Groningen zeulden een koffer vol stukgelezen exemplaren van Meijsings boeken het podium op. Terwijl de zaal leegliep, zette hij zestig keer gewillig zijn zinloze handtekening, dankbaar voor dit kleine eerbetoon – wat een gewicht gaven sommige lezers aan de literatuur, even zwaar als de haveloze koffer vol boeken waarmee ze nu weer, 'in opdracht van al onze vrienden', het trapje afdaalden, op zoek naar onderdak in de vreemde stad. ('Gaat er nog een trein terug?' hadden ze angstig aan Meijsing gevraagd, alsof die niet alleen hun wereldbeeld maar ook het spoorboekje had opgesteld.)

Achteraf probeerde De Jong zijn omgevallen boom weer op te richten met behulp van Meijsing, toen de jonge uitgever de beroemde schrijver gedienstig kwam vragen of hij zo goed wilde zijn zich liever met diens ouders te willen onderhouden en hun exemplaar van een speciale opdracht te voorzien. Meijsing zagen ze niet staan, al was hij eerder ooit tot aan de rand van hun privézwembad in Camaiore geduld.

Nadat ze de overgebleven flessen soldaat hadden gemaakt, probeerden Freriks en Meijsing later die nacht tegen de nadorst alvast enige druppels water uit de kraan van hun nachtverblijf in Kannen en Kruiken te persen, eerst bij Meijsing op de kamer, toen op de kamer van de ander, waar diens verzorgster waakzaam rechtop in bed zat. Daarna klopten ze bij Van der Heijden aan. Hun lotgenoot interesseerde zich maar matig voor het probleem, maar kwam toch zijn bed uit, en gedrieën, om de beurt en dan weer tegelijk, draaiden, wrongen, klopten en trokken ze aan de sleuteltap tot die afbrak en een waterval vrijliet die de kamer overstroomde en door de vloer tot in het bed van de daaronder geaccrediteerde Kellendonk terechtkwam. Nadat met hulp van buitenaf de watertoevoer voorgoed was afgesloten, moesten de bedden opnieuw verdeeld: Kellendonk hield het voor gezien en reisde meteen af per taxi; Van der Heijden bracht zijn vriendin onder bij de verzorgster van Freriks, en ging zelf in het dubbelbed bij De Jong slapen, Freriks bij Meijsing, allemaal jongens onder elkaar.

Omdat In Kannen en Kruiken geen ontbijtservice had, was door de organisatie een afscheidsbijeenkomst in een lunchroom van de Maastrichtse binnenstad beloofd. Toen de overblijvers zich daar na hun roerige nacht vervoegden, bleek er niets georganiseerd te zijn. De organisatoren waren zelf al vertrokken – de morgen die inmiddels in vandaag was overgegaan, was immers een gewone werkdag.

Schrijvers hebben geen gewone werkdagen. Ze werken eigenlijk niet. Ze hebben ook geen voedsel nodig, want ze leven van het woord dat komt uit de monding van hun pen.

*

Voor de goede orde moet ik vermelden dat bij die vermaarde bijeenkomst in Maastricht ook mijn beroemdere zuster Doeschka van de partij was. In de roman had ik haar weggelaten. Voor twee Meijsings is in één boek geen plaats, zo is later weer eens te meer gebleken.

Tijs Goldschmidt

De bijenchoreograaf

Tot de millenniumwisseling kon ik redelijk leven van de inkomsten die ik had uit royalty's en lezingen.

Een keer of vier, vijf per jaar werd ik gebeld om iets te komen voorlezen, soms zelfs vaker. Veel voorbereidingstijd was me meestal niet gegund. Vaak werd ik pas enkele dagen van tevoren gebeld. Ik zal om u een indruk te geven hoe dat in mijn geval ging, 'van je werk leven', een van de gesprekken met opdrachtgevers proberen te recapituleren:

De telefoon gaat en ik neem op: 'Met Tijs Goldschmidt.'

'De bioloog?' vraagt een mij onbekende stem.

'Als u dat zo wilt noemen.'

'Ah fijn, Oosterhuis, Rijkswaterstaat. Wij zitten met een probleem.'

'Vertelt u het maar, misschien kan ik u helpen.'

'Midas Dekkers is ziek.'

'Dat spijt me voor meneer Dekkers.'

'Ja, maar u begrijpt wel waar ik heen wil, het is al overmorgen.'

'Ik weet niet of ik op zo korte termijn... Midas Dekkers is gewend een gezelschap te vermaken... Ik weet helemaal niet of ik dat wel kan.'

'Nee, wij twijfelden daar eerlijk gezegd ook aan. U bent eigenlijk te serieus voor ons, maar we willen u toch graag uitproberen.'

U denkt misschien dat ik overdrijf, maar dat is niet het geval en het is dikwijls zo gegaan.

Wanneer ik aan het einde van het jaar in mijn agenda keek, kon ik precies zien wanneer Midas Dekkers ziek was geweest. Ik leefde van de ongesteldheden van Dekkers. Gelukkig voor hem had-ie nooit iets ernstigs – zelden kreeg ik twee lezingen achter elkaar.

Omstreeks de millenniumwisseling ging het mis, ik werd niet meer gebeld. Midas Dekkers maakte kennelijk een kerngezonde periode door. Ik overwoog weer aan een universiteit te gaan werken, of zelfs terug te keren naar Afrika, maar wilde eerst toch nog proberen of ik niet zou kunnen blijven schrijven als hoofdbezigheid.

Zo kwam het dat ik een beurs aanvroeg bij het onvolprezen Fonds van de Letteren, en die kreeg toegewezen. Het Fonds stelde me in staat rustig te werken aan een boek. Het hoefde geen chicklit te worden, of ander toegankelijk werk dat ook geschikt was voor hiphoppers met een taalachterstand. Dat er van de lezers enige inspanning zou worden gevraagd, sprak bijna vanzelf.

Een enkele keer ervaar ik het wel eens als lastig een subsidie te hebben ontvangen. Je bent op een feestje en er wordt gevraagd 'wat je doet'. Ik zei tot voor kort altijd dat ik schrijf. Op die mededeling volgt meestal de reactie: 'Kun je ervan leven?' Als je daarop antwoordt dat je 'ervóór' leeft, verdwijnt soms het meewarig glimlachen dat deze vraag steevast begeleidt.

Maar biecht je daarna eerlijk op: 'Ik heb een werkbeurs gekregen', dan wordt er weer gretig toegeslagen: 'Ik zou me doodschamen.'

Jaloersmakend is het antwoord dat ik mijn zwager eens hoorde geven toen hem naar zijn bezigheden werd gevraagd. Hij antwoordde, alsof het de gewoonste zaak van de wereld was: 'Ik ben koninginnenmaker.' Niemand zal het in zijn hoofd halen te vragen of hij daarvan leven kan, integendeel, mensen willen weten 'wat dat dan is?' En dan vertelt hij over zijn bijenonderzoek dat erop gericht is de kwaliteit van koninginnen te verbeteren en daarmee het functioneren van een bijenvolk. Een goede koningin laat het volk weten dat ze er is door voortdurend koninginnenstof te verspreiden. Sterft de koningin, of neemt de koninginnenmaker haar weg uit het volk, dan vinden er binnen enkele uren radicale veranderingen plaats. Een aantal larven wordt ineens veel royaler bedeeld met voedersap en drijft ten slotte slurpend in deze koninginnengelei. Hun cellen, de moerdoppen, worden door werksters *Königinfähig* gemaakt. Komt de eerste koningin uit, dan maakt ze het geluid dat imkers tuten noemen. De ongeboren koninginnen reageren daarop met een heel ander geluid, het kwaken. Komt er een tweede koningin uit, dan bevechten de koninginnen elkaar op leven en dood. De koninginnenmaker maakt daar gebruik van en stuurt het proces door koninginnen ofwel weg te nemen, ofwel koninginnengevechten te ensceneren. Mijn zwager is eigenlijk een organisator van een talentenjacht en strikt genomen geen koninginnenmaker.

Wanneer mij op een feestje weer eens wordt gevraagd wat ik doe, heb ik me voorgenomen te antwoorden: 'Ik ben bijenchoreograaf.' 'Dat klinkt bijzonder,' stel ik me voor te horen te krijgen, en dan begin ik over de bijenonderzoeker Karl von Frisch, die de taal van bijen heeft gedecodeerd. Een verkennersbij die een rijke nectarbron heeft ontdekt, zal na te hebben verzameld terugvliegen richting kast. Door rond te dansen in de kast en te trillen op de raten zal hij aan andere bijen weten duidelijk te maken in welke richting en op welke afstand die nectar te vinden is. 'Maar wat doet de bijenchoreograaf dan?' vraagt de feestganger die wil weten hoe je een bijenballet regisseert. Bijenchoreografie kan het niet stellen zonder een grondige voorbereiding in de traditie van Von Frisch. Je moet de rondedans, sikkeldans en kwispeldans kunnen herkennen. Je moet na het zien van een dans de boodschap die in de dans besloten ligt interpreteren en vervolgens op eigen kracht naar de nectarbron lopen. Een bijenchoreograaf moet eindeloos dansbewegingen natekenen om de taal te leren verstaan. En beheers je die taal eenmaal, dan kun je het proces gaan omkeren. Dan sturen de bijen jou niet langer naar de nectarbron, maar laat jij ze naar believen dansen, door op de juiste momenten, op de juiste plaatsen en in de juiste hoeveelheden bloembollen of zaden in de grond te stoppen. In de vroege lente regisseert hij het bloeien van krokussen, iets later bloeien zijn wilgen, sierappelsoorten, sneeuwbes en kamperfoelie.

Annejet van der Zijl

Circus Jetje

Woensdag 9 maart 2005

Vroeg op wegens boekenballogés, katterig vanwege datzelfde bal. Niet alleen omdat het daar laat werd, maar vooral door de uitgebreide evaluatie thuis onder de hanenbalken, in pyjama en met veel wijntjes. Eensgezind concluderen dat dit ons gezelligste bal ooit was – haast gemoedelijk qua sfeer. En zo verloren als eerdere jaren voelden we ons ook niet meer. Al blijft het natuurlijk wel de jaarlijkse literaire apenrots. Hoe mooier het plekje dat het CPNB je heeft toebedeeld, hoe meer aapjes staan te kijken en te bedenken dat zíj daar eigenlijk hadden moeten zitten.

Ondertussen loop ik me tussen de rondslingerende feestkleding, lege flessen en logeerbedden warm voor de aftrap van m'n lezingentournee, vanavond in Tilburg. Tussen de bedrijven door een haastig afscheid van J., die een week voor zijn werk naar Frankrijk gaat. 'Circus Jetje', zoals hij mijn uithuizige activiteiten noemt, is vanaf nu een onewomanshow.

Met het oog op filegevaar besluit ik al om vier uur weg te rijden met de onlangs speciaal voor dit doel aangeschafte auto, om precies te zijn een Panda met alle veiligheidsbevorderende gadgets die de dealer maar in huis had, waaronder maar liefst zes airbags. Dat laatste omdat ik behalve van een rijbewijs (gehaald in het rustige Friesland), ook in het bezit was van een diepgaande rijvrees (opgedaan in het immer hoffelijke Amsterdamse stadsverkeer). Inmiddels rij ik er nog wat onwennig, maar toch al reuzetrots in rond.

Naar Tilburg leer ik in ieder geval filerijden – het is al bijna zeven uur als ik door de dienstdoende interviewer als een (zijn woorden) 'verdwaald vogeltje' van een stadspleintje geplukt word. Vogeltje wordt gevoederd, zit om acht uur scherp op het podium, en kwettert er lustig op los. De Boekenweek 2005 is nu echt begonnen.

Donderdag 10 maart

Dat ik vannacht heelhuids thuisgekomen ben mag een wonder heten – en dat lag geenszins aan de Tilburgers of de ontvangst in boekhandel Gianotten. 's Avonds zo'n eind naar huis rijden blijkt toch iets anders dan een ritje maken op een mooie zondagmiddag met een man die voor je inparkeert. Vooral het vinden van een parkeerplaats rond middernacht in de oude binnenstad van Amsterdam is een ramp. Uiteindelijk draai ik 'm met bonzend hart achterin op een zelfs voor een Pandaatje onmogelijk smalle plek aan de Achterburgwal, angstwekkend dicht aan de waterkant. Me vastklampend aan de dakrails weet ik eruit te komen zonder zelf in de gracht te belanden, maar het duurt uren voor ik rustig genoeg ben om de slaap te vatten.

De volgende ochtend de agenda er maar eens bij gepakt om te zien hoeveel lezingen er de afgelopen maanden nu eigenlijk precies zijn binnengedruppeld. Ietwat ongelovig tel ik er zestien – en dat op slechts twaalf dagen. Goddank hoef ik vanavond niet alleen. Als vriendin M. die middag aan komt fietsen om me te vergezellen naar een boekhandel in Rotterdam-Overschie sta ik al met het autosleuteltje te wapperen. Leren rijden doe ik voorlopig wel búiten de Boekenweek.

Vrijdag 11 maart

Ik word met een schok wakker: ik droomde dat ik op een treinstation stond en me plots herinnerde dat ik die middag een lezing had. In paniek rende ik naar het perron, maar daar bleek de trein finaal uit de rails gereden, het hele spoor versperrend. En geen Panda te bekennen. Eenmaal wakker realiseer ik me dat die lezing vanmiddag pas is, en dat ik behoorlijk in de stress begin te raken.

Aan Overschie lag het niet – lieve boekhandelaarsters, prachtige locatie, prettig publiek. Het ligt aan mij. Ik ben gewoon niet gebouwd voor het artiestenbestaan. Op het moment zelf gaat het prima en vind ik het zelfs echt leuk, maar na afloop ben ik een leeg ballonnetje. En dat late thuiskomen en onregelmatige eten is een ramp voor zo'n doorgewinterde huismus als ik. Maar *the show must go on* en dus manoeuvreer ik de Panda rond het middaguur door weer en wind naar Leiden. Naast me uitgever V., die geen rijbewijs heeft en bovendien liever boeken leest dan kaarten. Ik dank de hemel voor mijn navigatiesysteem, door J. voorzien van een warme Belgische damesstem en sindsdien Germaine gedoopt.

In boekhandel Van Stockum legt een aimabele historicus mijn *Sonny Boy* onder de wetenschappelijke loep. Ik vang iets op over 'problematiseren'. Ik had, begrijp ik, iets moeten problematiseren, of juist niet? Vervolgens race ik terug naar Amsterdam, alwaar literair agent P. en diens vriend annex chauffeur W-J me opwachten om door te rijden naar een boekhandel in Almere. De ruimte tussen de boekenkasten blijkt klein, het publiek groot en de geluidsinstallatie afwezig – wat betekent dat, wil iemand er nog wat van meekrijgen, ik niet alleen de hele avond moet staan, maar ook hard moet praten. Een opgave, want sinds ik in het showcircuit werkzaam ben, ben ik erachter gekomen dat mijn stem niet ver draagt, zoals dat in vaktermen heet. Maar ze zitten me weer allemaal zo verwachtingsvol en stralend aan te kijken dat ik de benodigde energie toch maar verzamel, al moet het onderhand uit mijn tenen komen.

Uitgeput en vooral uitgehongerd eindig ik laat die avond in een Chinees wegrestaurant, waar P. zijn charmes in de strijd gooit om de kok zover te krijgen me ondanks het late uur weer op verhaal te brengen met kippensoepjes. Tegen middernacht rol ik in bed, maar na een paar uur schrik ik wakker. O god – ik heb Germaine in de auto laten zitten... Dat betekent in deze buurt gegarandeerd autobraak. Uiteindelijk vind ik haar onder in mijn tas. Ze staat nog steeds aan, en als ik haar vastpak zegt ze: 'Over vijftig meter rechtsaf.'

Zaterdag 12 maart

Dipdag. Mis man, mis mijn eigen rust en regelmaat. Zie scheel van alle complimenten en wit van slaapgebrek, en zit de hele dag te sippen op de bank. Zo rustig en overzichtelijk als mijn gewone leven is, zo verwarrend, kleurig, druk en intensief is het nu. De aandacht is nog een stuk heftiger dan bij *Anna*, en bovendien kon ik me toen lekker verschuilen achter Annie M.G. Schmidt. Nu lijkt het wel alsof mijn huid na elk optreden dunner wordt. En dan word je ook nog eens bepoteld en besnuffeld door de media... 'De verleiding van Annejet', kopt een krant naar aanleiding van een optreden. Welja.

En ondertussen gaat de hele wereld ervan uit dat ik loop te huppelen van plezier omdat het allemaal zo goed gaat. 'Iedere lezeres wil jou zijn,' mailt een vriend naar aanleiding van een reportage in een vrouwenblad. Maar ik wil mezelf vandaag helemaal niet zijn, en voel me dus nog ondankbaar bovendien. Buiten is het koud en naar, en vanavond moeten we naar de Leesnacht in Den Haag. Gelukkig gaat uitgeefster a.i. J. mee, mét rijbewijs.

Zondag 13 maart

Vandaag, hoera, is een lummeldagje. Ik verzoen me weer een beetje met mijn bestaan – de Leesnacht was tenslotte toch wel heel leuk om mee te maken. Ik had een perfecte interviewer en was daar niet de enige en zeker niet de grootste attractie, dus kon heel ontspannen rondlopen. In m'n oudste kloffie naar de sportschool, boodschappen gehaald, post gedaan. 's Avonds bij buurvrouw M. voor de televisie gehangen. Vroeg naar bed, voor het eerst in tijden weer eens lekker doorgeslapen.

Maandag 14 maart

De nieuwe week hakt er meteen flink in, met achter elkaar een literaire lunch in Ulvenhout, high tea in de Bredase bibliotheek, diner bij de Rotary en literaire avond in de bibliotheek van Oosterhout. En ik maar babbelen, babbelen, babbelen... Marketingbaas P. van de uitgeverij scheurt de Panda rond alsof het haar eigen bolide is en de immer enthousiaste boekhandelaar R. van Van Kemenade & Hollaers, tevens aanstichter van dit alles, sleept me met verve door alle optredens heen. Moe en met een lam signeerpootje stommel ik laat die avond de trappen naar mijn huis weer op, mijn armen vol bloemen en bonbons.

De mooiste bloemen kwamen van een 85-jarige man die het woord nam tijdens de lunch. Hij had zelf in allerlei kampen gezeten en zijn leven lang nooit een boek over de oorlog willen lezen. Maar aan *Sonny Boy* was hij toch begonnen. En beter nog, hij had het uit kunnen en willen lezen. Terwijl hij sprak kroop ik bijna onder tafel van verlegenheid, maar het maakte mijn dag, misschien wel de hele week.

Dinsdag 15 maart

Het voordeel van zo'n marathon is wel dat één optreden per dag opeens een makkie lijkt. Vanavond naar Medemblik, wat betekent dat ik overdag tijd heb om het huis op te ruimen, bloemen in het water te zetten, de wasmachine te laten draaien. En buiten lonkt de lente – op het dakterras zijn opeens krokussen en blauwe druifjes verschenen.

Woensdag 16 maart

Voor een kleine plattelandsbibliotheek had Medemblik een mooie opkomst, die bovendien iets bijzonders meemaakte, want ik werd vergezeld door S., schoondochter van Sonny Boy. Niet in het minst gehinderd door de plankenkoorts die mij nog wel eens parten speelt, vertelde ze hoe het was als je familie tot onderwerp van een boek gemaakt werd. Het publiek hing aan haar lippen, en ik ook – al was het maar omdat mijn eigen stem ernstige slijtageverschijnselen begon te vertonen. En om het feest compleet te maken hadden de parkeergoden een plekje pal voor mijn huis voor me vrijgehouden.

Vandaag is de lente definitief doorgebroken, en mijn goede humeur ook. De rozemarijn bloeit, man is weer terug en vanavond 'sta' ik in Badhoevedorp, wat betekent dat ik gewoon thuis kan koken en eten. En van de berichten van het verkoopfront word ik toch ook wel heel blij: de uitgeverij meldt dat precies vier maanden na verschijnen de 50.000ste *Sonny Boy* de toonbank over is gegaan. Wie had ooit kunnen denken dat dit kleine verhaal zó'n hit zou worden?

Donderdag 17 maart

De Badhoevedorpse bibliotheek deed niets om het feestje te verstoren, en Boekhandel Bouman liet de wijnkurken in De Bilt vrolijk ploppen. Heel fijn, ook voor de lezinggevende, want het is toch allemaal net wat specialer met een glaasje wijn in mooi licht dan met een plastic bekertje onder de kale neonlampen. De voor mij mooiste reactie kwam van een bezoekster die werkte in een Rotterdamse gevangenis en vertelde dat *Sonny Boy* daar door Surinaamse gedetineerden gretig wordt gelezen.

Ik heb inmiddels wel in de gaten dat artiestengeluk voor een groot deel schuilt in de begeleiding: deze avond proppen de agent en twee van zijn boomlange medewerkers zich weer in de Panda om te waarborgen dat mijn toch nog prille schrijversbestaan niet voortijdig sneeft tegen een vangrail. Nog twee dagen, nog vier optredens en dan is Boekenweek 2005 zelf geschiedenis en kan Circus Jetje haar tenten – voor zo lang als het duurt – weer inpakken. En dan toch maar eens leren inparkeren.

Jan van Mersbergen

Twee koppen boven een coniferenhaag in Bergen

Voor een schrijver betekent optreden: voorlezen. Bij voorkeur uit de laatst verschenen roman of dichtbundel. In de meeste gevallen voor een klein publiek, op leeftijd, geduldig en respectvol. Ik doe dit graag, maar ergens, diep vanbinnen, zie ik hier vreselijk tegenop. Niet om de setting of het publiek, maar omdat ik in mijn jeugd gestotterd heb. Spreekbeurten voor de klas verliepen hakkelend. Ik kan me herinneren dat de lerares Duits me een eenvoudige vraag stelde en ik bewust een fout antwoord gaf omdat het juiste antwoord begon met een K of een M gevolgd door een A, lettercombinaties waar ik met geen mogelijkheid uit kon komen. Liever dom dan een stotteraar.

Op mijn zeventiende pakte ik mijn stotterprobleem rigoureus aan. Ik ging toneelspelen. Dat hoor je wel vaker, stotteraars die wanneer ze op een podium staan opeens kunnen praten; zo ook in mijn geval. Acteren kon ik niet, maar zodra ik voor een publiek stond kon ik vlekkeloos uit mijn woorden komen. Dat was al heel wat.

Toen ik in Amsterdam woonde dook het stotteren heel soms nog op. De gevolgen waren minder dramatisch dan in de Duitse les. In het slechtste geval kon het gebeuren dat ik van de bakker terugkwam met een half volkoren met sesam, in plaats van met maanzaad.

Hoewel ik huiverig ben voor voorlezen uit eigen werk heb ik daar in de praktijk weinig problemen mee gehad. In de meeste gevallen verlopen optredens zonder hakkelen en in de loop der jaren heb ik een bepaald vertrouwen opgebouwd dat van mijn stotterverleden slechts een herinnering maakt. Tot het optreden dat ik samen met de band De Rootsclub gaf tijdens een kunstmanifestatie in Bergen (Noord-Holland).

Optreden met een band doe ik omdat langer dan tien minuten voorlezen zonder muziek saai wordt, omdat de muziek de tekst versterkt, de thematiek op gevoelsniveau direct kan worden overgebracht en de sfeer vele malen sterker wordt dan zonder muziek. Verder zijn de mannen van De Rootsclub goeie kerels en is het met band een stuk gezelliger naborrelen en sigaretten roken. Na ons eerste gezamenlijke optreden, tijdens de vorige editie van het Crossing Border Festival in Den Haag, kwamen er aanvragen voor optredens op andere locaties. Een daarvan was de kunstmanifestatie in Bergen.

Het betrof een expositie van twintig kunstenaars in een voormalige fysiopraktijk aan de rand van deze kunstenaarskolonie. In het laatste weekend van de expositie zouden wij een avond vullen. Een paar weken daarvoor was de opening. Samen met de zanger van De Rootsclub – ook een Jan – nam ik de bus naar Bergen. Het was volop zomer, de terrassen in Bergen zaten vol, her en der klonk het geplok van rackets tegen tennisballen en in spijkerbroek plus shirt slenterden Jan en ik tussen de villa's door naar het slooppand. Het was er vreselijk druk. Dat kwam niet in de laatste plaats door de aanwezigheid van bijna vijfhonderd flessen wijn en twintig fusten bier die leeggeschonken werden. Half Bergen was uitgelopen om te komen zuipen, naar de dj in de tuin te luisteren, op de houten tuinmeubels te hangen en van de zon te genieten, en om op weg van en naar de wc de schilderijen in de gang te bekijken. Nog nooit zo'n hilarische opening meegemaakt. Mensen in strandoutfit, in tenniskleren, kunstliefhebbers met zijden sjaaltjes om de hals en een opvallend jonge of opvallend oude vrouw aan de arm, heel veel jeugd, lekkere hapjes en zoals gezegd overdadig veel gratis drank.

Twee weken later was het onze beurt. In de blauwe

Chevrolet Suburban uit 1973 van gitarist Bert trokken de vier muzikanten, de vriendin van drummer Louis die tijdens dit optreden banjo zou spelen, en de schrijver naar Bergen. Het afgesproken honorarium was in orde, er zou voldoende te eten en te drinken zijn, het was wederom prima zomerweer, en door de verhalen van de opening hadden ook de andere muzikanten goede zin.

De mensen van de organisatie hadden al een voorschot genomen op de drank die zou vloeien. We sloten ons hierbij aan, aten pizza, staken de envelop met geld al ruim voor het optreden in een kontzak van een spijkerbroek en in de tuin zochten we een hoekje waar we konden opbouwen. Toen het tijdstip van optreden naderde bleek echter dat er naast de vriendin van de banjospeler, de twee mannen van de organisatie, de vriendin van de gitarist, onze vaste geluidstechnicus en wat mensen van de catering niemand de moeite had genomen om naar ons te komen luisteren. Wat een verschil met die opening. Het vragen van entree en twee euro voor een drankje bleek voor het kunstminnende publiek in Bergen een enorme drempel.

Een oude theaterwet luidt: er wordt gespeeld zolang er meer mensen in de zaal zitten dan er op het podium staan. Zoals gezegd, het geld was binnen, alles was opgebouwd, de zon kwam nog net boven de bomen achter het gebouw uit, en dus besloten we maar te gaan spelen en het optreden te beschouwen als repetitie voor de Uitmarkt waar we twee maanden later zouden staan.

Meer dan eens krijg ik de vraag hoe dat in zijn werk gaat, optreden met muzikanten. Welk instrument speel jij dan? Zing jij ook? Helaas speel ik geen instrument en slechts af en toe durf ik een refrein mee te zingen, en dan alleen nadat ik de microfoon een stuk van me vandaan gedraaid heb. Ik hou het bij lezen, de muzikanten begeleiden me.

In Bergen begon het optreden met een opzwepend stukje gitaar waar ik de eerste alinea van mijn nieuwe roman doorheen voorlas. Daarna droeg ik een passage voor die op een gegeven moment vergezeld werd door het intro van 'Losing End' van Neil Young en na de laatste regels volgde het volledige nummer. Zo speelde de band een vlotte uitvoering van 'White Freight Liner Blues' van Townes Van Zandt, 'Slow Train', een nummer van gitarist/bassist Rik van Doorn, en het jodelnummer 'Truckdrivin' Man'. De band speelde zoals ik van ze gewend ben: geconcentreerd, intens en krachtig. En zo las ik voor het eerst passages uit mijn nieuwe roman *Morgen zijn we in Pamplona* voor publiek.

Dat lezen begeleid door de band ging qua timing en tempo prima, en de paar mensen die zaten te luisteren werden zichtbaar gegrepen. Tot er boven de coniferenhaag aan de andere kant van de tuin twee hoofden verschenen. Een man en een vrouw. Twee opgezwollen koppen met geërgerde blikken, met rode wangen en vlekken in de nek, niet van de zon. Over het publiek heen zagen wij die koppen opduiken en meteen wisten we: die komen klagen over de muziek. Die wonen in een van die vrijstaande huizen. Die zaten in de tuin te eten, of een wijntje te drinken. Te genieten van hun rust. Misschien zelfs iets te lezen. En dan waait op zo'n mooie zomeravond opeens muziek hun tuin in. Versterkte countrymuziek nog wel.

Eerst een liedje aanhoren. Ah, het houdt op. Ik hoor iemand praten. Nee, nog een liedje. En nog harder dan net. Weer stopt het. Hè, hè. Daar beginnen ze verdomme weer.

Zo ongeveer bij 'Slow Train' moeten ze gedacht hebben: en nou is het genoeg! We gaan eropaf!

Dus gingen ze op het geluid af en keken ze over de haag.

En ik begon te stotteren.

Wanneer een schrijver voorleest, met of zonder band, dan vraagt de schrijver respect, aandacht. Je slingert daar toch maar even een stuk van een roman de wereld in, en deze roman was niet eens af, laat staan gepubliceerd. Als er dan opeens twee koppen verschijnen verandert de setting compleet, dan zijn je woorden opeens ongewenst. Dan wil je ophouden, verdwijnen, wegkruipen. Dan wil de schrijver naar huis, naar de veiligheid van vier muren en een computer.

Muzikanten zien dat heel anders. Die zijn gewend aan rumoerige kroegen, spelen op buitenpodia tussen kermisattracties, op festivals. Wat er ook in de zaal gebeurt, de muziek blijft dominant en de houding is: we blazen iedereen omver.

Dus toen Jan de zanger die koppen zag riep hij: 'Loop even om, en pak een wijntje.'

Dat is de taal die in Bergen gesproken en begrepen wordt. De koppen verdwenen en niet veel later schuifelden de man en de vrouw door de achterdeur van het gebouw de tuin in en werden ze hartelijk verwelkomd door de mannen van de organisatie, inmiddels aardig dronken. Het paar schoof aan, nam een gratis wijntje en luisterde naar het gratis optreden. Tijdens het een-na-laatste liedje zag ik de vrouw heen en weer deinen. De uitdrukking op de gezichten veranderde, ik was al verloren. De laatste passage die ik las, waarin de liftende hoofdpersoon en zijn liftgever een gesprek hebben over de reden van zijn vertrek uit Nederland en het reisdoel Pamplona, rammelde aan alle kanten. Ik pakte de stotteraarstruc weer op waarbij ik naderende woorden waar ik over zou kunnen struikelen tijdens het lezen veranderde in synoniemen, of domweg oversloeg. Waarschijnlijk merkte niemand het, zelfs de muzikanten niet, maar het voelde niet prettig.

Na het optreden werd er in hetzelfde tempo gedronken als bij de opening. Het echtpaar bleef nog even hangen. De vrouw zei tegen de mannen van de organisatie: 'Als ik dit geweten had, had ik de andere buren ook meegevraagd.'

Ze nam nog een slok wijn.

Tegen de muzikanten die hun spullen aan het oprui-

men waren zei de man: 'Mijn vrouw en ik houden erg van countrymuziek.'
 De vrouw zei tegen mij: 'Mooi gelezen, hoor.'
 D-d-d-dank u wel.

Joost Zwagerman

Showing, not telling

Van de negentien studenten die zijn werkgroep 'Creatief schrijven' telde, hadden er nu zeventien hun laatste schrijfopdracht voorgelezen in de groep, en van de twee die dat nog moesten doen, koos Otto Vallei voor Ernst. Otto was zijn achternaam vergeten maar wist nog wel dat de jongen Engelse taal- en letterkunde studeerde. Aan de vorige schrijfopdrachten had Ernst keurig voldaan zonder blijk te geven van zelfs maar een begin van talent. Otto had deze opdracht door Ernst van tevoren doorgemaild gekregen van de jongen en wist zodoende dat Ernst ook deze keer een cosmetisch sluitend verhaal zou afsteken waar je je gedachten rustig bij kon laten afdwalen. Dat kwam goed uit. Otto, onderuitgezakt achter de docententafel, gaf de voorkeur aan een kortdurende demping van het brein. In het kleine collegelokaal stonden twee ramen half open, er dwarrelden kleine uitsneden van overzichtelijk straatrumoer naar binnen: flarden van gesprekken, het archaïsche getinkel van een fietsbel, de dwingende ringtones van gsm-toestellen. Dwars door alles heen klonk twee keer achter elkaar een grauwende uithaal van een brommer waarmee stotend gas werd gegeven. Het klonk allemaal intens naar provinciestad, en sinds Otto Vallei acht weken geleden op verzoek van het Studium Generale van de Leidse universiteit was begonnen met de colleges creatief schrijven, wist hij dat hij die akoestische geluiden – het waren altijd afgepaste hoeveelheden in vergelijking met de opgefokte kakofonie in Amsterdam – behoorden tot dingen die hij lichtjes zou gaan missen als zijn achtweekse gastschrijverschap voorbij zou zijn.

Wat hij verder vermoedelijk zou gaan missen: de bediening in het eetcafé waar hij iedere dinsdagavond een tournedos met pepersaus ging eten. De zoetige, melkachtige geur in een antiquariaat waar hij wekelijks even ging neuzen en waar hij vorige week een meisje met een kleine tatoeage op haar onderrug in één verpletterend snelle beweging drie, vier boeken had zien stelen. En ten slotte de avondwandeling van het Rapenburg naar het Centraal Station. Leiden was, had hij niet zo lang geleden gelezen, de stad in Nederland met het hoogste percentage analfabeten. Wandelend van en naar het station beoordeelde Otto nu en dan de mensen die hem tegemoet kwamen. Die daar, met zijn zilverglimmende gsm aan zijn oor, kon die de sms'jes op zijn display lezen, ja of nee? Analfabetisme was zo gek nog niet. Het bespaarde je heel wat visuele ruis. Handleidingen, dienstregelingen, de posters in supermarktketens met de wekelijkse aanbiedingen. Maar ook aanmaningen, processen-verbaal en dreigbrieven. Het ging allemaal langs je heen als je verlost was van het lezen. Wel zo prettig. Analfabeten, dat waren de laatste *Machers* in dit land, mannen en vrouwen die van aanpakken wisten, want je moest wel iemand van de daad en actie zijn om overeind te blijven in het met stelregels en teksten dichtgeplakte Nederland.

Otto Vallei was al lang niet meer de schrijver die een hekel had gekregen aan zijn métier. Die hekel was hij al ver voorbij. Hij was inmiddels geëvolueerd tot de schrijver die een hekel had aan táál, aan zijn instrumentarium. Ondanks die nihilistische heroïek liet hij zich deze weken het predicaat van gastschrijver aan de universiteit gewillig aanleunen. Het was al met al een erebaantje. Het betaalde niet slecht. Het bracht je nog eens ergens. Het hield je uit de buurt van je computer – altijd goed. De studenten tegenover hem waren voornamelijk alfatypes, neerlandici in de dop, of anders studeerden ze Engelse taal- en letterkunde of vergelijkende literatuurwetenschap. Ze werden geacht te wonen in de taal of de letterkunde die ze studeerden. Niet dat ze dat deden, maar op een echte hekel aan taal had hij niemand nog kunnen betrappen. Dat hadden ze dan toch maar op hem voor.

Ongeveer de helft luisterde plichtmatig naar Ernst, die gedwee zijn werkstuk afraffelde. De andere helft verbleef zo te zien overduidelijk ergens anders. Over Gerard Reve had Ernst het – de zoveelste die *De Avonden* had gekozen als zijn beslissende boek.

De zevende van de acht weken was ingegaan, en de slotopdracht die hij had gegeven was: schrijf een verhaal over het boek dat je leven heeft veranderd. Zeker de helft van de werkgroep had hem argwanend aangekeken. Hoezo, leven veranderd? Liefdes, reizen en ongelukken veranderden je leven – maar boeken: nee. Otto was een aan leesbevordering herinnerend pleidooi begonnen voor het Boek, en duidelijk zichtbaar had de groep zich ingesteld op een monoloog tegen de strekking waarvan ze zich bij voorbaat wensten te verzetten. Maar toen hij halverwege de uitleg van de opdracht was, zag hij bij sommigen iets in hun gezicht veranderen. Ogen, kort tevoren nog licht samengeknepen, werden een fractie groter. Blikken dwaalden iets minder af naar de hoeken van het plafond waar niets was te zien. Een enkeling glimlachte zelfs heel even. Dat gebeurde toen hij wat romantitels noemde – drie of vier klassiekers – en begon over de uitwerking die die boeken op hemzelf hadden gehad toen hij ze had gelezen, op zijn achttiende misschien, of langer nog geleden. *De Avonden*, inderdaad. Of *The Catcher in the Rye*. Vooruit, *Turks fruit*. Schrijvers konden bondgenoten zijn, en sommige boeken konden een weermiddel betekenen tegen al het voze, onechte en verschrikkelijke dat je van dag tot dag tegenkwam en waar je maar niet van verlost raakte: je ouders, je vijanden, de wereld, jezelf.

Op dit punt aangekomen merkte Otto Vallei tot zijn verbazing dat de tot dan toe voorgewende begeestering inmiddels authentiek door zijn woorden kierde en dat hij minstens de helft van de groep nu in zijn greep had. Verdomd, dat kúnnen boeken inderdaad, uitgroeien tot bondgenoot. Maar terwijl het moment van ongeveinsde koorts op zijn studenten oversloeg, daalde bij hem alweer de temperatuur. Otto Vallei, padvinder der letteren. Leesbevorderaar met linnen tas over de schouder. Marktkoopman, onmachtige enthousiasteling. Marginale dienstbode der groten.

'Goed. Zo'n soort boek, het beslissende boek, heeft iedereen wel. Welk boek is dat voor jou? Schrijf er iets over, over de kennismaking met dat boek, over de schok die het bij je teweegbracht. Het boek dat je leven veranderde. Volgende week moet het af zijn, graag. In duizend woorden maximaal. En met een beetje geluk komt een deel van jullie volgende week nog aan bod om het hier in de groep voor te lezen.'

'Eh, meneer Vallei?' Een jongen die dat zei. De eerste week had hij die aanspreekvorm nog geprobeerd weg te werken met het krachteloze 'Zeg maar Otto'. Maar daar waren ze niet aan begonnen. Het was een stille weigering die hem bij gelegenheid zachtjes zijn midlife in wist te duwen.

'Ja?'

'Mag het ook een jeugdboek zijn, dat beslissende boek?'

Niet zuchten nu.

'Tuurlijk, tuurlijk.'

'En fantasy?'

'Ook, kan ook, geen probleem. Maar voor iedereen geldt: stuur je verhaal een dag voor onze bijeenkomst via de e-mail, dan heb ik voordat we beginnen alles al kunnen lezen en kan ik er beter met jullie over praten.'

En dus was zijn mailbox die week daarop volgelopen met diep doorvoelde getuigenissen over – *bien étonné* – Tolkien, Winnie de Poeh, helden uit allerlei intens vervelende *galaxies*, en zelfs met de folkloristische jongens van de Kameleon. Otto, die uit lafheid de beroerdste niet wilde zijn, had alles zijn zegen gegeven. De dag voor de nieuwe bijeenkomst kon hij geen modderschuit of hobbit meer zien.

Bij zo'n cursus creatief schrijven, gemodelleerd naar de vele *writing schools* aan de universiteiten in de VS, hoorden nu eenmaal de praktische op- en aanmerkingen van iemand uit het vak, een ervaringsdeskundige. Mede daarom trok de Leidse universiteit jaarlijks een gastschrijver aan. Intussen hield Otto er het volgens anderen ongetwijfeld gedateerde en misplaatst puristische idee op na dat de schrijver iemand was met een gave, niet van God gegeven, want daar deden we niet meer aan, maar wél een gave die diep verankerd lag in persoonlijkheid en gevoelshuishouding van de literator.

Dat idee over het schrijverschap was al een tijdje aan een stevige erosie onderhevig. Goed schrijven kon je leren, was de grondgedachte achter al die Amerikaanse writing schools in navolging waarvan er ook enkele in Nederland waren gesticht. 'Iedereen kan schilderen' luidde ooit een slogan van een verffabrikant, en in navolging van de beeldende kunst was nu kennelijk ook de literatuur niet langer het domein waar uitsluitend de geroepenen, de uitverkorenen hun plek konden vinden, maar ook de nijveren die zich diep hadden ingegraven in de bijzonderheden van het ambacht.

Voor de duur van de achtweekse cursus veinsde Otto dat hij in die maakbaarheid van talent geloofde, en dus voorzag hij de werkstukken van zijn studenten van praktisch commentaar. 'Het begin heeft onmiskenbaar vaart en spanning. De wisseling van perspectief in het midden van je verhaal pas je overtuigend toe. Maar aan het eind breng je de verhaallijnen helaas nét niet dwingend genoeg bij elkaar.' Dat soort opmerkingen. Otto e-mailde deze commentaren of sprak ze uit tijdens het college, nadat de studenten een fragment van hun verhaal hadden voorgelezen. En altijd was er de gouden regel, die ene waar hij in tegenstelling tot alle andere praatjes over ambacht en technieken, wél in geloofde: *showing, not telling*. Schrijf niet: 'Liza keek naar het gezicht van de oude man en was bang.' Maar: 'Liza keek naar het gezicht van de oude man en voelde een koude rilling langs haar rug gaan.' Niet dat hij die laatste zin letterlijk uit zijn pen had kunnen krijgen, de koude rilling behoorde tot het domein van het bordkartonnen jongensboek, maar de studenten begrepen wél wat hij bedoelde.

Tegenover zich in de collegebanken had hij óók de spreekwoordelijke, de schaarse types voor wie de literatuur meer was dan een om calculerende redenen gekozen studierichting. Dat waren degenen voor wie de literatuur werkelijk en zonder voorbehoud een levensvervulling was – misschien zelfs wel een fatum. Het waren de zeldzame types die gegrepen en gedreven waren door wat ze zoal hadden gelezen. In zijn groepje van negentien waren het er twee. Allebei studeerden ze vergelijkende literatuurwetenschap. En allebei waren ze derdejaars, als hij het goed had onthouden. De jongen, Theo Vanderwelle, kwam uit Vlaanderen. Hij was halverwege de twintig, en daarmee overduidelijk de oudste van de groep. Het was een gezette jongen die altijd in het zwart gekleed in de collegebanken verscheen. Hij sprak bijzonder precieus en altijd op een halve fluistertoon, en zijn gebaren waren langzaam en verfijnd, een verfijning die niet helemaal paste bij zijn te dikke lichaam, alsof er een slanke dandy in hem zat verstopt, *struggling to get out*. Otto mocht hem wel, deze Theo Vanderwelle. Theo leek hem iemand die wel vatbaar was voor de zelfkant en voor romantische zelfdestructie, en toen de jongen hem na afloop van de vijfde bijeenkomst een gedicht van eigen hand in een klein Vlaams literair blad had laten lezen – absoluut geen slecht gedicht, trouwens – stond daar bij de biografische notities in het literair tijdschrift dat Theo Vanderwelle 'in zijn jeugd had gedroomd van een bestaan als priester'. Dat vond Otto aardig, een jongen met een religieuze tic in de collegebanken. Als zijn beslissende boek had Theo Vanderwelle *Het verdriet van België* gekozen van Hugo Claus. Theo had in het stukje over dat boek in korte, welluidende en bijna muzikale zinnetjes geschetst waarom Vlaanderen bij hemzelf zo een heel eigen soort verdriet had nagelaten en dat hij zichzelf daarom had 'verbannen' naar Nederland, om er te studeren. Over dat gedroomde priesterschap repte hij met geen woord, en Otto vond het wel zo kies hem er niet naar te vragen.

De tweede in zijn groep was een meisje, ze heette Marleen Leenhout en was zo te zien goed bevriend met de gezette Vlaamse jongen. Ze had felblauwe ogen waarmee ze vanonder rupsachtige wenkbrauwen voortdurend achterdochtig naar hem keek. Het waren ogen als radars, en Otto had soms het ongemakkelijke idee dat die ogen recht bij hem naar binnen keken. Marleen Leenhout had smaak; haar beslissende boek was *A Portrait of the Artist as a Young Man*. Ze had erover geschreven in de hypercryptische stijl van *Finnegans Wake* – een prachtig soort ironie, vond Otto, die er vervolgens niet in was geslaagd de bijzonderheden van de ironie aan de rest van de groep uit te leggen, terwijl Marleen Leenhout bij het horen van zijn waarderende opmerkingen raadselachtig genoeg steeds norser en nurkser was gaan kijken.

Een paar weken geleden had hij over William Burroughs verteld en gevraagd wie van hen Burroughs' cultroman *Naked Lunch* kende. Niemand, ook Theo Vanderwelle niet. Maar Marleen Leenhout wel. De verfilming door Cronenberg kenden sommigen dan weer wel, maar dat telde natuurlijk niet mee. Otto vertelde zijn studenten over de levensloop van de antiheld en antischrijver Burroughs, over zijn drugsgebruik en radicaliteit, over de Beat Poets waartoe Burroughs had behoord, en over het New York van de jaren veertig en vijftig waar Burroughs en wat geestverwanten toen verbleven, wonend in vervallen hotels in Lower Manhattan, blowend, schrijvend, drinkend – de bohemiens en culthelden van die tijd. William Burroughs, homoseksueel tot in het merg, trouwde niettemin een vrouw, die hij in Mexico tijdens een feestje waar iedereen high en dronken was per ongeluk door het hoofd schoot toen zijn vrouw een appel op haar hoofd had geplaatst omdat ze Wilhelm Telltje wilden spelen en Burroughs een revolver op de appel had gericht. Het schot miste doel, en de kogel ging recht door het voorhoofd van zijn vrouw. Meteen morsdood. Burroughs op de vlucht, door Zuid-Amerika, waarna hij was afgereisd naar Marokko, naar Tanger, waar hij probeerde de wroeging en wanhoop te dempen door als een bezetene te blowen en heroïne te spuiten. Op vaalwitte papieren schreef Burroughs daar in Tanger een volmaakt chaotisch verhaal dat niet zonder redactie- en correctiewerk kon. Een van de vrienden van de Beat-schrijvers maakte de oversteek van New York naar Marokko en hielp Burroughs het manuscript opschonen dat aan de basis lag van *Naked Lunch*, de roman die later door de Amerikaanse overheid als staatsgevaarlijk zou worden bestempeld en die niet mocht worden verspreid. Die vriend die hem hielp was de in kleine kring al even beroemde en beruchte Jack Kerouac, en samen vlooiden de eendrachtig gedrogeerde Burroughs en Kerouac dat manuscript uit en –

'Sorry, mag ik even wat zeggen?' Marleen Leenhout had hem onderbroken. Dat was vervelend. Want dit was nu zo'n moment waarop Otto zichzelf eindelijk eens was vergeten.

'Dat was niet Jack Kerouac, hoor,' zei ze, 'die Burroughs hielp met het manuscript. Het was Allen Ginsberg.'

Op de lessenaar verplaatste Otto een pen. Hoeveel mensen in Nederland kenden de cultroman *Naked Lunch*?

Enkele duizenden, vermoedelijk. Hoeveel kenden de biografie van Burroughs? Alweer heel wat minder. Rond de duizend mensen, zou dat reëel zijn? Hoeveel van die duizend wisten van de samenwerking tussen Burroughs en Ginsberg in Tanger? Hooguit een paar honderd. Misschien niet meer dan enkele tientallen. En een van dat selecte gezelschapje zat uitgerekend tegenover hem – want ze had gelijk, in het vuur van zijn verhaal had hij zich vergist. Otto had natuurlijk geen andere keuze dan zijn vergissing toe te geven, en vervolgde zijn verhaal – maar het vuur was verdwenen, en het plezier al helemaal.

Sinds die keer betrapte Otto zich er meer dan eens op dat hij tersluiks naar Marleen Leenhout keek als hij iets vertelde, niet eens om te zien of ze hem weer zou betrappen op een onjuistheid, maar om na te gaan of zijn monologen haar aandacht wel hadden. Marleen Leenhout werd zijn ijkpunt, niet alleen als hijzelf aan het woord was maar ook wanneer studenten hun werkstuk voorlazen. Haar gezicht liet doorgaans weinig te raden over; van alles wat er aan eigen werk werd voorgelezen droeg weinig haar goedkeuring weg. Dan vernauwden zich de helderblauwe radarogen en trok ze haar mond lichtjes samen, alsof ze heel even iets op haar tong proefde wat haar niet smaakte.

Ernst had inmiddels zijn voordracht over *De Avonden* beëindigd. Otto had wat vellen papier voor zich waarop hij in steekwoorden wat commentaar had staan. Al zijn opmerkingen maakte hij volgens hetzelfde stramien: eerst een paar positieve opmerkingen, daarna een kleine opsomming van technische en ambachtelijke gebreken, eindigend met de opmerking over het 'showing, not telling'. Daarna ontstond, als het goed was, een kleine discussie met de studenten.

Marleen Leenhout mengde zich niet in die stroefjes verlopende discussies, maar dankzij een zinnige inbreng van Theo Vanderwelle ontspon zich deze keer een kort gesprek over de vraag of Frits van Egters nu een misantroop was of een nooddruftige jongen die naar liefde hunkert – of misschien allebei tegelijk. Otto had zijn voeten op tafel gelegd, zijn benen gestrekt, alleen maar om te merken hoe dat nou voelde: docent zijn met de schoenen op tafel. Intussen liet hij de studenten onderling hun argumenten uitwisselen over *De Avonden*. Hij luisterde er half naar. Het was ruis die de twee keer vijfenveertig minuten vulde – nog even en hij at zo direct in het eetcafé zijn Leidse tournedos. Met dit verschil dat Theo Vanderwelle hem gezelschap zou houden, deze voorlaatste collegemiddag. De dikke jongen schreef interviews voor het Leidse studentenweekblad *Leidraad*. Hij zou Otto interviewen over zijn ervaringen als gastschrijver. Die ervaringen waren uitstekend en de werkcolleges inspirerend, dat sprak vanzelf, Otto had zijn onschadelijk goedgemutste monoloogje voor dat studentenblad al geprepareerd, maar toen Theo Vanderwelle even later naast hem liep door de pittoreske steegjes rondom de Grote Kerk, was Otto toch even van zijn stuk gebracht doordat Theo hem op de Vlaamse fluistertoon een paar vragen stelde over zijn eerste roman, *Bastion van onschuld*. Maar eenmaal in het eetcafé beperkte het gesprek zich tot een brave inventarisatie van zijn ervaringen als gastschrijver, en na afloop van het gesprek en anderhalve fles zurige Chianti zei Otto dat hij het interview niet vooraf hoefde in te zien – hij geloofde in het vakmanschap en de integriteit van de interviewer. Theo Vanderwelle liet even een schuin lachje zien en zei hem toen dat hij Otto's vertrouwen zeker niet zou beschamen. Vlaamse etiquette. Met Hollands chagrijn liep Otto even later richting Centraal Station.

Wat gebeurde er tijdens dat laatste werkcollege, een week later? Otto had op zijn e-mailadres de resterende verhalen over het beslissende boek ontvangen, en er zaten dit keer wat boektitels tussen die zich veraf bevonden van de *usual suspects*: geen Tolkien dit keer, en ook geen Annie M.G. Schmidt, A.A. Milne of Belcampo. In plaats daarvan had één meisje zowaar voor iets recents en iets onalledaags gekozen: *Elementaire deeltjes* van Houellebecq, en een ander had iets over *De ondraaglijke lichtheid van het bestaan* van Milan Kundera geschreven. Daar kón je wat mee, met die boeken, maar beide meisjes waren niet veel verder gekomen dan de pronte mededeling dat ze het boek uit kwaadheid 'hadden weggegooid', de een omdat bij Houellebecq van alles viel te lezen over parenclubs en cynische promiscuïteit, en de ander omdat er bij Kundera van alles viel te lezen over burgerlijke slaapkamers en romantische promiscuïteit. In welke hoedanigheid de naweeën van de seksuele revolutie ook tot hen kwam, de huidige generatie meisjes hield er kennelijk niet van, getuige het theatrale weggooien van die boeken. Erg veel verbaasde Otto dat niet. Hij had allang gemerkt dat er een massief preutsheidoffensief door de gelederen van de tegenwoordige studenten rondwaarde, ondanks het beeld dat in de media oprees van een pillenslikkende, hedonistische en seksueel losgeslagen generatie. Als dat hedonisme onder de jongeren van nu bestond, dan in ieder geval niet onder de literatuurstudenten in Leiden. Daar smeet men parmantig de boeken weg waarin buiten het huwelijk werd geneukt. Curieus.

Veel tijd om die laatste verhalen te bespreken was er niet, die laatste bijeenkomst, want het grootste deel van het werkcollege ging op aan een afscheidsspeech van een van de leden van de commissie Gastschrijverschap, een docent moderne taalkunde met als specialisme de transgeneratieve grammatica, die vanwege een gehoorprobleem af en toe een verstrooide indruk maakte. Hij heette Dik Vooys en had in beide oren een gehoorapparaat. Aan beide kanten zette hij zichzelf wel eens uit, had Dik Vooys aan Otto verteld. Halverwege die laatste negentig minuten stelde Dik Vooys voor om de afsluiting van Otto's gastschrijverschap te vieren in café het Loosje, schuin tegenover het faculteitsgebouw. Tien van de negentien gingen mee, en Otto gaf in hoog tempo rondjes en kreeg in hetzelfde hoge tempo pilsjes aangereikt, waar hij per glas slechts de helft van dronk – bier kwam bij hem altijd onprettig klotsend naar binnen, hij prefereerde, incidenteel, wodka met ijs.

Tegen het eind van de middag waren sommige overgebleven studenten door de alcohol vrij van schroom. Twee drukten hem een flyer in de hand van een feest van hun studentenvereniging. Ernst Waling – diens achternaam was Otto weer te binnen geschoten – wilde tóch nog even napraten over zijn commentaar op het werkstuk over *De Avonden*. Een ander meisje – haar naam was hij weer wél vergeten: evenwicht moest er zijn, niet waar? – zei hem dat ze het manuscript van een roman waar ze aan werkte in zijn postvakje had gelegd. En of hij misschien, als hij iets in die roman zag, een geschikte uitgever voor haar wist en een goed woordje voor haar wilde doen in de kringen waarvan zij vermoedde dat hij erin verkeerde. Otto had welwillend geknikt en voelde intussen een behaaglijk warm golfje van zelfmedelijden: was hij nóg niet van het gekeutel af. Het postvakje als dumpplaats.

In dat postvakje, dat hij de afgelopen weken trouw had geleegd, lagen meestal gekopieerde A4'tjes met aankondigingen van allerlei ongetwijfeld geweldige academische activiteiten: muziekuitvoeringen, optredens van dj's in studentenhuizen, en natuurlijk ook de eeuwige avonden met 'open podium'. Deze keer moest het postvakje uitpuilen, want ook Theo Vanderwelle was zojuist in het café naar hem toe gekomen. De dikke jongen vertelde dat het interview dat hij Otto had afgenomen inmiddels in *Leidraad* was verschenen.

'Erg veel positieve reacties op gehad, hoor, meneer Vallei,' zei Theo erbij. Zijn wangen waren rozer dan anders. Een exemplaar lag voor hem klaar. In zijn vakje.

Café het Loosje stroomde vol met, zo te zien, rechtenstudenten. Otto maakte aanstalten te vertrekken. Hij pakte zijn tas van de grond, maar vlak voordat hij de deur uit wilde gaan, was daar ineens Marleen Leenhout, die in het gedrang schouder aan schouder bij hem kwam staan.

'Ik schrijf wel eens vaker iets,' zei ze, en Otto moest zich inspannen haar te verstaan.

'Dat vermoedde ik al,' antwoordde hij.

'Ik heb een stuk geschreven over deze werkgroep.'

'Zo? Dat maakt nieuwsgierig.' Otto liet een jongen passeren die een dienblad met bierglazen boven zijn hoofd droeg.

'Een beetje satirisch, hoor,' zei Marleen. 'Het ligt eh –'

'In mijn postvakje,' vulde hij aan, waarna Marleen Leenhout dan toch haar hoofd in zijn richting draaide. Ze leek te schrikken.

'O? U heeft het al gezien?' De blauwe radarogen toonden voor het eerst in die acht weken een zweem van schuwheid.

'Nee, dat niet. Het was maar een gok. Je bent niet de enige vanmiddag die daar iets heeft gedeponeerd.'

'O. Is dat zo?' zei ze.

'Weet je wat,' zei Otto, 'ik lees het thuis en stuur je er een e-mail over. Afgesproken?'

'Hoeft niet,' zei ze haastig. 'Het is gewoon, ter kennisgeving.' Ze kreeg nu een pilsje aangereikt van iemand die hij niet kende.

Iemand porde Otto in het voorbijgaan in zijn onderrug.

'Ook goed,' zei hij. 'Misschien is ieder commentaar wel overbodig. Dat zou best kunnen. Tenslotte schreef jij samen met Theo de interessantste stukken. Maar daar vertel ik je denk ik niets nieuws mee.'

'Neen, niet echt,' antwoordde ze, maar omdat ze een kleine schouderbeweging maakte, had Otto het vermoeden dat hij dat wél deed.

'Ik zal het lezen,' zei hij. 'Ik ben heel nieuwsgierig, echt.' En dat, dacht Otto met enige zelftevredenheid, was nu eens niet gelogen. Met een hoofdknikje verliet hij het Loosje.

Voordat hij op weg ging naar het Centraal Station, bezocht Otto voor het laatst het faculteitsgebouw. Daar leegde hij inderdaad het postvakje en liet om te beginnen het stapeltje folders en flyers in één beweging in een afvalbak glijden. Het exemplaar van *Leidraad* met daarin het interview, alsmede de wekelijkse *Terra Incognita* en ook het manuscript – zo'n driehonderd friswitte vellen, bijeengehouden door een glanzend zwarte plastic ringband – borg hij op in zijn aktetas. Het werkstuk van Marleen was er niet bij, viel hem op. Hij vouwde de *Leidraad* open, misschien zaten de papieren van Marleen Leenhout daartussen. Of misschien had hij haar verkeerd begrepen en was ze van plan geweest het nog in zijn vakje weg te leggen.

In de trein naar Amsterdam sloeg Otto het interview in *Leidraad* op. Thijs Vanderwelle had het journalistentoontje aardig onder de knie. Otto kwam in het interview aan het woord op een joviale toon die op de ergste momenten afgleed richting blijmoedigheid. Terwijl hij uit het raam van de treincoupé keek en zijn vervormde weerspiegeling in het glas bestudeerde, vouwde Otto zonder zijn blik af te wenden de *Leidraad* op en stopte het krantje blindelings terug in zijn tas. Het manuscript liet hij ongelezen en ongeopend, maar halverwege de treinrit diepte hij het exemplaar van *Terra Incognita* op uit zijn tas. Bij het openvouwen viel er een geel Post-It-briefje uit. Er was een moeilijk leesbare paraaf op geschreven. ML, ontcijferde Otto, met eronder: 'een groet'. Onwillekeurig veerde hij even op: Marleen Leenhout had de *Terra Incognita* gehaald! Ondanks zichzelf voelde hij een zweem van voldoening. Een van zijn studenten had dan toch een echte publicatie op haar naam staan. Met snelle, gretige bewegingen bladerde hij de editie door. Haar naam stond op pagina vier, onder een vetgedrukte kop die hem, voordat hij kon verder lezen, een schokgolf in zijn middenrif bezorgde. 'Oprispingen uit het mortuarium' heette haar stuk. Er was één razendsnelle blik over het artikel nodig om bevestigd te krijgen: in dat mortuarium lag hij, Otto Vallei, midden veertig. Hij keek nog eens ultrakort naar het stuk en zag opnieuw: hij werd door een student vergelijkende literatuurwetenschap maximaal aan flarden gereten.

Otto zocht met snelle oogbewegingen even steun bij zijn vervormde gestalte in de spiegelende ruit. Hij las – en las niet; hij scande met heen en weer schietende ogen langs de zinnen. Met dat scannen hield hij ineens op. En las. 'We zijn weer eens te laat. In vroeger jaren maakten studenten aan de Leidse universiteit het nog wel eens mee dat een gastschrijver werd aangesteld. Maar dit jaar heeft de commissie Gastschrijverschap zich zonder schaamte toegelegd op het opdreggen van een veenlijk. Het schamele wonder: het veenlijk bleek ondanks lijkwitte gelaatskleur en rottend vlees een vaag gereutel voort te brengen. Verwoede decodering wees uit dat uit het veenlijk flarden van zinnen kwamen waarin hardnekkig het woord "literatuur" voortkwam. Vivisectie leerde dat het morsdode wezen vier levens daarvóór heeft gepoogd schrijver te zijn. OTTO VALLEI, stond er op het label dat aan zijn grote teen bevestigd was. Daar konden we het mee doen.'

Onwillekeurig keek Otto in de lege coupé om zich heen, alsof er niettemin iets of iemand was dat hem kon betrappen op wat hem overviel en overkwam. Hij wist niet waarom, maar hij vond het nu passend om lang en hard te hoesten. Toen sloeg hij met een beslist gebaar de *Terra Incognita* dicht. En weer open.

Dat van dat mortuarium was natuurlijk niet slecht gekozen. Zijn ogen scheerden langs de zinnen, en nergens gunde Marleen Leenhout hem ook maar een begin van het spreekwoordelijke voordeel van de twijfel. 'Het hoofd zou nog niet eens de depots van Madame Tussaud halen, maar uit dat hoofd lekt wél een stroom van onbetekenende anekdotes over schrijvers en schrijverinnetjes. Zelf heeft dat hoofd de indruk dat het iets loslaat over literatuur. Uit het hoofd druppelen achtsterangs feiten en weetjes waar je alleen in rusthuizen misschien mee wegkomt.' Even verder: 'Zie het veenlijk ploeteren. Zie het zwoegen op het geven van een schrijfopdracht waar je zelfs op een cursus zelfexpressie voor bloemschiksters niet mee wegkomt: schrijf iets over het boek dat je leven veranderde. Ja? En dan? Mijn Eerste Keer? De Dag waarop mijn Papa mij anaal verkrachtte? De penetratie die mijn leven veranderde? Van een veenlijk kun je alles verwachten. Blijft de vraag: welke plantsoenendienst heeft dit stolsel naar boven getakeld? En, belangrijker: waarom is het uitgerekend óns in de maag gesplitst?'

De trein kwam Amsterdam Centraal binnen. Otto had de *Terra Incognita* opgeborgen – alsof het porno was, waarmee hij onder geen beding gezien mocht worden. Werktuigelijk haastte hij zich door de hoofdgang en stapte zonder af te stempelen in lijn 5. De tram hoestte archaïsch gerinkel op. Acht haltes moest hij voorbij om bijna thuis te zijn.

Thuis wilde zijn vrouw de afsluiting van het gastschrijverschap met hem vieren. Ze stelde hem voor uit eten te gaan. Ze had een oppas voor de kinderen geregeld en had ook al ergens gereserveerd. Otto kon geen reden bedenken het etentje af te slaan.

'Kan het nog even wachten? Ik moet nog even twee of drie e-mails versturen, oké?'

Dat begreep ze niet direct, maar zonder verdere uitleg sloot Otto zich op in zijn werkkamer, haalde de namenlijst van zijn studenten op en tikte op zijn computer het e-mailadres in van Marleen. Subject: veenlijk. Status: priority.

'Marleen. Dank je voor je stuk! Het begin staat er fier bij en heeft onmiskenbaar vaart en spanning. Halverwege zakt je betoog helaas ietsje weg. En aan het eind breng je de diverse lijnen die je uitzet niet dwingend genoeg bij elkaar. Het belangrijkste: laat ruimte voor suggestie. Showing, not telling, Marleen! Dan win je stuk aan kracht.'

Zijn vrouw riep hem. De oppas was gearriveerd, en buiten stond met zachte dieselruis een taxi te wachten.

Het pijltje van de muis zweefde al naar 'send'. Toen haalde Otto zijn vingers van het toetsenbord, opende zijn handen en inspecteerde de lijnen in zijn handpalmen. Hij was welbewust een leek op het gebied van handlijnkunde, maar hij stelde zich voor dat de strakke bogen in de lijnen van zijn hand wezen naar één instructie.

Maarten 't Hart

Een vogelspin

Reeds als kind werd ik gefascineerd door vrouwenhanden getooid met lange nagels. In een Maassluise schoenwinkel, aan de voet van korenmolen De Hoop, werkte een drachtige deerne – later zou ze carrière maken als jeugdouderling – die met lange, lichtrood gelakte nagels, pal achter de grote winkelruit, ladders ophaalde in nylonkousen. Amper acht jaar was ik toen ik daar ademloos net zo lang naar loerde tot de schoenmaker, zich niet meer bij zijn leest houdend, naar buiten stormde om mij te verjagen. Mijn moeder gruwde van die door haar als klauwen betitelde nagels, en wellicht dat juist dat gruwen mijn fascinatie veroorzaakte, of in ieder geval versterkte. Zoveel is intussen zeker: zodra ik een vrouw ontwaar met lange nagels, jong, oud, mooi, lelijk, het doet er niet toe, ben ik bereid haar tot Vuurland of Timboektoe te volgen. Dolly Parton, altijd getooid met lange (kunst)nagels, is mijn idool. Het schijnt dat dit type fascinatie luistert naar de naam fetisjisme. Op internet kun je op tal van sites de prachtigste nagels bewonderen; blijkbaar is hier thans sprake van een erkende afwijking waarbij het slachtoffer dankzij bijvoorbeeld www.fetishnails.com zijn passie volledig kan uitleven. Ook kun je op www.nailbytes.com met broederfetisjisten van gedachten wisselen of je laven aan lijsten van films met sterren erin die van lange nagels zijn voorzien.

Toen ik dus, lang geleden, ten tijde van die gouden eeuw waarin zich nog lange rijen wachtenden voor je tafeltje opstelden als je ergens signeerde, in de rij die zich bij boekhandel Van der Galie te Utrecht had gevormd, een meisje ontwaarde met wonderbaarlijk lange, smaragdgroene nagels – echte nagels, denk ik zelfs, want kunstnagels zag je in die lang vervlogen tijden nog nergens – stokte mijn adem. Langzaam, voetje voor voetje, kwam ze naderbij. Om haar gang naar mijn tafeltje te bespoedigen signeerde ik op topsnelheid. Een dametje dat hinderlijk lang bleef praten en maar bleef volhouden dat ze in 1946 bij mij in de klas had gezeten ('Mevrouw, dat kan helemaal niet, toen was ik twee jaar oud') duwde ik ten slotte met één machtige haal van mijn arm tussen een belendende stand met krimi's. Nog drie, nog twee, en toen was ze daar, aan mijn tafeltje. Het was geen uitzonderlijk mooi meisje, het was evenmin een lelijk meisje, het was een dertien-in-een-dozijn-meisje met lang, sluik blond haar tot even over haar schouders, en een vrij klassiek, welgevormd snoetje. Echt een uitwisselbaar meisje als ze niet voorzien was geweest van die vorstelijke, glanzende, fonkelende smaragdgroene nagels. Ze pakte er evenwel geen boek mee op. Ze stelde zich op aan de zijkant van mijn tafeltje, streek met haar hand (en dus die nagels) over mijn arm en barstte toen opeens in tranen uit.

'O, Maarten, wat geweldig,' snikte ze, 'dat ik u nu eindelijk eens in levenden lijve kan zien, o, wat geweldig.'

'Niet huilen,' zei ik, 'dat ben ik niet waard. Om mij lachen, da's best, graag zelfs, maar om mij huilen, doe 't niet, wat start met tranen laten, eindigt doorgaans met haten.'

Helaas, mijn rijmpje sorteerde geen effect, de tranen bleven vloeien. Reeds kwam een employee van boekhandel Van der Galie een glaasje water aandragen, en een ander winkelmeisje snelde toe met papieren zakdoekjes. Het nagelmeisje werd zachtjes toegesproken en beklopt. Haar wangen werden gedroogd en uiteindelijk werd ze behoedzaam afgevoerd. Eenmaal nog keek ze, op weg naar de uitgang, met haar betraande ogen naar mij om, en ik dacht: goed dat haar wimpers mascara ontbeerden, want anders had ze nu een groot probleem. Maar wat merkwaardig, zulke verbluffende nagels, maar verder totaal geen make-up.

Ik signeerde door, ik signeerde een onwaarschijnlijk aantal boeken – ach, keer toch weder, dagen waarop je vier-, vijfhonderd boeken wegzet in een uur tijd – en toen was het tijd om te gaan, en ik haastte mij naar buiten om de ellendige boemel naar Leiden te halen.

Nog maar enkele schreden had ik gedaan richting station toen ik in het lantaarnstraatlamplicht een groene flikkering ontwaarde. Het was alsof in het halfduister nagels fluoresceerden waar geen meisje aan vastzat. Thans kun je fluorescerende kunstnagels kopen die in de duisternis oplichten en iets mooiers is er moeilijk te bedenken, maar toen bestonden die kunstnagels nog niet, en toch was het alsof ik ze reeds ontwaarde, alsof de toekomst al even doorbrak. Weer was er die hand op mijn arm, zodat tot mij doordrong dat het meisje toch nog aan haar nagels vastzat, en weer klonk het geluid van een snik.

'Nee, niet doen,' zei ik, 'niet huilen, kom ga mee, laten we nog even wat drinken, m'n trein kan wachten. Weet jij een prettig terras waar we uit de wind nog buiten kunnen zitten?'

'Daarginds,' zei ze, 'maar dan moeten we langs een dierenwinkel waar een reusachtige spin in een terrarium in de etalage zit.'

'Die zit toch achter het glas van z'n terrarium en vervolgens ook nog eens achter het winkelvenster?'

'Ja, maar ik vind hem doodeng, doodgriezelig, ik durf er eigenlijk niet langs.'

'Ook niet als ik ferm tussen jou en die spin in langs de winkel loop?'

'Ik weet 't niet, ik vind... O, wat een griezelig beest, o, hou me goed vast.'

Dat liet ik mij geen twee keer zeggen. Zo ver mogelijk bij de dierenwinkel vandaan, aan de overkant van de straat, schuifelden we, innig omstrengeld, langs de puien van andere winkels en ik hoorde hoe de adem van het meisje elke regelmaat ontbeerde toen we de winkel passeerden. Ik probeerde een glimp op te vangen van de spin, en ik zag warempel iets wat op een zwart behaard pootje leek, of misschien waren 't zelfs twee pootjes. Graag had ik er wat beter naar gekeken, want zulke lange behaarde spinnenpoten doen op de een of andere manier denken aan vrouwenhanden met lange puntige nagels, maar helaas, het was onmogelijk om onze koers ook maar enigszins te verleggen.

We bereikten het aangename, in de luwte gelegen terras waar het meisje over gerept had. We streken er neer, ik bestelde een glaasje bier voor mezelf en een glaasje spa rood voor het meisje.

'Is dat nou leuk, signeren?' vroeg het meisje.

'Ja, want je krijgt een goed beeld welke mensen je boeken lezen. Mijn lezers zijn veelal reeds wat oudere, doorgaans reuze aardige mannen en vrouwen, die vriendelijk, beleefd, voorkomend en weinig opdringerig zijn. Zo'n dametje als dat van daarnet dat maar hardnekkig bleef beweren dat ze in 1946 bij mij in de klas had gezeten, is echt een uitzondering. En jij bent ook een uitzondering. Meisjes met zulke prachtige nagels krijg ik nooit aan m'n tafeltje, echt nooit, och, och, wat een bofkont ben ik vandaag.'

'Vind je ze niet te lang?' vroeg ze.

'Ze kunnen mij niet lang genoeg zijn,' zei ik.

'Och, wat leuk, eindelijk iemand die het toejuicht als ik ze nog langer laat worden. Dat heb je niet vaak.'

'Breken ze niet af?'

'Nee hoor, m'n nagels zijn ijzersterk, als ik wil kan ik ze nog veel langer laten worden, en ik wil het, ik wil het, niemand kan me tegenhouden.'

'Maar 't is misschien lastig, zulke lange nagels... knoopjes door gaatjes wurmen... je gat afvegen, het is af en toe misschien lastig.'

'Het went,' zei ze, 'en 't kan me niks schelen, ik wil ze heel lang, superlang wil ik ze, nog veel langer dan ik ze nu heb.'

'Dan heb je op den duur misschien iemand nodig die alles voor je doet wat je zelf niet meer kunt... och, och, zo iemand zou ik best willen zijn... een soort manusje-van-alles, een soort factotum... ja, zo iemand zou ik best willen zijn. Heb je al een vriendje?'

'Hij heeft 't uitgemaakt omdat hij m'n nagels te lang vindt.'

Ik kon niet eens meer 'Hoe is het mogelijk' zeggen, ik kon alleen nog maar steunen, zuchten, kon alleen nog maar denken: o, lief meisje, tot in lengte van dagen wil ik bij je zijn om het lengen van je nagels te aanschouwen en je ootmoedig te dienen.

Het meisje keek me aan, en ik keek terug, en we glimlachten naar elkaar, en ik dacht: dit gaat de goede kant op, reeds vanavond kan het dienen een aanvang nemen. Juist daardoor viel er toen een ongemakkelijke stilte en we glimlachten nog maar eens naar elkaar, en om het eigenaardige gevoel van beklemming dat ons beving te bezweren zei ik luchtig: 'Je maakt soms zulke gekke dingen mee als je signeert. Toen ik het Boekenweekgeschenk had geschreven zat ik bij boekhandel Kooyker in Leiden en er kwam een kwieke oude dame naar mijn tafeltje en die zei: "O mijnheer Biesheuvel, wat vind ik dat nou toch geweldig dat u het Boekenweekgeschenk hebt geschreven, zou u het geschenk voor mij willen signeren."

'"Maar natuurlijk, mevrouw", zei ik, en voor in 't boekje zette ik, want ik weet precies hoe de handtekening van Maarten Bies eruitziet, vrijwel op dezelfde wijze zoals hij het altijd doet, "J.M.A. Biesheuvel".'

Onder het tafeltje waar wij aan zaten verborg het meisje haar handen met haar nagels. Ze fronste haar wenkbrauwen. Ze keek me verbaasd, haast wantrouwig aan, vroeg toen streng: 'Ben jij Maarten Biesheuvel dan niet?'

'Hoe kun je nou toch denken dat ik Maarten Biesheuvel ben? Heb je hem ooit gezien?'

'Nee, maar ik heb een paar van z'n prachtige verhalen gelezen. Vooral "Boven op de oude kooi" vond ik schitterend.'

'Achter op z'n verhalenbundels staan altijd foto's…'

'Foto's,' zei ze smalend, 'foto's, wat zegt dat nou? Als je foto's van mij ziet van twee jaar geleden, herken je me niet. Ik had toen nog een bril op, geen contactlenzen, ik had m'n haar kort, ik had korte nageltjes. Dus jij… Dus jij bent Maarten Biesheuvel niet. Dus jij hebt mij al die tijd zitten belazeren… Ik maar denken dat ik eindelijk Maarten Biesheuvel in levenden lijve voor me zag, en dan zit ik opeens met een heel andere schrijver opgescheept. Waarom heb je daarnet niks gezegd, toen ik aan je tafeltje stond?'

'Ik wist toch niet dat jij dacht…'

'Ik zei: "O, Maarten, wat geweldig", dus toen had jij…'

'Ik heet ook Maarten.'

'Jij heet ook Maarten? Wie ben jij dan? Maarten 't Hart toch niet? Ben jij Maarten 't Hart? Van dat schofterige boekje *De vrouw bestaat niet*, gedverdemme.'

Ze greep haar glas met rode spa, wierp het water recht in mijn gezicht – ach, zo mooi als haar betoverende nagels flikkerden in de duisternis –, stond op, en beende met grote, woedende passen weg in de richting van de spin.

'Pas op,' riep ik haar na, 'zo meteen moet je alleen langs die spin.'

Ze draaide een kwartslag, sloeg af in een steegje, en weg was ze, weg waren haar nagels waar ik de wereld wel voor had willen omvaren.

Ik dronk mijn bier op, rekende af, en liep naar de dierenwinkel. Fraai verlicht door een spotje dat aan een hoog plafond was bevestigd, zag ik in een veel te klein terrarium een fabelachtig grote zwarte spin mediteren.

'Vast een vogelspin,' mompelde ik eerbiedig.

Hij zat doodstil, het leek haast of hij dood was. Geduldig wachtte ik op een enkele beweging van die verbluffende, koolzwarte, harige poten. Spinnen, wat een vondst van de schepper. Zo mooi zijn ze, met soms overal oogjes op steeltjes en van die aanvallige pootjes die altijd zo liefelijk en behoedzaam kriebelen als je ze oppakt. Wat had ik deze spin graag even in handen gehad. Gevaarlijk, zo'n vogelspin? Ach, spinnen zijn hoogst zelden gevaarlijk, maar inderdaad, de zwarte weduwe bijvoorbeeld, en dan alleen het vrouwtje daarvan, produceert een zenuwgif dat, mits op de juiste wijze door haar toegediend, in een enkel geval fataal kan zijn. Toch zou ik zo'n zwart weduwvrouwtje graag eventjes op mijn hand willen nemen, als een milde vorm van Russische roulette. En zo'n reusachtige vogelspin van tien centimeter op je hand (het zwarte weduwvrouwtje is maar 10 millimeter, het mannetje is nog kleiner), dat is natuurlijk een eersteklas happening, maar ja, daarbij loop je nauwelijks enig risico. De haren van z'n achterlijf kunnen afbreken en die kan zo'n vogelspin, als hij wordt opgepakt, dan naar je toe waaieren. Krijg je ze op je slijmvliezen, dan is hevige irritatie het gevolg, maar daarbij blijft het. Fascinerend zo'n geweldige spin, haast even fascinerend als drie, vier centimeter lange vrouwennagels, die ook 't allermooist ogen als ze net als de poten van *Eurypelma soemanni* koolzwart gelakt zijn.

Nelleke Noordervliet

Op weg naar het einde

Boekenweken hebben sinds enige tijd thema's, zoals alles tegenwoordig groepsgewijs en thematisch moet worden georganiseerd: feesten, tijdschriften, confectie, reizen, woninginrichting, tentoonstellingen, persoonlijkheden. Thema's zijn het zout in de pap van de chaotische globale postmoderne, postindustriële, postkoloniale samenleving. Alles is voorbij, alles is post, ook de post. Waar vinden we houvast? Thema's wekken de troostrijke suggestie dat we het allemaal in de klauw hebben, want we kunnen immers uit de baaierd aan ervaringen en fenomenen een naar onderwerp geordende visie op de algemene ellende construeren. Thema's zorgen ervoor dat we in een veilige, overzichtelijke wereld leven.

Ik noem maar het woord 'woestijn' en de organisatiebureaus, inkopers, etaleurs, impresario's, redacteuren, uitgevers, programmamakers gaan aan de slag om een woestijnfeest woestijnnummer woestijnshow woestijnreis woestijnparfum uit te brengen. Makkelijk zat. 'Zeg Noordervliet, heb jij nog iets liggen over de woestijn? Verhaaltje, gedichtje, reisverslagje? Toendra of steppe mag ook. Savanne? Is twijfelgeval, maar oké. Overdrachtelijk? Hoe bedoel je? Ehhh…ja, kan ook wel. Ja, is eigenlijk wel mooi. Geeft verdieping aan het thema. Maar je gaat toch niet preken, hè? Moet leuk blijven. Stukkies in de glossy's. Etalage in de Bijenkorf. Actie voor een goed doel. We gaan voor het hele scala. Veel BN'ers. Geer en Gordon in de Sahara. Lachen.' Iemand stelt voor als logo WO(F)ESTIJN. Maar dat wordt afgekeurd.

Schrijvers worden breed ingezet bij alle thema's en niet

alleen om te schrijven. Bij voorkeur niet. Bij voorkeur moeten schrijvers doen waar ze niet goed in zijn: schilderen, tennissen, karaoke, eerstepaalslaan, stand-up comedy. Schrijvers moeten zich vooral als onhandige intellectuelen manifesteren. Ja joh, dat is een schrijver, die kan dat niet, die zit de hele dag met zijn neus in de boeken. En dan sta je daar als serieuze schrijver te rappen met Lange Frans en Baas B terwijl je intussen met de voet een fruitmand schildert voor een leuke actie van het nieuwe supertrendy blad voor jonge carrièrevrouwen, dat alles op advies van de mediagoeroe die almaar roept dat het goed is om je naam in de lucht te houden, en je denkt vertwijfeld bij jezelf: was het me hierom begonnen?

Maar goed, thema's dus. Het thema is ter meerdere eer en glorie van de organisator die 'er iets mee doet'. Zijn naam zal voor eeuwig verbonden blijven aan die waanzinnig succesvolle woestijnweek, weet je nog wel?, toen ze het hele dorpsplein vol hebben laten storten met zand, er een kameel en een bedoeïen op hebben gezet, en de plaatselijke kroeg het tappunt De Oase inrichtte, herinner je niet meer? En dat toen die dorstige schrijver onverstaanbaar woestijngedichten voorlas begeleid door een bongo, of was dat toen we het thema 'Wortels' hadden?

De Boekenweek is ook up-to-date gebracht met een thema, misschien is de CPNB wel een trendsetter geweest. Leuk voor de boekhandel, de bibliotheek en de leeskring, er kan gericht materiaal worden verzameld en vertoond. Zoiets leeft bij de mensen. En als het leeft bij de mensen is je doel eigenlijk al bereikt. Het moet leven bij de mensen. Zo was enkele jaren geleden het Boekenweekthema De Dood. Als iets leeft bij de mensen is het de dood. Een wat morbide thema, maar we gaan geen controversen uit de weg. Gaat literatuur niet altijd over de dood? Over de liefde en over de dood. In dat opzicht was het misschien nog een beetje te ruim. Het kon alle kanten op. Elke schrijver paste wel in het plaatje. Voor de plaatselijke commercie lag het wat moeilijker. Alleen de uitvaartverzorger en de bloemist 'konden er iets mee'. Lachen? Dat was niet echt te voorzien, hoewel er nooit zoveel wordt gelachen als na een begrafenis.

Een vrolijke avond zou het, dachten wij, niet worden in het kleine provincieplaatsje dat mij en mijn oergeestige collega Herman Koch had uitgenodigd hun Boekenweekavond te komen opluisteren. Twee schrijvers vroegen ze meestal. Dat was wel begrotelijk, omdat de prijs niet zakte, ook al hoefde een schrijver maar de helft van de avond te vullen, maar het stond ook wel chic en rijk tegenover belendende plaatsen, en het had ontegenzeggelijk het voordeel dat als de ene schrijver niet goed was, de andere dat dan aardig kon compenseren. Zo was de avond nooit een flop. Koch zou wel geestig zijn, die kenden ze van tv van *Jiskefet*, en dan mocht Noordervliet gerust een beetje mislukken. Eén probleem: dat thema. Hoe laat je dat terugkomen in het decor en het promotiemateriaal? En wat doen we bij binnenkomst en in de pauze? Muziek was de gewoonte, maar die muziek moest zonder graftakkigheid toch een beetje een serieuze, laten we zeggen 'andere' grondtoon hebben.

Laat mij vooropstellen dat ik sinds jaar en dag met veel plezier naar alle uithoeken van het land reis. Er wordt veel en goed gelezen in de provincie. De mensen zijn vriendelijk en gastvrij. Het publiek is oprecht geïnteresseerd. De organisatoren zijn op een enkele uitzondering na zeer competent. Ik doe dus bepaald niet mee aan het 'provincialen bashen' dat onder sommige literatoren en vogue is. Integendeel, ik ben de bezoekers zielsdankbaar dat ze voor mij hun warme huis uit komen en door weer en wind naar de bieb of het cultureel centrum fietsen. Ik zou het niet doen.

Herman en ik kwamen in een hol patronaatsgebouw terecht deze keer. Er zijn organisatoren die zich heel moeilijk een houding weten te geven. Ze willen niet al te joviaal en bemoeizuchtig doen en pretenderen dus drukke bezigheden nadat ze je ergens hebben geparkeerd, of ze doen net alsof ze erg door de wol geverfd zijn en kind aan huis bij de grootste artiesten, zoals André Rieu, die pas echt een kunstenaar is, en dus behandelen ze de auteur als een dweil die een raar kunstje komt doen. Daar sta je dan in een ongezellig voorgeborchte en het publiek sluipt om je heen naar binnen en doet net of ze je niet zien. Herman en ik hadden in de auto dankzij de files net een paar uur zitten kwekken en waren wel even uitgepraat tegen elkaar. 'Dooie boel,' zei Herman nog. We wisten niet wat ons te wachten stond.

Ik zou voor de pauze. Herman na. Ernst en luim, zo had de organisator duidelijk gedacht. Na de pauze mocht er wel een beetje gelachen worden, ondanks het thema. En de muziek, zo kondigden ze ons aan, werd geleverd door de plaatselijke Josti-band. Of we dat niet vervelend vonden. Vervelend? Geweldig vonden we het. Hoe kwam de organisatie erbij dat wij onze verstandelijk minder ruim bedeelde medemens muzikaliteit zouden ontzeggen? Dat was alweer een pak van hun hart. En het decor, dat zouden we wel zien, was een geweldige vondst van de docent handvaardigheid, die er heel wat werk aan had gehad. Ja, we proberen er elk jaar weer wat van te maken. Toen het publiek zat werden wij naar binnen geleid.

Aanvankelijk wisten we letterlijk niet wat we zagen; toen we enige toelichting hadden gekregen wisten we figuurlijk niet wat we zagen. De zaal was vrij groot, evenals het podium. Middenvoor stond de katheder. Links was een open tentachtige constructie met daarin een fraai uitgelichte wieg. Kindje ontbrak om begrijpelijke redenen. Of er een pop in lag weet ik me niet meer te herinneren. Rechts was een gelijksoortig doek gespannen over een hoop zand met een grafsteen erin. Een aanschouwelijke voorstelling van de uitdrukking 'van de wieg tot het graf'. Op het achterdoek had men een grote foto geprojecteerd van de kort daarvoor overleden Boudewijn Büch, een dierbare collega en vriend met wie ik jarenlang had aangezeten aan het radioprogramma *De Tafel van Pam*. Tussen wieg en graf en met Boudewijn als memento mori waarschuwend in onze nek moesten Herman en ik het publiek amuseren en ontroeren. Daar kwam het voor. Het zat dreigend zwijgend te wachten. De Josti-band speelde een vrolijke medley als eerste nummer. Vooral het slagwerk werd enthousiast en losjes bediend.

De kunst van het spreken in het openbaar berust voor een deel op de band met het publiek. Ik lees dus zelden voor met mijn neus in het boek en als ik voorlees maak ik er theater van: een pakkende scène zo 'open' mogelijk voorgedragen. Meestal praat ik tegen het publiek over schrijven en lezen. Ik maak oogcontact. Ik sleep hen er aan hun nekvel bij. Dat lukt over het algemeen vrij goed. Soms is het hard werken, soms gaat het vanzelf. Ditmaal moest een aanzienlijke afstand worden overbrugd naar het publiek, dat laag en breed en diep in de nauwelijks verlichte zaal zat verscholen. Had ik een paar ogen te pakken, dan keken ze schichtig weg. Ik keek en keek, maar zij waren gefixeerd op de wieg, het graf of op Boudewijn. Het thema moet hun veel stof tot denken hebben gegeven, en dat was goed. Voor mij leken ze al halverwege het crematorium.

Volgens afspraak zou ik aan het eind van mijn relaas gelegenheid tot vragen stellen geven. Geen originele programmatische vondst, maar toch een noodzakelijk ingrediënt van een geslaagde avond. Na enig kietelen en een kwinkslag staat er altijd wel iemand op met de vraag of ik elke morgen om halfnegen begin of wat ik van de literaire kritiek vind. Nu: niets. Een tragisch lot had de aanwezigen getroffen. Ze waren op weg naar het einde steeds dieper weggezakt in lethargie. Dat moest ik mijzelf aanrekenen, vond ik. Maar er was niets meer aan te doen. Ik maakte al aanstalten de katheder te verlaten, toen links in de hoek van het podium een jonge muzikant uit de Josti-band opstond en me op zijn geheel eigen wijze ging ondervragen over mijn geboortestad Rotterdam. Ik ging er gretig op in.

En na hem kwam de drummer aan de beurt met een totaal onbegrijpelijk verhaal, waar ik chocola van trachtte te maken. Het werd een geanimeerd en ongelooflijk aardig gesprek tussen schrijver en verstandelijk gehandicapten, die nooit een boek van mij zouden lezen. Hun onbevangenheid werd niet gekeeld door het thema. Ze speelden er in de pauze weer vrolijk op los. Daarna moest Herman. Het publiek leefde flauwtjes op, maar je hoorde ze denken: hij is leuker met die kleine erbij. Na afloop sloop men gesticht weg van de wieg, het graf en Büch. En van ons. Benieuwd welk thema het volgend jaar zou worden gekozen.

Ronald Giphart

Een raar mens

Margreet van de Stichting Schrijvers School Samenleving (fijnzinnig afgekort als de SSS) belde me, en aan haar intonatie hoorde ik meteen dat ze zich bezwaard voelde. Ze had een uitnodiging voor een lezing, zei ze aarzelend, maar ze raadde me op voorhand aan er niet op in te gaan. Als Margreet op voorhand zegt dat ik een lezing niet zou moeten aannemen, dan is het extra aanlokkelijk om de lezing wél aan te nemen. De uitnodiging kwam van, wat Margreet noemde, een 'raar mens'. Dat rare mens (ik zal haar D. noemen omdat ik haar volledige naam heb verdrongen) werd vijftig jaar en wilde zichzelf een gigantisch nachtelijk feest cadeau doen. Er zou muziek zijn van haar favoriete bands, haar favoriete hapjes zouden worden geserveerd en ook haar favoriete schrijver zou moeten langskomen om haar favoriete passages voor te dragen. Die schrijver was ik (nadat Kees van Kooten en Remco Campert niet konden). Ergo: of ik – tegen ruime prostitutionele betaling – een van D.'s verjaardagshapjes wilde zijn.

'Ik raad je nogmaals aan het niet te doen,' zei Margreet, waarna ze verzuchtte: 'Maar dat is geloof ik tegen dovemansoren gezegd, want ik hoor aan jouw zwijgen dat je nieuwsgierig bent.'

En dat klopte.

'Heel benieuwd hoe dit gaat aflopen,' zei Margreet, met een omineuze naklank. Twee maanden later reed ik om een uur of elf 's avonds naar Amsterdam. Op het contract stond de naam van D.'s werkgever, die mij officieel had ingehuurd. Mijn zin in het feestje was al een stuk getemperd, want inmiddels had ik D. aan te telefoon gehad.

Margreets omschrijving 'een raar mens' klopte terdege. D. had de stem en de intonatie van een gemiddelde negenenveertigjarige, maar haar taalgebruik was puberaler dan ik pubers ooit heb horen praten. Ik vroeg D. welke stukken ze op haar verjaardag voorgelezen wilde hebben.

'Zo grof en geil mogelijk,' antwoordde ze zonder te slikken. 'Mijn familie zit er, al mijn vrienden, mijn collega's, en ik wil de boel eens goed oppoken. Dus veel gore seks. En over pijpen, en zo.'

'Prima,' antwoordde ik voorzichtig, en vroeg me af in welk Sodom ik in godsnaam terecht ging komen.

De avond zelf was er een om bij te schrijven in het Grote Boek Gênante Situaties. D. ging gekleed in gewaden van haar favoriete ontwerper, ieder uur vertrok ze naar een belendende kleedkamer voor een Grande Lever, waarna ze in een nieuwe outfit weer terugkwam. Dit feest voor haar vijftigste verjaardag was haar *shining moment*, een toppunt van de ijsberg van haar menopauze. Mijn lezing stond gepland om halfeen, maar doordat D. alle feestgangers publiekelijk aan alle andere feestgangers ging voorstellen (waarbij intimiteiten als overspeligheid en impotentie niet werden verzwegen), liep dit uit naar twee uur. Nadat ik eindelijk had mogen beginnen (ik had een selectie gemaakt van prikkelende maar niet heel choquerende teksten), onderbrak D. mij voortdurend door er wisecracks en oneliners doorheen te roepen. Dit deed ze aanvankelijk vanaf haar positie op de eerste rij, maar na verloop van tijd kwam ze naast me staan om haar interrupties in de microfoon te brullen. Op een gegeven moment vond ze dat ik niet pornografisch genoeg voorlas.

'Wacht maar, ik lees wel voor!' riep ze, tot hilariteit van de grotendeels beschaamde toehoorders, waarna ze mijn boek van me overnam. Een Gilles de la Tourette-patiënt zou het haar niet hebben verbeterd: alle woorden die in de richting van schuttingtaal of ranzigheid kwamen, blafte ze eruit: 'Gulpje vraagt hoe of ik PIJP! Ze wil weten of ik met mijn tong draai als ik een jongen AFZUIG!'

Met recht 'een raar mens'. Na afloop van mijn voorleesbeurt vroeg ze nog publiekelijk of ze me minder mocht betalen, omdat ze de helft van mijn verhaal zelf had voorgelezen, waarna ze ook aankondigde dat ik het hele feest tot en met ontbijt zou blijven en dat vrouwen die gebruik van mij wensten te maken zich konden melden. Uit beleefdheid en uit een professionele interesse in sociologische experimenten ben ik nog een halfuur gebleven, maar toen een zestigjarige vrouw type Mathilde Willink mij kwam vertellen dat ze erg viel op jongemannen als ik, werd het tijd om te gaan. Margreet had gelijk gehad, ik had deze opdracht beter niet kunnen aannemen.

En toen kwam het staartje. Een paar weken na dit optreden werd ik op mijn mobiele nummer gebeld door D., die helemaal astmatisch van opwinding begon te roepen dat ze een housewarmingsfeest zou geven en dat ik daar wegens gigantisch succes weer moest komen voorlezen. Ik heb een zogenaamde vertragingstactiek ontwikkeld voor dit soort situaties.

'Ik kan niets beloven en ik ben nu heel druk, maar bel me later,' antwoordde ik, haar nummer in mijn geheugen programmerend. Meestal werkt het in dit soort situaties: niet opnemen en niet terugbellen, en hopen dat het opdroogt. In het geval van D. werkte het niet. D. begon een waar beloffensief, dat ik steeds wist te pareren. Maar één keer, het was een uur of halftwee 's nachts en ik zat met vrienden in het café, nam ik achteloos mijn telefoon aan.

'D., besef je hoe laat het is? Bel me van de week,' riep ik.

'Ja maar, ik wilde alleen maar even iemand jouw grappige voicemail laten horen.'

Mijn voicemail en D. hadden namelijk een vrij eenzijdige relatie opgebouwd. Iedere dag sprak D. berichtjes in. Dat begon onschuldig (ze vertelde me welke andere Nederlandse schrijvers ze nog meer ging uitnodigen voor haar feest, Kees van Kooten en Remco Campert voorop) en eindigde als *co-writer*. D. dacht dat ze zich de taal van mijn personages Phileine en Gulpje had toegeëigend en wilde dat ik weer een roman over die twee ging schrijven.

'Ik heb allemaal oneliners voor je geschreven,' vertelde ze aan mijn voicemail, 'wel een stuk of vierhonderd. Grappig joh! Mag je zo gebruiken. Ik wil wel vijfentwintig euro per oneliner, want ik zit financieel krap en we doen niets voor niets, toch? Hier, moet je horen. Gillen. "Ik zit wat aan mijn kutje, spuit maar met je prutje." Mag je zo hebben. Gillen, toch?'

Dat was inderdaad gillen. Zo gillen dat ik in arren moede Margreet moest bellen.

'Margreet, ik zit met een probleem,' zei ik.

'Laat me raden,' zei Margreet. 'D.?'

Ik legde uit wat het probleem was, waarna Margreet aanbood D. even te bellen (zoals moeders hun kinderen wel eens aanbieden verhaal te gaan halen bij de ouders van pestkoppen).

'Wil je dat doen?' vroeg ik.

Margreet lachte hartelijk, en we wisten op dat moment allebei dat ik haar adviezen voortaan zou volgen.

Renate Dorrestein

Een steekje los

's Ochtends om kwart voor zes ging die dag mijn wekker al af: ik had een spreekbeurt in het oosten des lands, en je kunt overal op rekenen behalve op de dienstregeling van de hoofdsponsor van de Boekenweek. Dankzij mijn vroege start was ik na ruim vierenhalf uur verhit rondtreinen (een stroomstoring op het eerste traject en een ontsporing op deel twee van de reis) gelukkig toch nog net op tijd op mijn bestemming. Op het station werd ik opgewacht door een lerares van de school waar ik was besteld. Ter verwelkoming zei ze: 'U bent onder onze leerlingen met gemak de meest populaire Nederlandse auteur.'

Op slag weer helemaal opgekikkerd stapte ik in haar Fiat Panda.

'Dus daarom moesten we u wel uitnodigen.' Boos keek ze me aan alvorens de auto te starten. 'Nu is ons budget voor het hele jaar in één klap op. We hadden ook drie schrijvers kunnen uitnodigen, hoor, voor wat u vraagt.'

Onderweg vernam ik dat het niet was gelukt de leerlingen op mijn lezing voor te bereiden, 'want ze hebben dit kwartier geen Nederlands gehad'.

'Een heel kwartaal geen Nederlands?' zei ik. 'Hoe kan dat nou?'

'Nee, een kwartier maar, wij werken met kwartieren. Ja, moet u horen, we hebben u al zowat een jaar geleden geboekt, en toen wisten we echt nog niet dat ons rooster er zo zou uitzien.'

'Maar de lezing is voor de leerlingen hopelijk nog wel steeds facultatief?'

'Nee, dat kwam niet zo goed uit met het oog op de rapportvergaderingen. Dat konden we ook niet weten, dat er uitgerekend vandaag rapportvergaderingen zouden zijn. Daarom krijgt u nu niet één groep van tachtig, maar twee van tweehonderd. Kijkt u maar niet zo benauwd. Er zijn docenten bij. Die hebben zich allemaal enorm op uw komst verheugd.'

'Moeten ze dan niet naar die vergadering?'

'Die is pas erna. Voor u hebben we alles moeten verschuiven. Hebt u trouwens brood mee? Nee? Dat is waar ook, dat doen jullie nooit, hè, gewoon brood van huis meenemen. We hadden vorig jaar een collega van u, ik noem geen namen, maar die heeft hier vierentwintig uur vastgezeten omdat het zo sneeuwde, en die had ook niet eens brood mee.'

Daar was de school. We gingen naar binnen. In de lerarenkamer was juist een heel debat gaande. Iedereen zat door elkaar heen te tetteren. Misschien ging het over de schande dat je soms zomaar kwartierenlang geen Nederlands kon geven. In het hoekje waar ik was geparkeerd (mijn escorte was brommend naar de kantine getogen om iets te eten voor me te halen), spitste ik mijn oren.

'Had ik voor vandaag net een SO voorbereid,' riep iemand in een bètatrui, 'en nou moeten mijn leerlingen opeens allemaal naar de een of andere idiote lézing!'

Als ik in de huiselijke kring vertel wat je als auteur zoal meemaakt wanneer je ingaat op de uitnodiging van scholen, bibliotheken of literaire genootschappen om 'iets over je werk' te komen vertellen, dan is een mengeling van mededogen en irritatie meestal mijn deel. 'Waarom dóe je het dan ook?' luidt de eeuwige vraag.

Het is waar, het lijkt wel alsof ik er genoegen in schep om gênante ervaringen op te doen. En die zijn nu eenmaal niet voorhanden als je thuis blijft zitten: voor door-de-grondzak-momenten moet je de publieke arena in.

Eigenlijk heb je alleen als beginnend auteur een legitieme reden om je in 'het lezingencircuit' te begeven: dan moet je immers een nog onbekend schrijverschap zien te colporteren, en misschien zijn er in Assen wel vier nieuwe lezers te vinden, dus *let's go to Assen*.

Onder die omstandigheid neem je alles nog voor lief. Ik ben in het begin van mijn carrière heel wat keren door de zenuwachtige inleider van een literaire avond aangekondigd als: 'Dames en heren, daar is zij dan: Renate Rubinstein!' Ik merkte het meestal pas aan de geschrokken golf van geluid die vervolgens uit de zaal kwam, want zelf was ik net zo op van de zenuwen als de arme inleider.

Ook je eigen flaters hebben aanvankelijk nog wel iets aandoenlijks. De allereerste keer dat ik werd uitgenodigd om ergens te komen signeren, was in 1983, bij boekhandel Pegasus in Amsterdam. Thomas Rosenboom, in dezelfde week gedebuteerd als ik, was er ook. Hikkend van de stress namen we plaats achter ons tafeltje en trokken onze pennen. Het liep niet echt storm, om het zachtjes uit te drukken. Na verloop van tijd voelde ik me zo opgelaten, werkeloos achter in die boekwinkel, dat ik blij was dat ik mijn breiwerk had meegenomen. Je had in die tijd hele collegezalen vol met breiende vrouwen, het was een of ander feministisch statement waar ik vierkant achter stond. Voor mij was het dan ook de gewoonste zaak van de wereld om daar bij Pegasus een halve mouw tevoorschijn te halen en die genoeglijk af te breien. Pas jaren later vertelde Thomas me dat hij me, tijdens dit eerste moment van ons beider openbare glorie, wel met mijn eigen wol had willen wurgen.

Tussen toen en nu ligt bijna een kwarteeuw. Zowat vijfentwintig jaar zijn verstreken, en inmiddels is er strikt gezien voor mij geen noodzaak meer om mijn schrijverschap in boekhandels, buurthuizen en zaaltjes in de provincie uit te venten. Maar nog altijd ben ik er, tot onbegrip van mijn vriendenkring, niet uit weg te meppen. Honderden, misschien wel meer dan duizend spreekbeurten staan er op mijn meter.

Welke steek zit er aan mij los?

Uitsluitend ijdelheid kan het niet zijn. Dat zou vereisen dat optreden standaard gepaard gaat met egostrelende zaligheden als knipmessende organisatoren en wolken confetti. In de werkelijkheid verloopt het echter vaak als volgt. Je komt na een dodemansrit door onvoorspelde mist en ijzel eindelijk aan bij de plaatselijke bibliotheek, waar je wordt ontvangen door iemand die zegt: 'Ans is er vanavond niet, zij had u weliswaar uitgenodigd, maar haar kippen hebben de vogelgriep, dus nu moet ik voor haar invallen, op mijn vrije avond, nota bene.'

Ongewoon is evenmin: 'Ja, vorige keer, met Kees van Kooten, dát was leuk, maar daar rekenen we vanavond natuurlijk niet op. Wacht even, wat zegt mijn collega? Zijn we uitverkocht? Nou, dat hebt u dan mooi te danken aan die keer met Kees van Kooten.'

Meer dan gangbaar is tevens: 'We wilden eigenlijk Bernlef of Remco Campert hebben, maar die vonden Enschede te ver weg. Ja zeg, we kunnen Enschede voor jullie toch niet dichterbij halen?'

Let in dit laatste geval op het gebruik van 'jullie'. Daarin openbaart zich de raadselachtige wrok die veel organisatoren lijken te koesteren voor de auteurs die zij uitnodigen. Je kunt keurig op tijd, zelfs drie kwartier voor aanvang, ter plaatse aanwezig zijn, met niets anders dan een kopje thee achter de knopen, om bars toegevoegd te krijgen: 'Nou, dat valt dan weer mee. De meesten van jullie komen te laat of zijn dronken.'

Diep in mijn hart denk ik dat ze het eigenlijk veel leuker zouden vinden als je juist wel beschonken en liefst ook nog met een omgekeerd vergiet op je hoofd en met ladders in je kousen arriveert: aan zoiets kan een genootschap niet alleen binnenskamers jarenlang dankbaar herinneringen ophalen, het kan ook weer worden doorverteld aan de volgende auteur. Op weinig dingen zijn sommige organisatoren zo verzot als op het aan de kaak stellen van alles waarin je voorgangers in gebreke zijn gebleven. Bij zo veel onverantwoordelijkheid en flierefluiterij steekt een deugdzaam, maar verder misschien wat flets voortlevend bestuurslid af als een lichtend voorbeeld van goedburgerlijke betrouwbaarheid. Dat moet zelfgenoegzaam stemmen. Of misschien komt het zonderlinge gedrag alleen maar voort uit ongemakkelijkheid. Verlegenheid maakt soms lomp.

Maar wat vast ook meespeelt, is dat oneindig veel organisatoren natuurlijk gewoon de ervaring hebben dat schrijvers in het echt vaak vreselijk tegenvallen en teleurstellen. Al na een beperkt aantal auteursbezoeken kan het niet anders of men denkt hoofdschuddend: het is dat we de gemeentelijke begroting moeten halen, maar laat die stoethaspels en mompelaars eigenlijk toch liever thuisblijven!

De Amerikaanse auteur Kurt Vonnegut Jr. heeft eens gezegd dat je schrijvers nooit live moet ontmoeten, omdat dan onomstotelijk aan het licht komt dat het maar doodgewone doorsneemensen zijn. Uitsluitend achter zijn of haar werktafel, stelt Vonnegut, bevindt een auteur zich op een hoger plan: door te schrijven mobiliseert hij op geheimzinnige wijze het beste deel van zichzelf en is daarmee in staat om in te tunen op een collectief en universeel weten, maar dat alles is meteen weer buiten zijn bereik als hij de computer uitzet. Het boek kan briljant zijn, de maker zelf is het per definitie niet.

Opzouten dus maar, die hele windhandel van literaire bijeenkomsten?

Laten we dat dan maar meteen wereldwijd doen, want in het buitenland gaat het er bij schrijversoptredens heus niet swingender of eerbiediger aan toe dan bij ons. In Finland werd ik eens publiekelijk geïnterviewd in een warenhuis waar iedere dertig seconden luide bellen dingdongden, gevolg door omroepberichten over rendierenvlees dat in de aanbieding was. In Duitsland krijg je op je *Lesereise* altijd een acteur of actrice mee die gloedvol al je teksten ten gehore brengt terwijl jij daar zelf nogal voor piet snot naast op het podium zit en niet weet hoe je moet kijken. In Frankrijk staat de doodstraf op lachen en hebben ze meestal een gesprekspartner voor je bedacht die is gespecialiseerd in de komma bij Flaubert of iets anders waarover je echt geen jota te melden hebt. Opgelaten voel je je kortom overal.

Mijn meest hopeloze buitenlandse moment vond plaats in Atlanta, waar ik in het kader van een tournee door de Verenigde Staten zou spreken op het jaarlijkse congres van de American Library Association. Amerikaanse uitgevers zijn bereid tot omkoping of moord om juist daar hun auteurs op het podium te krijgen. Ik weet niet wat de mijne ervoor had moeten doen, maar van vreugde huilde ze bijna aan de telefoon toen ze me vertelde dat het was gelukt. Tien minuten zou ik krijgen. Van die tien minuten hing alles af. Zou ik de verzamelde bibliothecarissen om mijn vinger weten te winden, dan waren we bij wijze van spreken nog maar één stap van Oprah Winfrey verwijderd. De wereld lag aan onze voeten, mits ik het niet zou verknallen.

Het congres vond plaats in een hal ongeveer tien keer zo groot als de RAI. Het sprekerspodium was *smack in the middle*. Ik sloot aan in de rij wachtende auteurs. Ik was tot in mijn haarpunten voorbereid en halfgek van de zenuwen. Er werd streng geklokt – wie al pratende niet binnen zijn of haar timeslot wist te blijven, werd terstond van de bühne af gestuurd. Nog maar twee auteurs voor mij, nog maar twintig minuten. Nog maar één, help. Dat was een leuke jonge vrouw met een presentatie die klonk als een klok. O, wat goed, dacht ik, zo ga ik het ook doen, met een regelrecht appel op het hart en veel nadruk op de *redeeming powers* van mijn werk. En op dat moment hoorde ik haar soepeltjes afsluiten met de mededeling dat er bij gindere balie voor alle aanwezigen een gesigneerd exemplaar van haar boek klaarlag.

De toehoorders namen niet eens meer de moeite om voor haar te applaudisseren. Als één man schoten zij overeind en speerden ervandoor om zo snel mogelijk een exemplaar te klauwen. De leuke jonge schrijfster lachte over haar schouder nog even naar me, en verdween toen heupwiegend tussen de schots en scheef achtergelaten lege stoelen.

Op zulke momenten ontkom ik niet aan de gedachte: hier kan ik wel zonder. En dan zweer ik op de kinderbijbel om nooit meer een uitnodiging voor een spreekbeurt aan te nemen, zelfs niet van Willem-Alexander en Máxima. Afschaffen, dat hele circus, inderdaad. Wat zou dat een hoop misère schelen. Nooit meer het altoos weerkerende drama van piepende, kermende of in het geheel niet werkende microfoons. Nooit meer in Sittard of Appelscha moeten overnachten op een treurige eenpersoonskamer in een hotel waar zelfs een handelsreiziger niet dood gezien zou willen worden. Nooit meer: 'Gunst, ik herkende u helemaal niet, op de foto ziet u er veel leuker uit.'

Dat ik toch iedere keer weer bakzeil haal, komt door het vanzelfsprekende feit dat ik anders waarschijnlijk zelden of nooit in levenden lijve een lezer zou tegenkomen. Je kunt schrijven wat je wilt, maar pas in het hoofd van de lezers vinden je verhalen hun vervulling. Door hen te ontmoeten kom je erachter of het 'werkt' wat je bedoelde. Er is niets heerlijkers dan over je personages vragen te krijgen zoals: 'Hoe gaat het nu toch met de kleine Carlos?', of vurige aansporingen zoals: 'Ik hoop dat Beatrijs zo verstandig is om nooit meer terug te gaan naar die kwal van een Leander.'

Laatst was ik in Arnhem, waar na afloop van het programma drie jonge meisjes bedremmeld op een veilige afstand naar me stonden te kijken, alle drie met een stukgelezen exemplaar van *Vóór alles een dame* in de knuisten. Dat boek speelt op een internaat voor moeilijk opvoedbare meisjes, waar onder meer les wordt gegeven door een mevrouw Meermin. Mevrouw Meermin is de subversieve mening toegedaan dat je moeilijk opvoedbare meisjes juist bederft door hen op te voeden, want in haar ogen zijn dit bij uitstek meisjes met potentieel.

Ik riep het schoorvoetende trio dus toe: 'Kom maar hier, hoor, ik zie zo al dat jullie meisjes met potentieel zijn.'

Met rode wangen kwamen ze dichterbij. Ze waren hooguit veertien, dus midden in die moedeloos stemmende fase van beugels, pukkeltjes en haar dat maar niet wil zitten zoals op de foto's in de *Yes*. En terwijl ik hun boeken signeerde, vertelden ze me opgewonden dat ze iedere keer als het leven hun tegenzat, als iedereen gemeen tegen hen deed, als ze door de hele wereld werden miskend en het hun allemaal naar de lippen steeg, de koppen bij elkaar staken en elkaar toefluisterden: 'Wát zou mevrouw Meermin nu hebben gezegd?'

Laat dat *my claim to fame* maar zijn: dat drie pubers in Arnhem zich dankzij de imaginaire adviezen van een door mij verzonnen personage staande weten te houden in een moeilijke periode van hun bestaan. Ik zou nooit van mijn levensreddende invloed hebben geweten als ik die spreekbeurt niet had gehad.

Misschien is het bij nader inzien daarom zelfs wel passend dat optreden gepaard gaat met zo veel ongemakken en gêne, want hoe moet je het geven van lezingen anders opvatten dan als één grote penitentie voor het feit dat er mensen bestaan die niet alleen de moeite nemen een boek van je te kopen en te lezen, maar die bovendien bij nacht en ontij uitrukken naar een te heet of veel te koud zaaltje waar de koffie niet te drinken is en de microfoon piept, alleen maar om je te kunnen vertellen wat jouw boek voor hen heeft betekend?

Arnon Grunberg

Negen conformisten

Londen/New York

De studenten moesten presentaties houden over mijn werk. De professor zat erbij, samen met nog een andere professor, en maakte aantekeningen in een kladblok. Ik zat er ook bij. Waarom was mij niet duidelijk. Wellicht dacht men dat ik iets zou horen over mijn werk wat ik nog niet wist. Af en toe deed iemand een raam open, dat dan weer door een andere student werd gesloten. Na afloop van de presentatie zei de professor: 'Zijn wij het hiermee eens?' Niemand zei iets, daarom drong de professor aan: 'Zijn wij het met Natasja eens?'

Niemand was het met Natasja eens of oneens. Het was zelfs zeer de vraag of Natasja het met zichzelf eens was. Er werd gezocht naar een definitie van het absurde. Aangezien mijn werk als zodanig gekwalificeerd was: 'Staat in de traditie van het theater van het absurde.'

Een student zei: 'Het absurde is als een tafel en een stoel met elkaar praten over het niets.'

'Zijn wij het hiermee eens?' drong de professor aan. Opnieuw hing er een dreigende stilte over het handjevol studenten, de twee professoren en de gastschrijver. Een studente fluisterde: 'Wat is het hier warm.'

'De mensen leven langs elkaar heen, dat is ook absurd,' merkte een andere student op. Hier en daar werd een zucht van verlichting geslaakt. De discussie kwam op gang.

'Laat jullie niet intimideren door de schrijver,' zei de professor. 'Zeg gewoon wat jullie te zeggen hebben, ook al is het iets lelijks.'

Ik boog mijn hoofd nog dieper. Enerzijds omdat ik de studenten niet wilde intimideren, anderzijds omdat ik in afwachting was van al het lelijks dat nu over me gezegd zou gaan worden. Maar ook iets lelijks wilden de studenten niet zeggen. Niets wilden ze zeggen. Twee studenten hebben het klaargespeeld de vier maandagmiddagen waarop we bij elkaar kwamen om te discussiëren helemaal niets te zeggen. Alleen de allerlaatste keer hebben ze iets gezegd: 'Zou je dit boek kunnen signeren?' Wat hoe je het ook wendt of keert, een bijdrage was aan de discussie over het absurde.

Het moet gezegd: ze waren allebei blond, en ze zagen er allebei uit als vrouwen. Maar dat zou onze vooroordelen niet moeten bevestigen. Eerder omgekeerd. Was de verstandigste bijdrage aan de discussie niet zwijgen?

Toen was het theepauze. Iedereen verliet de kamer. Ik bleef als enige achter. Voor me lag een blad waarop stond: 'De noodzakelijkheid je te conformeren teneinde een succes te worden – een interpretatie van *Figuranten*.'

De waarheid van deze woorden was onweerlegbaar. Wie geen succes wilde worden, hoefde zich alleen maar niet te conformeren.

De eerste studenten kwamen terug. 'Hoe bevalt Londen?' vroeg er een.

'Goed,' zei ik, 'het is heel levendig.' Ik zocht nog naar meer adjectieven om Londen mee te typeren, als het even kon originele en spitse adjectieven, maar mijn voorraad bijvoeglijke naamwoorden was blijkbaar uitgeput.

Iedereen zat weer. 'We gaan verder,' zei de professor. 'Misschien is het een aardig idee de schrijver nu in de discussie te betrekken.'

Ik ging rechtovereind zitten.

'Wat vinden wij van de structuur, zijn we het daarmee eens?' informeerde de professor. Toen niemand iets zei, zei hij: 'Degene die volgende week de presentatie houdt, hoeft niet zo lang te praten als Natasja.'

Arme Natasja. Had ze te lang gepraat? Ze was nog zo jong. Literatuur was geen pretje, dat besefte ik nu wel. Ze had natuurlijk in een supermarkt kunnen werken en zuivelproducten, groenten en vleeswaren met hun streepjescode over een machine kunnen trekken. Was dat echt erg geweest? Economisch gezien misschien wel, maar geestelijk? Ze keek ook zo verdwaald uit haar ogen. Ik herinnerde me hoe iemand van haar leeftijd tegen me had gezegd: 'Het lezen van je boek heeft mij vijf jaar ouder gemaakt.' Waarop ik alleen maar wist te zeggen: 'Dan is het goed dat je het niet op je tachtigste hebt gelezen.'

Een student die eigenlijk Engels studeerde en zich in het dagelijks leven bezighield met het werk van Paul Auster zei: 'De werkelijkheid wordt verhevigd ervaren.'

'Hoei,' zei de professor. Hij had werkelijk gevoel voor humor, zij het enigszins verborgen, maar ook voor hem gold, als voor ons allen: de noodzakelijkheid zich te conformeren teneinde een succes te worden.

Daar zaten we dan: negen conformisten in een zaaltje niet groter dan de doucheruimte van een gemiddelde kleedkamer, pratend over de definitie van het absurde. Zoekend naar de definitie van het absurde, en onderwijl ook zoekend naar een arbeidzaam leven, want waarom zou men geen twee vliegen in één klap slaan?

We hadden het absurde niet op de staart kunnen trappen, het was ons weer te snel af geweest, als een levenslustige rat die behendig rattengif en muizenvallen weet te ontwijken.

Mijn laatste maandag in Londen zou ik na afloop van de discussiebijeenkomst een lezing geven waarbij ook niet-studenten welkom waren.

De ouderen, voornamelijk ex-Nederlanders, zaten aan een kant van de tafel, de studenten aan de andere. Er was wijn. Ook herinner ik mij vaag een mandje kaasstengels. De vertaler van onder anderen Mulisch liet zich excuseren. Zou hij niet van kaasstengels houden? Het zijn dit soort gedachten waar ik altijd al last van heb gehad, maar de laatste tijd was het erger geworden, soms zelfs zo erg dat ik ze niet voor me kon houden. Ondanks het feit dat ik zo verschrikkelijk graag een succes wilde worden, en dat ik om dat te bereiken zelfs verder wilde gaan, en ben gegaan dan wat conformisme op een maandagmiddag. Hoe vaak heb ik niet gezegd: 'Het was een genoegen u te ontmoeten.' In vele talen, Duits, Engels, Nederlands, terwijl ik eigenlijk in al die talen had moeten zeggen: 'U bent een grote onbenul, ik zou mijn wc nog niet door u willen laten ontstoppen. Niettemin wens ik u het beste en vooral hoop ik dat u geen kinderen hebt.'

Ik las voor, zette enkele van mijn ideeën uiteen en vervolgens was er ruimte voor vragen. Een meneer die rechts van mij had gezeten en gedurende het halfuur dat mijn lezing duurde ritmisch met zijn pen op het papier had zitten krassen, schraapte zijn keel en zei: 'Wij hebben veel gemeen.'

Nu komt het, dacht ik. Een ontboezeming.

'Ik heb met Ischa Meijer in de klas gezeten,' ging de man verder. 'Een begaafde jongen, net als jij, maar hij heeft zijn talent vergooid. Net als jij. En hij heeft mensen zo gekwetst dat ze in tranen zijn uitgebarsten. Misschien ga je ook nog wel die kant op. Mijn zoon is een orthodoxe jood en ik snap niet hoe je zo over je ouders hebt kunnen schrijven.'

'Ik geloof niet dat dit de gelegenheid is om over Ischa Meijer te discussiëren, ook al hebt u met hem in de klas gezeten. Zijn er verder nog vragen?'

Een dame met zeer kortgeknipt, grijs haar nam het woord: 'Wat je net zei over vorm en inhoud, mag ik daaruit afleiden dat je van plan bent binnenkort volwassen te worden?'

'Mevrouw,' zei ik, 'ik heb gemerkt dat ik bij sommige mensen agressie oproep. Dat is een van de dingen die op deze wereld eerlijk verdeeld zijn, want niet alleen roep ik bij sommige mensen agressie op, sommige mensen roepen ook bij mij agressie op. Tien jaar geleden begon men erover dat ik volwassen moest worden. Ik ben het, in uw ogen, niet geworden. Maar ter geruststelling, u staat niet alleen. En ik acht de kans groter dat men ooit menselijk leven zal vinden in een doosje smeerkaas dan dat ik volwassen zal worden.'

Ik dacht: het is u kennelijk wel gelukt volwassen te worden en ik hoop maar dat uw nageslacht er beter vanaf is gekomen. Maar dat zei ik niet. Want, zoals gezegd, als het om conformisme en hielenlikkerij gaat, ben ik een expert.

Gerrit Krol

Wat ik nooit hoop te beleven

Wat ik nooit hoop te beleven is een vraaggesprek te hebben, over je nieuwste boek, voor een volle zaal en dat je dan een black-out krijgt. Dat je de draad kwijt bent. Dat je niet meer weet waar dat boek over gaat.

Dat je een interviewster hebt – laat het een vrouw zijn – die, ter inleiding tot het publiek, zegt niets van jouw boek te hebben begrepen. Omdat het bijvoorbeeld 'te technisch' is.

'Een mooi boek, maar ik heb er niets van begrepen.'

Dat men dat moet begrijpen als een bon mot.

Dat dat verkeerd valt bij jou.

Of dat je met z'n tweeën wordt geïnterviewd, met een andere man erbij. Bijvoorbeeld eerst hij en dan jij. En dat hij al klaar is en de zaal in kijkt, contact met de zaal heeft.

En dat hij en jij aan hetzelfde tafeltje zitten.

En dat dit alles op de tv komt, live, zodat het tafeltje erg klein is. Zodat je bijna tegen elkaar aan zit. En dat hij commentaar heeft op jouw antwoorden en leep de zaal in kijkt.

Dat er aldoor gegniffel is in de zaal, om hem.

Dat je hem niet vierkant de studio uit smijt.

Dat de interviewster, tijdens jouw antwoord, hem in de gaten houdt.

Dat je haar laatste vraag... dat je even niet weet wat je daarop zeggen moet. Niet iets wat de zaal interesseren zal, op dit moment.

Dat je jezelf een kloot vindt, dat je dat niet weet.

Dat je, om het publiek terug te krijgen, nu gauw iets geestigs moet bedenken.

Dat je de tijd neemt.

Dat je niet weet wat je nou het beste kunt zeggen. Dat iedereen wacht op jouw antwoord.

Dat het doodstil wordt.

Dat je, diep nadenkend, het ene geestige antwoord na het andere verzint, en verwerpt.

Dat je, nog steeds diep nadenkend, wacht op de volgende vraag.

Dat de interviewster wacht op je antwoord. Dat je geen antwoord meer hebt.

Dat heel cultureel Nederland zit te kijken. En te wachten.

Dat je denkt, in alle kalmte: daar ga je, jongen. In de vrije val, voor het oog van heel de wereld.

Dat je dit sneu vindt voor de familie.

Dat de interviewster dan, ten slotte, eindelijk, naar aanleiding van iets, je vraagt of je in het buitenland veel vrienden gemaakt hebt.

Dat je denkt: wat heeft dat er nou mee te maken. Dat je dan toch maar ja zegt. Of nee. Of allebei. Of: alleen die mijn boeken lezen. Of juist niet. Dat je dat niet precies weet. Vanwege de vraag.

Dat de interviewster, om je weer op gang te krijgen, zegt dat jouw boek haar deed denken aan de boeken van Voskuil. Omdat het op kantoor speelt.

Dat je daarop geestig reageert. Omdat het niet de eerste keer is dat je deze opmerking hoort.

Dat het publiek lacht. Dat je ze eindelijk terug hebt.

Dat je denkt: laat nu de vragen maar komen.

Dat dan, heláás helaas, de tijd om is.

Dat de interviewster, om te redden wat er te redden valt, met jouw boek voor de camera staat te zwaaien en roept dat het een héél, héél, héél mooi boek is.

Dat je even later aan een tafeltje met allemaal zwijgende mensen zit uit te blazen van deze krachttoer.

Dat in de tram naar het station je vrouw lachend opmerkt dat dit nóg nooit is vertoond: een volle minuut stilte in primetime.

Verantwoording

Alle bijdragen in *En toen viel ik van het podium* zijn niet eerder gepubliceerd, op de volgende bijdragen na:

'Schwerpunkt' van A.F.Th. is met toevoeging van een nieuwe titel overgenomen uit *Engelenplaque. Notities van alledag 1966-2003*, Amsterdam, De Arbeiderspers, 2003.

'Beste Fons' van Bart Chabot werd eerder gepubliceerd in FC *Dood*, Amsterdam, Nijgh & Van Ditmar, 2006.

'Meneer Libris' is een lezing die door Michael Frijda voor deze uitgave werd aangepast.

'Een raar mens' van Ronald Giphart werd oorspronkelijk gepubliceerd op het weblog van *de Volkskrant*.

Tijs Goldschmidt paste voor deze bundel zijn toespraak voor het Fonds voor de Letteren, december 2005, aan onder de titel 'De bijenchoreograaf'.

'Ik hield mijn boek voor de zekerheid voor mijn kruis' en 'Negen conformisten' van Arnon Grunberg werden overgenomen uit *Grunberg rond de wereld*, Amsterdam, Nijgh & Van Ditmar, 2004.

'Haagse dames' en 'Spooknaam' van Mensje van Keulen werden oorspronkelijk gepubliceerd op de achterpagina van NRC *Handelsblad*.

'Wat ik nooit hoop te beleven' van Gerrit Krol verscheen eerder in *'n Kleintje Krol*, Amsterdam, Querido, 2001.

'Vallen en opstaan' van Geerten Meijsing is een bewerking van 'In Kannen en Kruiken', hoofdstuk 3 uit de roman *De grachtengordel*, Amsterdam, De Arbeiderspers, 1992.

'Herr Mispelbaum' van Rascha Peper verscheen eerder op de achterpagina van NRC *Handelsblad* (25 maart 2002) en 'Een lezing op het land' van Rascha Peper verscheen eerder in *Stadse affaires*, Amsterdam, Nieuw Amsterdam, 2006.

Frans Pointls bijdrage 'Ongeluk is ook een soort geluk' is overgenomen uit de gelijknamige bundel *Ongeluk is ook een soort geluk*, Amsterdam, Nijgh & Van Ditmar, 1995.

'Ribkarbonades! Gratis! Twee Kilo!' van Dirk van Weelden werd eerder gepubliceerd in *De Gids*, augustus/september 2006.

'Circus Jetje' van Annejet van der Zijl verscheen in aangepaste vorm als Hollands Dagboek in NRC *Handelsblad* (19 maart 2005).

'Showing, not telling' van Joost Zwagerman werd eerder gepubliceerd in *De Revisor*, 2005, nr. 6.